中國學術思想 研究輯刊

十五編
林慶彰 主編

第8冊

方孔炤《周易時論合編》之研究

劉謹銘 著

花木蘭文化出版社

國家圖書館出版品預行編目資料

方孔炤《周易時論合編》之研究／劉謹銘 著—初版—新北市：
花木蘭文化出版社，2013〔民 102〕
目 4+180 面；19×26 公分
（中國學術思想研究輯刊 十五編；第 8 冊）
ISBN：978-986-322-114-2（精裝）
1.（明）方孔炤　2.易經　3.研究考訂
030.8　　　　　　　　　　　　　　　　　　102001945

ISBN-978-986-322-114-2

9 789863 221142

中國學術思想研究輯刊
十五編　第 八 冊　　　　　　　　ISBN：978-986-322-114-2

方孔炤《周易時論合編》之研究

作　　者　劉謹銘
主　　編　林慶彰
總 編 輯　杜潔祥
出　　版　花木蘭文化出版社
發 行 所　花木蘭文化出版社
發 行 人　高小娟
聯絡地址　235 新北市中和區中安街七二號十三樓
　　　　　電話：02-2923-1455／傳真：02-2923-1452
網　　址　http://www.huamulan.tw 信箱 sut81518@gmail.com
印　　刷　普羅文化出版廣告事業
封面設計　劉開工作室
初　　版　2013 年 3 月
定　　價　十五編 18 冊（精裝）　新台幣 30,000 元　　版權所有 · 請勿翻印

方孔炤《周易時論合編》之研究

劉謹銘　著

作者簡介

劉謹銘

一九七〇年生於臺灣新竹，中央大學哲學碩士，中國文化大學哲學博士。曾任花蓮德武、苗栗新興國小教師。現任仁德醫護管理專科學校通識中心專任教師。在期刊學報上發表有關王充與易學之論文逾十篇。

提　　要

本論文旨在研究明清之際哲學家方孔炤的易學思想，此文大致分成四個部份：

第一部份為導論章，在本章中，首先要從其生平切入，分析當時的政治社會之現實情形，以及從思想史等角度，分析孔炤的論學背景。其次則對方氏易學的形塑、方孔炤學思發展的進程，以及《周易時論合編》一書的形式結構予以探究。最後，則說明本文的研撰動機以及研究方法。

第二部份即第二章，透過其所極力批判的問題切入，以發抉其易學之基源問題，藉以揭示方孔炤時用易學之方向。

第三部份則為三至九章，方孔炤易學的易學內涵之解析與詮釋，此部份本文大抵上採取三段式的探討方式，首先以易學史的角度予以考辨；其次再就相關的理論問題予以析論；最後則說明孔炤對此問題的看法。

1. 第三章從經傳參合的問題切入，說明在易學史上的演變過程，以及朱子「《易》本卜筮之書」的觀點及影響，並舉李光地為例說明；繼而以說明方孔炤對這些問題的看法，進而展示其易學立場；最後則闡明他對《周易》本質的看法為何。

2. 第四、五兩章論太極，首先透過思想史的省察，釐析相關問題。繼而從理論層面，展示周子太極觀的內涵；繼而探究造成諸家爭論不休的原因；最後再申明方孔炤貫一不落有無的太極學說，對於相關問題的看法，以及此一看法背後所隱涵之意義。

3. 第六、七兩章論河洛之學，這兩章先自河洛源流切入，進而說明河洛之學的的意涵，以及河洛所引發之問題。繼而自孔炤對於相關問題的看法切入，說明他如何透過太極分化的角度，以「密衍」與「互藏」等主張解決此中的問題。

4. 第八、九兩章討論先後天易學，首先就先後天易學之內容異同及其關係，予以探究。繼而進一步闡釋方孔炤對於相關問題的看法，以及如何透過先天蘊於後天之見解，回應其基源問題。

第四部份則為結論，綜合說明方孔炤易學之歸趣，繼而說明其貢獻與侷限，最後則從易學史的角度，說明其價值與定位

敬獻予

獨力教養我成長的母親

羅丁妹　女士

第一章 導 論

　　在本章中，首先要從方孔炤的生平切入，分析當時的政治社會之現實情形，以及從思想史的角度，剖析其論學背景。其次則對於方氏易學的形塑、方孔炤學思發展的進程，以及《周易時論合編》一書的形式結構予以探究。最後，則說明本文的研撰動機以及研究方法。

第一節　論學背景析論

一、方孔炤生平及其時代

　　方孔炤，字潛夫，號仁植，安徽桐城人，生於明神宗萬曆十九年（1591），卒於清順治十二年（1655）。根據《明史》的記載，方孔炤爲萬曆四十四年（1616）進士，天啓初任職方員外郎時，因忤崔呈秀而遭削籍。崇禎元年起故官，崇禎四年因父喪而歸鄉，於此期間，因平定桐城民變有功，崇禎十一年以右僉都御史巡撫湖廣，並於承天擊潰李萬慶、馬光玉、羅汝才等叛賊，八戰八捷。當時，叛賊張獻忠求撫，方孔炤條上八議，力反主撫，並私底下嚴整軍備。不久，張獻忠果然叛變，而主事的楊嗣昌既因方孔炤對招撫之議與己相異，又忌恨其言中，故仍令方孔炤鎮守當陽，而調其部將楊世恩、羅安邦，會合川、沅之兵，剿滅竹山之寇，致使二將深入，至香油坪而敗。而嗣昌即以此事爲由獨劾方孔炤，逮下詔獄。後因其子方以智伏闕訟父之冤，帝爲其孝心所感，下議，因其護陵寢有功而減死。久之，恢復官職，以右僉都御史之職

屯田山東、河北，並令其兼理軍務，督導大名、廣平之禦賊事宜。命令剛頒布，京城即已淪陷。最後，在勢不可爲的情形下，方孔炤選擇歸隱鄉里，專心研《易》，建構其易學體系。〔註1〕

而將其一生置於時代脈絡中予以檢視，則就政治角度言，方孔炤所處的十六世紀末至十七世紀中一段時間，乃是明朝統治由盛至衰，終爲清朝取代的時期。但從社會經濟結構的角度來看，卻也是農業生產力明顯提昇，手工業空前發展，各地商路增闢，新興工業城鎮快速興起，以及商業資本活躍的時期。與此同時，由於土地兼併激烈，使得無地流民人數暴增，以致不斷引起人民的反抗。此外，明政府的各項田賦收入減少，開支卻持續增加，也引發了財政上的危機。〔註2〕

美國著名的中國史專家費正清（John King Fairbank）在論及明代後期的歷史時曾提及，歸納而言，此一時期大抵有幾個特點，包括了軟弱無能的統治者、亂用權力的腐敗寵臣、朋黨的爭鬥、財政破產、天然災害、各地的反叛活動，以及外族的入侵等等。這些因素都可說是明代走向衰敗，乃至覆亡的原因。然而，費正清認爲，歸根結蒂，明朝敗亡的原因在於體制無法運作，以致無法應付種種變局。〔註3〕

而從歷史與思想的關係來看，余英時先生指出，將明朝的覆亡歸咎於「空談心性」，無疑過份誇大了思想的影響力，是故並不客觀。〔註4〕然而，筆者認爲，純就歷史的事實言，余氏的分析當然無可置喙，但就主觀想法的層次

〔註1〕 相關的詳細説明，請參考〔清〕張廷玉等撰，《明史》，共十二冊，（臺北：鼎文書局，1996年11月第1版），第九冊，頁6744～6745。

〔註2〕 詳細説明請參考姜守鵬著，《明清社會經濟結構》（長春：東北師範大學出版社，1992年1月第1版），頁17～21。

〔註3〕 〔美〕費正清、賴肖爾著，陳仲丹等譯，《中國：傳統與變革》（南京市：江蘇人民出版社，1996年4月第1版），頁209～212。對此，費正清分析云：「然而明代的崩潰可能應該歸咎於沒有政府而不是政府治理不良，歸咎於明政權不能應付出現的問題而不是宦官的道德不良。眞正的問題不是稅收負擔過重而是稅收不足，行政機構遭受的災難更多源於癱瘓而不是專制。」參見該書，頁211。

〔註4〕 針對此點，余英時先生分析云：「中國人以往評論歷史，常在有意無意之間過高地估計了思想的作用，特別是在追究禍亂的責任的時候。因此，五胡亂華要歸咎於魏晉清談，明朝之亡國則諉過於『空言心性』。……這個傳統的觀點並非毫無根據，但是在運用時如果不加分析，那就不免要使思想觀念所承擔的歷史責任遠超過它們的實際效能。尤其是在進一步從思想追究到思想家的時候，這種觀點的過度嚴酷性便會很清楚地顯露出來。」參見其所著，《歷史與思想》（臺北：聯經出版事業公司，1976年9月初版），〈自序〉，頁4。

著眼，則此恐是當時代許多思想家共同的想法。〔註5〕而方孔炤對於明末政治腐敗，以至於亡國的結果，亦有類似的看法，所謂「士夫高談，鄙屑經濟，貪稱麟鳳，畏讚韓范」（《時論・師》，頁 227）之意，即對此而發。梁任公於綜論明末以降三百年來的學術方向時即曾提及，在這個時期中，主要的思潮乃是「厭倦主觀的冥想，而傾向於客觀的考察」；「排斥理論，提倡實踐」則是此一主潮的支流。〔註6〕余英時先生則指出，由明代到清代，明顯可以看出「從尊德性到道問學」的趨向。〔註7〕故總括而論，「崇實黜虛」可謂此一時代的思想趨勢。而此亦係針對「空談心性」之弊端而來。方孔炤的易學思想，即在此種背景中蘊釀而生。

特就易學史來看，則宋元明的易學家，喜歡創制易圖，並透過各式易圖來闡釋《易》學的道理，是故「藉圖式以表達思想」乃是宋元明易學的顯著特色。〔註8〕這樣的風氣，一直要到清初考據學興起，才對於圖書之學展開全

〔註5〕　如顧亭林曰：「以一人而易天下，其流風至於百有餘年之久者，古有之矣：王夷甫之清談，王介甫之新說。其在於今，則王伯安之良知是也。」（見《日知錄》，卷十八）李恕谷則云：「宋後二氏學興，儒者浸淫其說。靜坐內視，論性談天，與夫子之言一一乖反。而至於扶危定傾，大經大法，則拱手張目，授其柄於武人俗士。當明季世，朝廟無一可倚之臣。坐大司馬堂批點《左傳》，敵兵臨城，賦詩進講，覺建功立名，俱屬瑣屑，日夜喘息著書，曰，此傳世業也。卒至天下魚爛河決，生民塗炭。」（見《李恕谷與方靈皋書》）費燕峰亦云：「蓋自性命之說出，而先王之三物六行亡矣。……即物之理無不窮，本心之大無不立，而良知無不至矣，亦止與達摩面壁天臺止觀同一門庭。何補於國，何益於家，何關於政事，何救於民生。……學術蠱壞，世道偏頗，而夷狄盜賊之禍亦相挺而起。」（見《宏道書・聖門定旨兩變序記》）此大抵皆將明朝衰亡之責任，歸諸空談心性。因此，余氏之說，在客觀上無疑是正確的，然而證諸以上所言，則可知當時一般知識份子心中普遍的想法。

〔註6〕　梁啓超著，《中國近三百年學術史》（臺北：里仁書局，1995 年 2 月初版），頁 1～2。

〔註7〕　對此，余英時先生分析曰：「清代學術不走形而上學的途徑，因此表面上與宋明儒學截然異趣，但全面地看，它仍然表現一種獨特的思想形態，推源溯始，它並且是從儒學內部爭論中逐漸演化出來的。如果我們把宋代看成『尊德性』與『道問學』並重的時代，明代是以『尊德性』爲主導的時代，那麼清代則可以說是『道問學』獨霸的時代。近世儒學並沒有終於明代，清代正是它的最後一個歷史階段。」參見其所著，《中國思想傳統的現代詮釋》（臺北：聯經出版事業公司，1987 年 3 月初版），頁 410～411。根據上述的分析，則方孔炤所處的明清易鼎之際，正是「從尊德性到道問學」最爲劇烈的過渡時期。

〔註8〕　另二項特色則爲「推易道以占驗世運」，以及「收易道於心性存養」。詳細的分析請參見高懷民著，《宋元明易學史》（臺北：自印本，1994 年 12 月初版），

面性的檢討與批判。黃宗羲的《易學象數論》、黃宗炎的《易圖辨惑》、毛奇齡的《仲氏易》、李塨的《周易傳注》，以及胡渭的《易圖明辨》，皆是立論嚴謹、考據精詳之作，都對於圖書之學的源流嚴予辨析，認爲圖書之學不但爲經文中所無，即如《易傳》中亦無，藉此論證其不但非《周易》正宗，亦不合聖人之旨。〔註9〕這些對於圖書之學無疑是一沈重的打擊。故自易學史的角度來看，則方孔炤象數學的立場，雖有其內在的理論因素，然亦有其外緣條件的支持。而從時代的風氣來看，著名的明代史學者傅衣凌在分析明代中葉以後的科學技術時提及，明代自嘉靖、萬曆以來，由於城鎮工商業繁盛、經濟活動熱絡的帶動之下，科學技術日益進步。但是，整體而言，「整個科技界主要還是總結整理固有成果，進行傳統的學術積累」。〔註10〕但在這當中，亦出現了李時珍、朱載堉等總結舊有成果，進而創新的科學巨匠。

實則不唯科學如此，以宗教思想爲例，林兆恩揭櫫「函三合一」的綱領所創建的「三一教」，也是在宗教及學術思想上，回應於時代風氣的表現。從這些例子來看，則可隱約透顯出，這個時期具有總結、整理，乃至在過去積累的基礎上予以融攝，乃至創新的特色。朱伯崑先生即指出，方孔炤易學乃是「站在象數學派的立場，對漢唐以來的易學所作的一次總結」，〔註11〕從以上的分析看來，實可謂時代特色之呈現。在說明其時代進程及特色後，以下則自王學分化的角度，就其內部問題，作更進一步的分析。

二、王學分化與先後之辯

從思想史的角度來看，王陽明無疑是整個明代最重要、最具影響力的思想家。而其本人的思想及眾弟子之間對其學說的體認不同而產生的分化與爭辯，佔據了整個明代中後期的思想界。而身處明代晚期的方孔炤，自然亦無法自外於此一思想潮流。

頁 10～25。

〔註9〕 對此，黃宗羲批評云：「河圖洛書，歐陽子言其怪妄之尤甚者，且與漢儒異趣，不特不見於經，亦是不見於傳。先天之方位，明與出震齊巽之文相背，而晦翁反致疑於經文之卦位，生十六，生三十二，卦不成卦，爻不成爻，一切非經文所有，顧可謂之不穿鑿乎？」見〔明〕黃宗羲：《易學象數論》（臺北：廣文書局，1998 年 9 月再版），頁 7。

〔註10〕 傅衣凌主編，楊國楨、陳支平著，《明史新編》（臺北：雲龍出版社，1995 年初版），頁 438。

〔註11〕 朱伯崑著，《易學哲學史》，第三冊，頁 384～385。

　　對於王學的分化的派別問題，歷來就是學術上爭論不休的問題，迄今亦難有定論。有人主張以地域分布作爲區分的依據；〔註12〕有人則依義理差異爲基準，作一簡別，然而，即就義理來分判，依然呈現出嚴重的分歧。〔註13〕因此，甚至亦有學者認爲，傳統以學派作爲區分的方式，根本無法作一有效區隔。〔註14〕然而，不論以上所持觀點爲何，眾學者大抵都認可，王門的種種分化，皆與其工夫理論有密切的關聯。〔註15〕

　　王門諸徒對於工夫問題之爭論，實自陽明晚年「天泉證道」已肇其端。爭端主要來自於其兩大弟子——王龍溪與錢緒山——對陽明晚年總結其思想的「四句教」而發。此「四句教」即所謂「無善無惡心之體，有善有惡意之

〔註12〕　如黃宗羲在《明儒學案》中，即依地域分布作爲基準，進而將王門弟子區分爲浙中、江右、南中、楚中、北方、粵閩、泰州等派。

〔註13〕　如牟宗三先生即採取陽明本人之義理爲依據，分判王門弟子「孰精熟於王學，孰不精熟於王學，孰相應於王學，孰不相應於王學」，以明諸弟子間學問之得失。參見牟宗三著，《從陸象山到劉蕺山》（臺北：臺灣學生書局，1990年2月再版），頁266。而日本著名的學者剛田武彥先生則認爲，依照王龍溪的說法，雖然王門在當時就已分化爲歸寂、修證、已發、現成、體用、終始六派。但他主張，如果加以簡別，則可大致分爲三派，即提倡現成說的「現成派」、提倡良知歸寂說的「歸寂派」，以及提倡良知修證說的「修證派」。〔日〕剛田武彥著，吳光、錢明、屠承先譯，《王陽明與明末儒學》（上海：上海古籍出版社，2000年5月第1版），頁103～105。另外，陳來先生則透過有無動靜作爲區分，區分爲以王龍溪爲代表的「主無派」、以錢德洪爲代表的「主有派」、以聶雙江爲代表的「主靜派」，和以歐陽南野爲代表的「主動派」。而此四派，可謂各自強調陽明學的一個側面。詳細說明請參見陳來著，《有無之境——王陽明哲學的精神》（北京：人民出版社，1991年月第1版），頁334。。

〔註14〕　如龔鵬程先生即認爲，所謂的某某學派，或指地域流傳的情形，或指師弟之間的傳承關係，沒有一定的指涉，有時與義理的分歧並無必然的關聯。因此，他認爲某學派與某學派之間，不能視作一種嚴格的學術區分。他並且主張，應該跳脫學派的區分法，直接就個別人物來作區分，如此方能區分各個派別中內部的實際差異。詳細的說明請參見龔鵬程著，《晚明思潮》（臺北：里仁出版社，1994年11月第1版），頁21～23。

〔註15〕　對此，勞思光先生分析云：「這種種『異見』，主要意義仍落在所謂「工夫論」上，因爲離開工夫，則這些不同見解的確切意義都不能顯現出來。由此，王門後學的種種爭論，皆可看作工夫問題之爭。」參見其所著，〈王門工夫問題之爭論及儒學精神之特色〉，收錄於《思辯錄——思光近作集》（臺北市：東大圖書股份有限公司，1996年1月初版），頁56。而依據其分析，就工夫理論的大宗旨而論，最明顯的主張可分爲以反對「現成良知」的歸寂一派，可以聶雙江與羅念庵爲代表；肯定「現成良知」的一派，可以龍溪爲代表；以及強調「直心而行」即是「致良知」的一派，可以王心齋爲代表。

動，知善知惡是良知，爲善去惡是格物」。王龍溪認爲，此「四句教」恐非究
竟。相對於此，則王龍溪主張「四無」之說，而錢緒山則主張「四有」之論。
〔註16〕王龍溪分析其主張曰：

> 吾人一切世情嗜欲，皆從意生，心本至善，動於意，始有不善，若
> 能在先天心體上立根，則意所動，自無不善，世情嗜欲自無所容，
> 致知功夫，自然易簡省力，若在後天動意上立根，未免有世情嗜欲
> 之雜，致知功夫，轉覺繁難。〔註17〕

此是說，先天心體本爲至善，落入後天的意念上，才開始產生不善，因此，
釜底抽薪的方法，乃是在先天心體上作正心功夫，如此一來，則後天意念所
發動處，自然就能擺脫惡念，由此，則致良知自然省力簡易。若在後天的意
念上用功夫，則人情世務的複雜攪擾，將使致良知的工夫變得繁雜困難。而
錢緒山則主張在後天誠意上用工夫。對此觀點，錢氏析論云：

> 是止至善也者，未嘗離誠意而得也。言止則不必言寂，而寂在其中；
> 言至善則不必言悟，而悟在其中，然皆必本於誠意焉何也？蓋心無
> 體，心之上不可言功也，應感起物，而好惡形焉，於是乎有精察克
> 治之功。誠意之功極，則體自寂而應自順，初學以至成德，徹始徹
> 終，終無二功也（《浙中王門學案一・錢緒山學案》，頁94）。

錢緒山認爲，先天心體無所著力，只有在後天意念與物相感之下，才有好惡
善惡可言，因此，必須在後天的意念上用功夫，才符合王陽明致良知教之本
意。而且錢氏強調，其方法不僅如其師所言，只適合於中下根器之人，而是
從初學者到成聖之人，都離不開在後天誠意上用功夫。

因此，兩人最爲嚴重的分歧，大抵可歸結爲先天正心與後天誠意之辯，

〔註16〕針對天泉證道中的不同意見，陳來先生析論云：「天泉問答中共有三種意見：
王畿主張的四無說，即『心無善無惡，意無善無惡，知無善無惡，物無善無
惡』；錢德洪主張四有說，即『至善無惡者心，有善無惡者意，知若知惡者良
知，爲善去惡者格物』；而陽明的主張既不是四無，也不是四有，卻又在某一
種方式下同時容納了四無和四有。四句教本身是個有無合一的體系。」參見
其所著，《有無之境──王陽明哲學的精神》，頁201～202。對於三人歧異的
詳細說明，並謂參見該書頁193～203。
〔註17〕〔明〕黃宗羲著，《明儒學案》，共二冊，（臺北，河洛圖書出版社，1974年
12月初版），上冊，卷十二，《浙中王門學案二・王龍溪學案》，頁3。本論文
所引用《明儒學案》的文字，皆根據此版本，以下只註明篇名及頁數，不另
加註。

一重「悟」，一則重「修」。而王陽明認爲，兩人的意見雖然都能達到致良知的境界，〔註18〕但究竟地說，兩者皆有所缺，必須相互補裨，方無所失。其所謂「二君之見正好相取，不可相病。汝中須用德洪工夫，德洪須透汝中本體」〔註19〕者是。王陽明並且諄諄告誡王龍溪曰：

> 利根之人，世亦難遇，本體功夫一悟盡透，此顏子明道所不敢承當，豈可輕易望人。人有習心，不教他在良知上實用爲善去惡功夫，只去懸空想個本體，一切事爲俱不著實，不過養成一個虛寂。此個病痛不是小小，不可不早說破。〔註20〕

然而，眞如王陽明所言，後學中多著重於講現成良知、先天本體的弊病，而不重視在後天作爲善去惡之工夫，終導致「一切事爲俱不著實」的結果。王學末流此種重悟不重修的趨勢所產生的弊端，更衍生世人視陽明學爲「禪」的看法。〔註21〕

正如哲學家羅素（Bertrand Russell, 1872～1970）所言，哲學思想「並不是卓越的個人所做出的孤立思考」。〔註22〕王學的分化及其後學所衍生之流弊，正是方孔炤易學問題意識產生的背景。

在析論王學分化的內部問題後，以下則透過思想脈絡的考察，以瞭解形塑方孔炤易學的種種因素。

〔註18〕 王陽明認爲，王龍溪之見適用於利根之人，而錢緒山所言則適合中下根器之人。對此，王陽明分析云：「利根之人直從本原上悟入，人心本體原是明瑩無滯的，原是個未發之中，利根之人一悟本體即是功夫，人己內外一齊俱透了。其次不免有習心在，本體受蔽，故且教在意念上實落爲善去惡，功夫熟後，渣滓去得盡時，本體亦明盡了。」見〔明〕王守仁撰，吳光、錢明等編校，《王陽明全集》，全二冊，（上海：上海古籍出版社，1992年12月第1版），上冊，卷三，頁117。

〔註19〕 〔明〕王守仁撰，吳光、錢明等編校，《王陽明全集》，下冊，卷三十五，頁1306。

〔註20〕 〔明〕王守仁撰，吳光、錢明等編校，《王陽明全集》，上冊，卷三，頁118。

〔註21〕 對此，黃宗羲分析云：「陽明先生之學，有泰州龍溪而風行天下，亦因泰州龍溪而漸失其傳，泰州龍溪時時不滿其師說，益啓瞿曇之秘而歸之師，蓋躋陽明而爲禪矣。然龍溪之後，力量無過於龍溪者，又得江右爲之救正，故不至於十分決裂，泰州之後，其人多能赤手以搏龍蛇，傳至顏山農何心隱一派，遂復非名教之所能羈絡矣。」（《泰州學案》，頁六十二）

〔註22〕 羅素著，《西洋哲學史》，共二冊，（臺北市：五南圖書股份有限公司，1984年7月第1版），第一冊，〈美國版序言〉，頁13。

第二節　方氏易學的形塑

在上一節中，筆者業已說明，王門諸弟子著重於講現成良知、先天本體的所產生空談心性之弊病，成爲眾人批判的焦點所在，溯本探源，眾人認爲，「四句教」中所謂「無善無惡」之說，實爲開啓此流弊之源頭，因此成爲眾毀所集之處。而時至明末，更成爲眾所詬病的焦點，東林學派即針對此一問題，大加批判。筆者認爲，在方氏易學形塑過程中，兩大學派對其影響頗巨，即以問題意識言，則方孔炤可謂承自東林學派。除此之外，泰州學派耿氏兄弟所主張「不尚玄遠」的平實學風，對於方孔炤易學體系的建構，亦有重大的影響。而此兩條主脈，合流於其祖方學漸的思想中，形成其思想中的主要問題與觀點。歷經三代，最後由方孔炤融攝於其宏博的易學體系中。以下即就此部份，分別予以析論。

一、耿氏兄弟的平實學風

方孔炤之祖方學漸（1540～1615），字達卿，號本庵，人稱明善先生。黃宗羲謂其「受學於張甑山、耿楚侗，在泰州一派，別出一機軸矣」。〔註23〕由王艮所創立的泰州學派，特別強調百姓日用即道。而根據學者的研究，王艮後學大抵沿著三個方向發展。其一爲羅汝芳赤子良心當下即是的主張，可稱爲「爽朗高明派」；其二則爲嚴意念之辨，強調愼獨工夫的王棟，可謂之「沈篤嚴毅派」；其三則是耿定理，強調不玄遠、不深奧一面，故可謂以上兩者的調和。而泰州學派所著重百姓日用即道的平實學風，大抵有兩個方面的意涵，其一是強調順適當下，不假思索；其二則強調百姓日用倫常即爲道的直接表現，離此即屬虛玄、即爲異端。〔註24〕依此意涵來區分，則耿定向實繼承了泰州平實學風的第二個意涵。〔註25〕而耿定理的學風，亦與其兄相似。〔註26〕

〔註23〕〔明〕黃宗羲著，《明儒學案》，下冊，卷三十五，《泰州學案四·方學漸學案》頁 52～53。張永堂先生謂學漸「曾就學於張甑山、耿定向」。參見其所著〈方孔炤〔周易時論和編〕一書的主要思想〉，收錄於《成大歷史學報》（臺南：成功大學出版），第十二期，頁 180。按耿楚侗，即耿定理，字子庸，號楚侗，爲耿定向之胞弟。張氏之說，恐有誤。

〔註24〕黃宗羲評論天臺論學宗旨云：「先生之學，不尚玄遠，謂道之不行與愚夫愚婦知能，不可以對造化，通民物者，不可以爲道，故費之即隱也，常之即妙也，粗淺之即精微也」（《明儒學案·泰州學案四》，頁 35）。

〔註25〕詳細的說明請參見張學智著，《明代哲學史》（北京：北京大學版社，2000 年 11 月第 1 版），頁 272。

受學於楚侗的方學漸，亦深受此一平實學風之影響。而將此「不尚玄遠」之學術風格融攝於其家學之中。繼而影響方孔炤易學體系之建構。針對其百姓日用即道的觀點，耿定向解析云：

> 凡道之不可以與愚夫愚婦知能，不可以對造化、通民物者，皆邪說亂道也。蓋費中隱，常中妙，粗淺中之精微，本是孔孟萬古不易正脈，但非實是撑天拄地，拼身忘家，逼眞發學孔子之願者，未易與此（《明儒學案・泰州學案四》，頁38）。

此是說，凡是一般百姓無法理解，並依之而行的道理，或是不能與天地流行變化相應、通達民情物理的道理，都是虛玄不實的邪說。而幽深不可見的精微妙道，即在粗淺可見的百姓日用之中。離卻粗淺可見的日常事物，亦無超越的道理可得。而此方是孔孟所傳，千古不變的至理所在。職是之故，他認爲，凡是脫離百姓日用的一般事物，而尋求高明幽微的玄妙之道，都將產生偏上虛玄的流弊。對此，耿定向云：

> 吾儒家自有常中妙，費中隱，自合體察。而高明者往往入于一種高明之魔，竟使眼前中庸之道揃爲蕪芥！曰道之不行也，智者過之，非謂是耶！（《與胡廬山》，《耿天臺先生全集》，卷三）。

此是說，高明者常淪爲空談，而認爲日用平常之事務，不值一顧，以致於對此無所用心，使其理論往往成爲不切日用的虛玄之理。最後則使得蘊涵精微妙理的中庸之道，成爲微不足道的草芥。耿天臺此說實本諸《中庸》而來，正所謂「中庸者，不偏不倚，無過不及，而平常之理，乃天命所當然，精微之極徵也」。〔註27〕《中庸》一書中有云，中庸之道所以不能推行，正由於「知者過之，愚者不及」。而天臺扣緊此語，認爲聰明的人過於輕視簡單直截的道理，以致認爲其不足行所違犯的缺失，指稱的正是這種高明之魔。耿氏兄弟所強調道不離百姓日用，偏上則爲高明之魔的主張，對於方氏易學，產生了深刻的影響。

〔註26〕楚侗亦如其兄，強調百姓日用即道之主張。如其云：「夫贊天地之化育者，非獨上之君相賢聖，即下之農工商賈，細之聾瞽侏跛，凡寓形宇內而含靈者，皆有以贊天地之化育而不自識也。」（《明儒學案・泰州學案四》，頁44～45），即爲此一平實學風之展現。

〔註27〕朱子註語。語見〔宋〕朱熹著，《四書集註》（臺北：世界書局，1997年3月初版），頁27。

二、東林學派的影響

　　陽明「天泉證道」之後所衍生的問題，隨著王學的分化，對於思想界的影響日益擴大。而其「無善無惡」之說所導致的流弊，逐漸成爲眾矢之的。針對此中的缺失，高攀龍分析云：

> 姚江之弊，始也掃聞見以明心耳，究且任心而廢學，于是乎詩書禮樂輕而士鮮實悟；始也掃善惡以空念耳，究且任空而廢行，于是乎名節忠義輕而士鮮實修．（《明儒學案·東林學案一》，頁 86）

高氏認爲，陽明學之弊端，起初不過是掃除聞見之知以求明見心體，最終卻導致空談心體而荒廢篤實學習的結果，于是使得讀書人都輕視《禮》、《樂》、《詩》、《書》等典籍，以致於少有眞實領會之人；最初只是掃除善惡觀念以求空卻心念，最終則導致放任浮泛不切實際而荒廢品行修養，于是使得讀書人都輕視忠義名節等德性，以致於少有眞正修養自己品行的人。對於王學之流弊，顧憲成亦云：

> 無善無惡四字，最險最巧。君子一生，兢兢業業，擇善固執，只著此四字，便枉了爲君子；小人一生，猖狂放肆，縱意妄行，只著此四字，便樂得做小人。語云：「埋藏君子，出脫小人」。此八字乃「無善無惡」四字膏肓之病也。（《還經錄》，卷三五）

顧氏認爲，「無善無惡」四字，讓整個社會失去評斷的標準，使人人樂於做一個縱恣狂妄的小人，進而使得整個社會的風氣敗壞。且顧憲成進一步指出，不論是告子、釋氏，甚或是陽明，都倡言「無善無惡」的理論，但三者的爲害程度卻有差別，顧氏析論其原因曰：

> 佛學三藏十二部五千四百八十卷，一言以蔽之曰：「無善無惡」。第辨四字于告子易，辨四字于佛氏難，以告子之見性粗，佛氏之見性微也；辨四字于佛氏易，辨四字于陽明難，在佛自立空宗，在吾儒則陰壞實教也。（《明儒學案·東林學案一》，頁 64）

他認爲，佛學理論，可總括爲「無善無惡」一語。分辨此四字于告子較爲容易，因爲相較於佛學，告子對於人性的看法，顯然稍嫌粗略；然而，分辨陽明學中的無善無惡理論，則較佛學更難，其原因在於釋氏自始即立「性空」之宗旨，而陽明學對於開物成務之實法，同樣具有破壞性，但由於其打著儒教的旗幟，使得世人更加難以覺察。因此，陽明學對於人心世道的不良影響，比起告子與釋氏的學說來，無疑更爲嚴重。

　　而從以上顧、高二人的批判中可以清楚的看出，東林學派對於王學「無善無惡」的批評，大體上皆著眼於其對個人修養與社會風氣的不良影響。亦即他們認為，陽明學的流弊「綜括來說，不外乎猖狂無忌，破壞名教而已」。〔註28〕對於東林學派的思想特色，勞思光先生予以概括曰：

　　　東林學派之立說，原以「心體問題」為重，而其精神方向頗偏重於
　　　社會風氣之建立。就前者言，東林學派對陽明後學所謂「無善無惡」
　　　之說，即力加抨擊，而強調「性善」之義；就後者言，東林學派遂
　　　倡氣節，關心世道。此乃其特色所在。〔註29〕

自前述的分析可以清楚的看出，方孔炤易學，不但對於心體問題，尤其「無善無惡」之說，嚴予批駁，而「倡氣節、關心世道」，亦可謂其學說的重點所在，此對於民心士風，皆有極為深刻的提振作用，故黃宗羲贊其「一堂師友，冷風熱血，洗滌乾坤」（《明儒學案・東林學案》，頁 47）。而從問題意識的角度而言，東林學派對方孔炤易學實有非常重要的影響。接下來，筆者要從方學漸論學宗旨著眼，說明泰州耿氏兄弟與東林學派的主要觀點，對於方氏家學思想形塑之影響。

三、匯歸方氏

　　方學漸對於世人談論心性，卻標舉「無善無惡」為宗旨，感到非常憂心，而此一憂慮，即成為其學說所要對治的首要對象。因此，他藉由取證於古，摘錄自古以來與心性相關的說法，揭示「性善」之宗旨，力闢「無善無惡」。黃宗羲在《明儒學案》中言及方學漸論學宗旨時即明言：

　　　見世之談心，往往以無善無惡為宗，有憂焉，進而證之於古，遡自
　　　唐虞及於近世，摘其言之有關於心者，各拈數語，以見不睹不聞之
　　　中，有莫見莫顯者以為萬象之主，非空然無一物者也（《明儒學案・
　　　泰州學案四》，頁 53）。

而根據張永堂先生的研究指出，方學漸「曾赴無錫東林書院講會，與顧憲成、高攀龍論性善之旨，甚得推許」。〔註30〕而從對「天泉證道」之質疑，亦可說

〔註28〕稽文甫著，《晚明思想史論》（北京：東方出版社，1996 年 3 月第 1 版），頁 82。
〔註29〕勞思光著，《新編中國哲學史》，共三卷，（臺北：三民書局股份有限公司，1990 年 9 月增訂五版），第三卷下，頁 529。
〔註30〕張永堂著，〈方孔炤〔周易時論和編〕一書的主要思想〉，收錄於《成大歷史學報》，第十二期，頁 180。

明方學漸與東林學派的密切關聯。方學漸認爲，以陽明之賢，平素對於心體至善多所申講，晚年在「天泉證道」中卻改口「無善無惡心之體」，王龍溪並徑將其視爲陽明晚年之密傳。對此，方學漸深致懷疑，認爲這些恐是龍溪之輩以其學說附會陽明之論而致使記錄失眞。對此，方學漸云：

> 彼異端者，雖亦曰明心，不明乎善而空之，則見以爲心者謬矣。王龍溪《天泉證道記》，以無善無惡心之體，爲陽明晚年之密傳。陽明大賢也，其於心體之善，見之眞，論之確，蓋已素矣，何乃晚年臨別之頃，頓易其素，不顯示而密傳，倘亦有所附會而失眞歟？（《明儒學案・泰州學案四》，頁56）。

從方學漸對此問題之懷疑，實可見其與東林學派的觀點同出一轍，〔註31〕可見方學漸受其影響之深。而從學漸自顏其堂名曰「崇實」，而世稱其爲「明善先生」來看，亦可略見端倪。而「明善」與「崇實」誠可謂方孔炤易學的宗旨。而從方孔炤在《周易時論合編》的《大有卦》中，極力批判王門「無善無惡」之說，而在其《大象傳》中，分別徵引顧憲成、高攀龍以及方學漸、方大鎮之說的情形看來，亦正可說明其問題意識之來源。〔註32〕而從學風與觀點著眼，則泰州耿氏兄弟費中有隱，常中有妙，粗淺中有精微，百姓日用倫常即爲道的直接表現，離此即屬虛玄的看法，對於方氏一門，實有深刻的影響。如方學漸即云：

> 道形上，器形下，謂器不能該乎道者，非也。凡人所學，總屬之下，莫載莫破，皆下也，其理不可見聞，則上也，不徒曰上，而曰形上，形即器也，安得求道於器之外乎？（《明儒學案・泰州學案四》，頁56～57）

此是說，雖然形而上者屬於道的層次，形而下者屬於器的層次，但在器的形而下層次中，即已全盡地涵括了道的形而上層次。凡是人的種種學習活動，總是屬於形而下的範圍，而不論大至莫能承載，小至莫能破析的一切事物，

〔註31〕 如顧憲成即謂「至善者性也。性原無一毫之惡，故曰至善。陽明先生此說極平正，不知晚來何故卻主無善無惡？」見（《小心齋箚記》，卷四）

〔註32〕 其引顧憲成曰：「今倡無善無惡之說，則善可不爲，而惡可橫行矣。離有而無，則善且不屑，可以高抗地步，爲譚玄說妙者樹標榜，即有而無，惡且任之，可以放寬地步，爲恣情肆欲者決隄防，且乎樂便趨之矣」。引高攀龍曰：「無善無惡之說，以之明心性者十之一，以之滅行簡者十之九。今論患執，執善則拘，執無則蕩，蕩之與拘倍蓰無算，故曰不足以亂性，而足以亂教。」（《時論・大有》，頁349～350）。

皆屬於形而下的層次。而其不可見聞的幽深道理，則是屬於形而上的範圍，但他特別強調，不能離卻日常生活中可見可聞的形器世界，去求取不可見聞的幽微道理。方學漸此一見解，成爲方氏一門的基本看法。如方大鎮亦強調「所以然者，倫序于卦爻時位，宜民日用謂之當然，當然即所以然」（《幾表・太極圖說冒示》，頁 73）。此外，方孔炤亦屢屢言及所謂「玄者好離道義以言德業，離道義德業以言性，蓋急于淡剔燈光之火，而聽者遂成虛蕩郛廓之恣矣」（《時論・繫辭上》，頁 1439～1440）。這些都是在批判離卻百姓日用而高談玄理之流弊。因此，耿天臺所謂的「高明之魔」，亦是方孔炤易學所亟欲批判的對象。如其註《隨卦》上六《小象》「拘係之，上窮也」即云：

> 專言太上，則不能隨時與民同患，而勢且縱人蕩維，盡此天下矣，是偏上而窮也；不落上下，猶暗癡也。窮上返下，止宜隨天下之講下學，而何下非上乎？（《合編・隨》，頁 425）

方孔炤認爲，專門講說至高的玄妙之理，則不能時時刻刻以人民之吉凶爲吉凶，勢必將會聽任世人放浪而無所牽繫，蠱惑天下人之心志，此乃由於專尚高妙玄理的偏頗所導致的困厄窘境；不落於上下，則如同愚昧無知之人。唯有徹底窮究高妙精微的道理之後，再回歸到日用倫常的事事物物上，才是正道。是故只應隨順著天下講習下學，因爲下學實即涵攝了上達的玄妙至理。〔註33〕

　　透過筆者以上的分析可以看出，泰州學派耿氏兄弟平實的學風，在基本觀點上，對於方孔炤易學體系的建構，實有重大的影響。而方孔炤對於王學流弊的批判，則是承自東林學派。而此兩條主脈，合流於其祖方學漸，形成其思想中的主要問題與觀點。歷經三代，最後由方孔炤融攝於其宏博的易學體系中。

　　即下則就方孔炤本人的學思發展的歷程以及《周易時論合編》一書的特色予以探究。

〔註33〕此即方孔炤所云：「淺者不知聖人之神明默成，深者自以爲知聖人之神明默成，然終不知日用飲食之無非事業也，無非象也，無非乾坤也，無非道器也，無非賾動也，無非通變也，即無非神明默成也，豈獨卦爻立象爲不言之言哉？子貢不可得聞，其初悟乎？豈執文章非性道乎？欲人極深而神明耳」（《時論・繫辭上》，頁 1512）。「下學而上達」，語出《論語・憲問》。皇侃義疏云：「下學，學人事；上達，達天命」。轉引自楊伯峻著，《論語譯注》（臺北：明倫出版社，1971 年 10 月初版），頁 164。詳細的分析見本文第二章第一節。

第三節　方孔炤學思進程與《周易時論合編》

一、方孔炤學思發展之歷程

　　根據其子方以智的敘述，方孔炤易學思想的發展，大抵可區分成三期，第一期即是在崇禎四年到崇禎七年的廬墓期間（1631～1634），〔註34〕在祖、父的相關著作基礎上，撰成《周易時論》一書，此即方以智所言「家君子自辛未廬墓白鹿三年，廣先曾王父《易蠡》、先王父《易意》而闡之，名曰《時論》」（《方以智時論後跋》，頁51）。

　　繼而，於崇禎十三年（1640），方孔炤以香油坪之役兵敗下獄，在此期間，因與黃道周同處一室，兩人得以終日研析易理，因受黃氏之影響，致使方孔炤的易學立場，轉向象數一路。對於此中情形，黃道周有「片楮隻字皆收藏，但願生存畢此理」、「緬想方公食三嘆，定謂此書終河漢」（《周易時論黃序・方仁植先生每覓易象詩以謝之》，頁26）等語，可見其易學觀點對於方孔炤影響之巨。〔註35〕除此之外，方孔炤在獲赦出獄後的兩年當中，進而對於揚雄、京房、關朗、邵雍等象數派易學大家，做了一深入的探究，對於圖書象數之學，多所闡發，此方以智所謂「會揚、京、關、邵，以推見四聖，發揮旁通，論諸圖說」之所指（《方以智時論後跋》，頁51）。此可謂其易學思想發展的第二階段。在此階段中，方孔炤精研象數之學，並開始《周易圖象幾表》部份的撰述，此其所言「論諸圖說」之意。而在精研象數之學多年之後，方孔炤再度易稿，對此，方以智在跋語中云：

　　　　重覽癸未跋，忽忽十五年，老父歸臥環中堂，時論又再易薰矣。……
　　　　合編未竟，遺命諄諄，時當病癈，暮廬碌踦，命兒子德通履，合前

〔註34〕任道斌《方以智年譜》一書，在崇禎三年庚午（1630）下有「祖父方大鎮廬墓而卒，父喪服守制，亦廬墓盡孝」一條，恐有誤。參見其所著，《方以智年譜》（合肥：安徽教育出版社，1983年6月第1版），頁45。

〔註35〕〔明〕莊起儔所撰《漳浦黃先生年譜》云：「方開府仁植與先生同在西庫，自言詮《易》三世，未畢此理。見先生所著，片字落紙，輒觀玩不已，曰：『吾雖不及次公，寧怖夕死，遽墜朝聞乎！』時先生方草十二圖，未畢，忽錦衣著筐籃來徵，先生徐曰：『吾畫一圖完，就逮耳。』役人不可，遂以先生去，諸圖象翻播床下，既去，方公更掇拾收藏之。」〔明〕洪思所撰《黃子年譜》亦有類似的記載。從這些記述中，亦不難窺見黃氏對於方孔炤易學之重要影響。參見〔明〕洪思等撰，侯真平、婁曾泉校點，《黃道周年譜》（福州：福建人民出版社，1999年9月第1版），頁20、72。

後薰而編錄之，自泯薪火而已（《方以智時論後跋》，頁 52～53）。

此則可謂方孔炤易學思想發展的第三個階段。而其再度易稿的原因，實與其晚年對於「虛空皆象數」的體悟有關。在方孔炤去世之後，方以智命其子方中德、方中通、方中履，合前後諸稿，編成《周易時論合編》一書。

二、該書評論與「時」之意涵分析

　　一般皆認爲，《周易時論合編》一書，不但與方孔炤的生平經歷，有密切的關聯，亦包含了方孔炤對於時局的憂患之情，而且在內容上，多透過徵引歷史實例的方式予以佐證。對此，《四庫全書》即評價曰：

> 其立說以時爲主，故名《時論》。蓋方孔炤初筮仕，即攖璫禍，及膺封疆之任，値時事孔棘，又遭齮齕，有所憂患，而發於言，類多證據史事，感慨激烈。其講象數，窮極幽渺，與當時黃道周、董說諸家相近（易類存目二）。

此是說，方孔炤易學以「時」爲主，而其易學則採取象數之立場，與當時黃道周、董說等象數易學家相近。〔註36〕對於方孔炤易學的家學傳承以及遵循的方向，李世洽析論云：

> 潛夫方先生，纘承家學，著爲《時論》，紹聞則祖明善而禰廷尉，集說則循康節而遵考亭，而又精探揚京王鄭周程張蔡之奧，以匯及近代名儒鉅公窮經博物諸君子，不下十百餘家，綜合全豹，徵幾析義，綱舉目攡，亡慮數十萬言，亦何燦然！〔註37〕

此是說，方孔炤易學乃是其祖、父的易學之承繼，集採眾人之說，則以邵雍與朱子易學作爲依循。且深入專一的探究揚雄、京房、王弼、鄭玄、周敦頤、程頤、張載、蔡季通與蔡沈父子易學之奧妙，以及近世諸大家的精要，透過其「一在二中」與「寂歷同時」的核心命題融攝古今，吞吐百家之說。〔註38〕

〔註36〕董說，字若雨，明末烏程人，師事於黃道周，傳其數學。其易學著作有《易發》、《河圖卦版》。詳細說明，請參見呂紹綱主編，《易學辭典》（臺北：漢藝色研文化事業有限公司，2001 年 9 月初版），頁 627。

〔註37〕見《李世洽周易時論序》。本文所引用《周易時論合編》的文字，皆根據由臺北文鏡文化事業公司依清順治十七年所刊，於 1983 年影印出版之版本，以下只註明篇名以及頁數，不另行加註，於此一併說明。除此之外，「四庫存目叢書」亦錄有《周易時論合編》，唯與文鏡出版社之版本完全相同。

〔註38〕此正所謂「桐山方氏，四世精易，潛夫先生研極數十年，明此一在二中、寂歷同時之旨，邵周程朱，是爲正鐸，而理寓象數，中皆旁通，近代王陽明、

此即白瑜所云「蓋於易身服膺之矣，故合數千年之說，於定中，知其不定，於不定中，決其一定」（《白瑜周易時論序》，頁 30）者是。

對於「時」之意涵，方孔炤認為，王弼「夫卦者，時也；爻者，適時之變者也」，〔註39〕意指由六爻所組成的各卦，皆因「時」而有同異，而《文言傳》所言種種有關於「時」的說法，皆係指此而言，此其所謂「六爻成質，六位成體，其異其同，皆由乎時，故曰卦者時也，時者卦主為之也，文言所謂時用時義，指此也」（《幾表・任間卦主說》，頁 488）之意。

因此，方孔炤認為，「時」的觀念，乃是《易》學之核心，而學《易》的極致，即在於知「時」，並能隨時處中而不偏倚，此其所謂「先儒謂學《易》在知時，時即學《易》極處，即時中也」（《幾表・任間卦主說》，頁 492）者是。〔註40〕他更強調，「三才以用為時」（《時論・繫傳上》，頁 1508），是故「時用」可謂方孔炤易學之指歸，此其所謂「悟盡萬世之用，總歸一時之用」（《時論・小過》，頁 1324）之意。余颺總論其易學時即謂「先生之學易也，以統有無之中為極，以河洛為端幾，而要歸於時用」（《余颺方潛夫先生時論序》，頁 22～23），故其易學實可以「時用」括之。而徵諸易學史的發展，此確為大易哲學之核心。〔註41〕

焦弱侯、管東溟、郝楚望、孫淇澳、高景逸、黃道周、倪鴻寶諸先生之說，萬派朝宗矣。」（《白華堂書首評論》），方孔炤融攝百家，匯歸其《周易時論合編》，故謂「萬派朝宗」，而「一在二中」與「寂歷同時」，即其易學之宗也。

〔註39〕對此，邢璹注曰：「卦者，統一時之大義；爻者，適時中之通變」。見〔魏〕王弼著，樓宇烈校釋，《王弼集校釋》，共二冊，（北京：中華書局，1980 年 8 月第 1 版），下冊，頁 604～605。

〔註40〕此即《中庸》所云：「仲尼曰：『君子中庸，小人反中庸。君子之中庸也，君子而時中；小人之中庸也，小人而無忌憚也。』」見〔宋〕朱熹著，《四書集註》（臺北：世界書局，1997 年 3 月初版），頁 27。

〔註41〕根據高懷民先生的研究，自周文王演易創造筮術，中間經過六百年的時間，此一時期可稱之為「筮術易」的時期。在此時期當中，周文王演易乃是為了因應時代的需求，對此，高懷民先生分析云：「到了殷周之際，由於時代的要求，周文王乃發現它的實用價值，把它從冷落已久中提拔出來，增演為六十四卦，益以卦爻辭，變成『以神道設教』的筮術，易學乃由純粹哲學思想一變而也加入用世之學的行列。」而孔子以《十翼》贊易，則進入了「儒門易」時期，在《易傳》當中，則特別強調「時」、「中」的觀念。因此，從易學史的發展角度來看，方孔炤「時用」之概念，可謂深得易學之核心。相關的說明請參見高懷民著，《先秦易學史》（臺北：自印本，1986 年 8 月再版），頁 88～94。

三、《周易時論合編》之結構與特色

　　整體來看，在六十四卦中，方孔炤對於《比》、《小畜》、《履》、《否》、《同人》、《觀》、《噬嗑》、《無妄》、《坎》、《晉》、《明夷》、《家人》、《睽》、《蹇》、《解》、《困》、《歸妹》、《旅》、《巽》、《節》，共計二十卦。對其《卦辭》、《象辭》、《大象辭》、《爻辭》、《小象辭》，皆不置一詞。幾占三分之一，而其餘各卦，亦只有零星的解釋，相較之下，並不重要。就詮釋的方法來看，方孔炤對於《易經》，並不採取傳統逐爻分釋的解釋方式，而是將其詮釋完整地呈現於各卦的《時論》中。就《周易時論合編》的形式結構來看，則在《周易》上下經部份，方孔炤先透過對卦的形式，以闡明兩卦之意義，以下即以《需》《訟》對卦爲例予以說明。對此，方孔炤云：

> 方圖《需》《訟》在西北，近《否》《泰》之三，《師》《比》在東南，近《坤》之三，《需》《訟》是天地泰否之關，而《師》《比》以地道治之也。《需》伏《晉》而不進，自昭則光亨矣，《訟》伏《明夷》而不親，晦明蒞眾則得中矣。明天于下而敬義者，孚所以光亨也，恃天好上而爭勝，則孚窒乃險場矣，故《師》《比》以文武治教之，懿文辨禮，豈得已哉？（《周易上經·需》，頁168）

此是說，就伏羲六十四卦方圖來看，《需》卦位於北方，《訟》卦則在西方，按排列的位置言，則《需》隔《大畜》即爲《泰》，《訟》隔《遯》卦即爲《否》，故《需》爲近《泰》之三，而《訟》則爲近《否》之三。而《師》與《比》則分別在東方與南方，《師》隔《謙》卦即爲《坤》，《比》隔《剝》卦亦爲《坤》，故皆爲近《坤》之三。《需》卦九五陽變陰即成《泰》卦；而《訟》卦九二陽變陰即成《否》卦，故曰「《需》《訟》天地泰否之關」。《師》卦曰「行險而順」；《比》卦曰「下順從也」，皆以溫順之道治理眾人之事，故云「以地道治之」。而所謂「《需》伏《晉》」、「《訟》伏《明夷》」云云，意謂《需》卦隱伏著與其陰陽相反的《晉》卦，因此，審慎需待而不急於貿進，若能自我昭著光明的美德，則能光明亨通；〔註42〕而《訟》卦潛藏著與其陰陽相反的《明夷》卦，因此，彼此爭訟而難以相親，能夠自我晦藏明智，不使鋒芒外露，謹慎地治理眾人，則能持中不偏，終致吉祥。〔註43〕此皆反覆申明心懷誠信，

〔註42〕此乃本諸《需》卦卦辭「有孚，光亨，貞吉，利涉大川」，以及《晉》卦《大象傳》「明出地上，晉，君子以自昭明德」而來。

〔註43〕此則本諸《訟》卦卦辭及其《象傳》「訟，有孚窒，惕中吉，剛來而得中也」

自昭明德以致亨通，以及依恃剛強，一味求勝，以致誠信窒塞而有凶險之意涵。

在闡明對卦的意義之後，方孔炤則先從訓詁的角度，對於諸家在文字訓詁上的各種差異予以考訂，進而針對卦名的意涵予以析論，但他強調，文字訓詁，就學習而言，乃是不可或缺的基礎，但是不能拘泥於字之古義，以致於不能融會貫通。繼而再說明此卦的象徵意義，然後在卦爻辭的解釋上，徵引諸家之言，內容包羅心性之學、治理教化百姓之方法，並且透過援引古今事例以發明之。對其體例，方孔炤云：

> 詁示下學，固不可少，然膠泥而不能通類會通，久膏肓矣，此編先敍諸本考異，雖屬亥豕，存之亦足參考也，訓字之義，古多諧聲轉借，必如追擬古篆，何必爾耶？……此後載諸取象之說，此後方集諸家通說，或言心學，或言治教，或引古今事（《凡例》，頁 61～62）。

舉例來說，方孔炤解釋《困》卦時謂「困，古作㱷，小篆圍木作困，蓋綑也，困爲困窮抑鬱之義，《說文》故廬，非本義也」（《時論·困》，頁 1003）；說明《解》卦時云「《說文》解從刀，判牛角，會意」（《時論·解》，頁 861）；解釋《節》卦意涵則謂「《說文》節，竹約也，玄子以竹筠之勻有分限言之，《溯》以虛中節均，東氣生枝言之，肢節、時節、音節，皆此義也」（《時論·節》，頁 1277）。此皆其對於卦名意涵及其物象之解釋。而其所謂「集諸家通說」之形式，筆者即透過《周易時論合編》書中的實例，對此予以詳細說明。以蘇軾對《說卦傳》「數往者順，知來者逆，是故易逆數也」的解釋爲例，其原注曰：

> 自性命而言之，則以順爲往，以逆爲來，故曰數往者順知來者逆，六十四卦，三百八十四爻，皆據其末而反求其本者也，故易逆數也。

〔註44〕

方孔炤徵引蘇東坡的文字則爲：「自性命言之，以順爲往，以逆爲來，三百八十四爻，皆逆而返得其本者也」（《時論·說卦傳》，頁 1652）。文字雖有些微的差異，但意義上並無出入。〔註45〕而此段文字，則是其所謂「或言心學」

以及《明夷》卦《大象傳》「明入地中，明夷，君子以莅眾，用晦而明」而來。

〔註44〕〔宋〕蘇軾著，《蘇氏易傳》（臺北：廣文書局有限公司，1998 年 7 月再版），頁 536。

〔註45〕方孔炤徵引諸家的形式，大抵皆如此。再以其在《繫辭下傳》「因貳以濟民行，以明失得之報」之註解爲例，東坡原註曰：「兼三才而兩之所謂貳也，夫道一

者是。再以其《師》卦「六三，師或輿尸，凶」之註釋爲例。伊川對此註曰：

> 三居下卦之上，居位當任者也，不唯其才陰柔不中正，師旅之事，
> 任當專一，三既以剛中之才爲上信倚，必專其事乃有成功。若或更
> 使眾人主之，凶之道也。輿尸，眾主也，蓋指三也。以三居下之上，
> 故發此義。軍旅之事，任不專一，覆敗必矣。〔註46〕

方孔炤徵引伊川的文字則爲「輿尸，眾主也，古語百人輿瓢，瓢必裂。凡言
輿論，輿爲眾也，師旅當專，二有其任，更以眾人主之，凶道也」（《周易上
經‧師》，頁 216）。其文字雖繁簡不同，但對於統一事權的觀點，則無二致。
此其「或言治教」者是。

　　從以上兩段徵引的文字可以看出，方孔炤對於諸家原註之原意，可說毫
無改易，《圖象幾表》部份，情形亦復如是，〔註47〕此其所謂「正以前賢各
有發明，集之則條理成矣」（《凡例》，頁 60）。從筆者對《周易時論合編》
結構與體例的分析中，亦不難看出方孔炤融攝舊有學術成果以思創新的時代
特色之呈現。此種形式此後所隱藏的目的，則是要讓資質各異的每個人，都
能有所受用，正所謂「此編大集，互取兼收，上中下根，隨其所受」（《凡例》，
頁 65）。

而已，爲易之作必因其貳者，貳而後有内外，有内外而後有好惡，有好惡而
後有失得，故孔子以易爲衰世之意而興於中古者，以其因貳也，一以自用，
貳以濟民。」參見〔宋〕蘇軾著，《蘇氏易傳》，頁 513～514。而方孔炤對於
此段文字的徵引則是「道一而已，易必因二，而内外好惡，因有失得，易興
於中古者，以因二也，一以自用，二以濟民」（《時論‧繫傳下》，1583）。在
意義上可謂完全相同。

〔註46〕〔宋〕程頤著，《易程傳》（臺北：泉源出版社，1993 年 10 月第 1 版），頁 57
　　　～58。

〔註47〕舉例來説，劉雲莊對於「易有太極」的註解本爲：「易畫生於太極，故其理爲
　　　天下之至精，易畫原於圖書，故其數爲天下之至變，太極，理也，形而上者
　　　也，必有所依而後立，故雖不離乎圖書之數，而亦不離乎圖書之數，則圖書
　　　之數以作易，而太極之理行乎其中矣。《繫辭》論聖人作易之由，又有及於觀
　　　察求取，則雖非獨以圖書而作，其實因圖書之數而後決之耳。太極爲理之原，
　　　圖書爲數之祖，理之與數，本非有二致也，合而觀之，斯可矣。」參見〔宋〕
　　　胡玉齋著，《易學啓蒙通釋》（臺北：武陵出版社，1990 年 3 月第 1 版），頁
　　　61。而方孔炤《周易時論合編》所徵引的文字則爲：「易畫生于太極，其理至
　　　精，易書原于圖書，其數至變，形之於理，必有所依而後立，故不離乎數，
　　　而不離乎數，太極爲理之原，圖書爲理之祖，本非二也，合觀可矣」（《幾表‧
　　　河圖洛書舊説》，頁 101）。

第四節　研究動機與方法

一、文獻分析與研撰動機

　　時至目前為止，有關方孔炤易學的研究，除了少數概論性或介紹性質的文章外，〔註 48〕海峽兩岸各有一篇重要文獻。在臺灣方面有張永堂先生所撰〈方孔炤《周易時論合編》〉一書的主要思想〉一文；〔註 49〕而大陸方面，則是朱伯崑先生所著《易學哲學史》第三冊第五節〈方以智與《周易時論合編》〉之部份。〔註 50〕此兩份文獻，皆極具參考之價值。

　　張氏乃研究方以智思想的專家，其碩士論文為《方以智研究初編》，博士論文則為《方以智的生平與思想》。而在〈方孔炤《周易時論合編》〉一書的主要思想〉一文中，張氏分為五點予以探討，即方孔炤生平及其憂患意識、《周易時論合編》一書的編撰經過及其主旨、《周易時論合編》的宇宙論、《周易時論合編》的認識論、《周易時論合編》的影響。而其立論之焦點，乃是要從方氏家學的角度，來觀察明末清初思想的發展與轉變。

　　朱伯崑先生的研究則指出，《周易時論合編》一書在易學史上有其重要的地位與意義，它是桐城方氏易學的代表之作。而且相較之下，方孔炤在此書中的角色最為重要，堪稱方氏易學的完成者。然而由於後來方以智在思想史上的影響較大，因此，咸將方氏易學的貢獻歸諸於其子方以智，致使方孔炤的貢獻不為世人所知。對於此一看法，筆者亦十分贊同。〔註 51〕然而，即令是方以智，亦沒有獲得其應有的評價。〔註 52〕但此一情況，近來年已稍有轉

〔註 48〕例如張其成先生所著《易道主幹》一書，僅有半頁的論介，參見其所著《易道主幹》（北京：中國書店，1999 年 1 月第 1 版），頁 194。而鄭萬耕先生所著《易學源流》一書中，亦有概論性的介紹。參見其所著，《易學源流》（瀋陽：瀋陽出版社，1997 年 5 月第 1 版），頁 198～206。

〔註 49〕張永堂著〈方孔炤〔周易時論和編〕一書的主要思想〉，收錄於《成大歷史學報》，第十二期，頁 179～225。

〔註 50〕朱伯崑著，《易學哲學史》，第三冊，頁 381～581。

〔註 51〕朱伯崑著，《易學哲學史》，第三冊，頁 385～386。話雖如此，但朱氏卻依然將此節名之為〈方以智與《周易時論合編》〉。

〔註 52〕對於此中緣由，龐樸先生分析云：「蓋方以智之湮沒無聞，主要原因當時政治的；由之帶來的另一個原因，則是他的著作大多未能刊刻，只憑鈔本流傳。而他的兩本完整論述自己哲學思想的姊妹篇──《東西均》和《易餘》，則兼具這兩個原因，故更鮮為人知；以至于，在《東西均》于 1962 年出版以前（《易餘》至今仍未出版），無人說過他是思想家和哲學家。」參見〔清〕方以智著，

變，方以智的思想已逐漸受到世人的注意，即以學位論文來看，已有多人撰文，〔註53〕但探討方孔炤思想的論文，則依然付諸闕如。

實則，就《周易時論合編》來看，筆者認為，方以智在此書的按語中，不但謹守其分際，並且盡量避免以自己後期哲學中三教合一的看法，來詮釋其父的觀點。朱伯崑先生即對於方以智在《周易時論合編》與其後期著作《東西均》所呈現出來的差異分析云：

> 以《時論》中方以智的按語同《東西均》比較，有一明顯的差別，
> 即前者直接闡述方氏三代易學的宗旨，而後者無論就思想內容和文
> 字表達說，受佛教和道家的影響都很深。〔註54〕

對此意見，筆者深表贊同，然而，朱伯崑先生在其書中，卻仍大量援引《東西均》以解釋方孔炤易學觀點。筆者認為，此種處理方式，除了無由突顯方孔炤在其家學中的應有的地位之外，更重要的是，將會忽略《東西均》與《周易時論合編》之間的差異。

基於上述原因，筆者即以方孔炤易學作為研究主題，希望透過筆者的研究，能夠對於此一融攝百家的重要易學家，有一深刻的理解。基於此一目的，本文所徵引的文字以方孔炤之言為主，以其子之言為輔，〔註55〕而無法確定誰人之言者，則為求學術之客觀性，乃以方氏稱之，特此予以說明。

龐樸注釋，《東西均注釋》（北京：中華書局，2001年3月第1版），〈序言〉，頁2。

〔註53〕 就方以智的部份而言，除了張永堂先生的碩、博士論文之外，尚有李素娓所撰《方以智「藥地炮莊」中的儒道思想》（臺灣大學中國文學研究所碩士論文，1978年6月）、謝仁真所撰《方以智哲學方法學研究》（臺灣大學哲學研究所博士論文，1995年6月）、劉浩洋所撰《方以智《東西均》思想研究》（政治大學中國文學研究所碩士論文，1997年6月）等多篇學位論文，無疑顯示方以智的思想，已經逐漸受到人們的注意。

〔註54〕 朱伯崑著，《易學哲學史》，第三冊，頁385。

〔註55〕 筆者認為，這樣的作法是恰當的。如朱伯崑先生亦認為，方孔炤在《凡例》中有云：「自在四庫，與石齋公論易表法，邵子舉概而已，細差殊未合也。故衍二十四圖，易曆相追，今十餘年，究之本無追不合者」（《凡例》，頁57～58）。又其在解說經傳文時，常有「詳見前圖」之語。而此皆說明，在方孔炤的原稿當中，即已存有許多圖式，附於經傳文的前面。因此，《幾表》部份，同樣是方以智對其父所作《幾表》的補充以及發揮。詳細說明請參見朱伯崑著，《易學哲學史》，第三冊，頁383～384。朱氏的分析可謂精當。凡此皆可為筆者的處理方式，提供有力的支持。

二、研究方法

中西方的哲學家，在許多方面都呈現出顯著的不同。如馮友蘭先生指出，若從中西哲學家思維方式的差異著眼，則由於中國哲學家不走西方哲學主客二分的方式，所以較不重視知識問題，因此在論證和說明方面，也就不如西方哲人明晰且具組織性。但萬不可因中國哲學在形式上無明顯的系統，即認定中國哲學無系統可言，實則中國哲學與西洋哲學一樣，具有「實質的系統」。對此，馮氏云：

> 所謂哲學系統之系統，即指一個哲學之實質的系統也。中國哲學家之哲學之形式上的系統，雖不如西洋哲學；但實質上的系統，則同有也。講哲學史之一要義，即是要在形式上無系統之哲學中，找出其實質的系統。〔註56〕

此乃自著作形式來論，則重思辨的西方哲學家，其著作通常是獨立的形式；而重體悟的中國哲學家，則多半透過注疏的方式，來表述自己的思想，是故在著作上並不刻意呈現一個組織嚴整的文章結構，而是將其主要觀點，分散在經典的各個段落，或是透過一段一段語錄的體裁，或是與友人論學的書簡，較為零散的探討一些概念。因此，就形式而言，缺乏西方哲學家結構嚴明，綱舉目張的優點。〔註57〕

因此，中國哲學的研究工作，必須要透過抽繹其散置在經典注疏中的片斷，予以分析與歸納，進而將哲學家潛在的思想，予以組織性的揭示或重構。亦即要以「所能看見的一鱗半爪，恢復一條龍出來」。〔註58〕

從方法論的差異著眼，余英時先生指出，哲學、社會學、歷史學的研究方

〔註56〕馮友蘭著，《中國哲學史》，共二冊，（臺北：臺灣商務印書館股份有限公司，1993年4月增訂臺第1版），上冊，頁14。

〔註57〕對中西哲學家因進路不同所產生之形式差異，徐復觀先生析論曰：「西方的思想家，是以思辨為主；思辨的本身，必形成一邏輯的結構。中國的思想家，係出自內外生活的體驗，因而具體性多於抽象性。但生活體驗經過了反省與提鍊而將其說出時，也常會澄汰其衝突矛盾的成分，而顯出一種合於邏輯的結構……。但這種結構，在中國的思想家中，都是以潛伏的狀態而存在。因此，把中國思想家的這種潛伏著的結構，如實的顯現出來，這便是今日研究思想史者的任務；也是較之研究西方思想史更為困難的任務。」參見其所著，〈研究中國思想史的方法與態度問題〉，收錄於《中國思想史論集》（臺北：臺灣學生局書，1959年10月第1版），頁2。

〔註58〕馮友蘭著，《中國哲學史新編》，共七冊，（北京市：人民出版社，1982年1月第3版），第一冊，〈全書諸論〉，頁38。

法，可以藉由時間概念予以區隔。哲學家的基本方法是直覺或與先驗式的，而社會學範圍雖然包羅萬象，較注重具體經驗的分析。因此，哲學的觀點可謂是「超時間性」（supratemporal）的，而社會學觀點則是「無時間性」（atemporal）的，相較於以上兩者，則歷史學的觀點，特別注重時間性，因此，適可彌補哲學與社會學觀點之不足。〔註 59〕余氏的說法，就學科的特點來說，實不失爲一個有效的區分標準。但誠如胡適先生所言：「大凡一種學說，決不是劈空從天上掉下來的」。〔註 60〕也就是說，一個時代的思潮以及政治社會的狀態，往往是影響哲學主張產生的重要原因。因此，我們必須將哲學思想置放於整個歷史與社會的脈絡中予以審視，方能深入瞭解其思想形塑的原因以及內涵。從這個角度來看，則時間性亦是哲學思想研究的所要關照的重點之一。

　　而勞思光先生在分析哲學史方法論時提到，傳統的「系統研究法」、「發生研究法」、「解析研究法」等研究方法，皆無法同時滿足事實記述的眞實性、理論闡述的系統性，以及全面判斷的統一性三個條件。〔註 61〕而筆者認爲，勞氏所倡之「基源問題研究法」，則不但有助吾人揭示思想家潛伏著的內在結構，亦能達致傳統方法無法完成之目標。而所謂的「基源問題」，勞思光先生云：

> 一切個人或學派的思想理論，根本上必是對某一個問題的答覆或解答。我們如果找到了這個問題，我們即可掌握這一部份理論的總脈絡。反過來說，這個理論的一切內容實際上皆是以這個問題爲根源。理論上一步步的工作，不過是對那個問題提供解答的過程。這樣，我們就稱這個問題爲基源問題。〔註 62〕

〔註 59〕 余英時著，《史學與傳統》（臺北：時報文化出版企業有限公司，1982 年 10 月），〈序言〉，頁 5。

〔註 60〕 胡適著，《中國哲學史大綱》（上海：上海古籍出版社，1997 年 12 月第 1 版），頁 23。

〔註 61〕 勞思光著，《新編中國哲學史》，共三卷，（臺北市：三民書局股份有限公司，1990 年 11 月增訂 6 版），卷一，〈序言〉，頁 15。所謂「系統研究法」，意指將所要研究的思想，設法作一系統性的陳述之方法，此方法雖能呈現一個理論，但卻容易失之於主觀，以後使得原思想家的思想失眞；而「發生研究法」則是要依據思想家學思發展的歷程，依據時間先後予以排列研究的方法，其長處是易於保持客觀性，但卻容易有見樹不見林之弊；而「解析研究法」乃指藉由語意與語法的分析，來解析一個思想家的思想，其優點在於能夠透過此方法獲致許多精確而客觀的結論，其缺點則在於無法提供觀照全局的貫串性視野。對這些方法詳細的說明，請參見該書〈序言〉頁 4～12。

〔註 62〕 勞思光著，《新編中國哲學史》，共三卷，（臺北市：三民書局股份有限公司，

誠如學者所言，「一切思想，都是以問題為中心，沒有問題的思想不是思想」。
〔註63〕因此，在本文中，筆者即採取勞氏所言之「基源問題研究法」，就《周
易時論合編》一書中所呈現的題材，抽繹其主要論點，一步一步地經由返溯
的過程，抉發方孔炤心目中的問題意識。繼而再透過其對於基源問題的解決
路徑，釐析其思想的內涵，展示其內在結構。透過這樣的過程，我們才能真
正理解其思想的意蘊所在。〔註64〕

　　而對於影響一個思想家思想形塑的重要因素，著名的思想史研究學者徐
復觀先生認為，大抵上是由四個相互影響的因素決定的。對此，他分析云：

> 一個人的思想的形成，常決定於四大因素。一為其本人的氣質。二
> 為其學問的傳承與其功夫的深淺。三為其時代的背景。四為其生平
> 的遭遇。此四大因素對各思想家的影響力，有或多或少的不同；而
> 四大因素之中，又互相影響，不可孤立地單純地斷定。〔註65〕

基於此一分析，在本章中，筆者已對於方孔炤生平的遭遇及其時代背景，作
一析論。而為了對其在易學方面的傳承以及功夫的深淺，予以深入研究之目
的，本文大抵上採取三段式的探討方式，首先以易學史的角度予以考辨；其
次再就相關的理論問題予以析論；最後則說明方孔炤對此問題的看法。〔註66〕
接下來，筆者即要探求其易學的基源問題為何，並依此對其思想予以展示。

1990 年 11 月增訂 6 版），卷一，〈序言〉，頁 15。

〔註63〕徐復觀著，《中國思想史論集》（臺北：臺灣學生書局，1993 年 9 月初版），頁
116。

〔註64〕對此，勞思光先生析論云：「哲學理論或學說的本根在於哲學家的關懷或旨
趣。有了某種特殊關懷或旨趣，一個哲學家便選定一個原始問題，並大致確
定他的題材。然後，他會取一種探索途徑，作成某些論點，作為對他的原始
問題的解釋及解答。這些論點即構成他的哲學理論。這是哲學理論的一般次
序。但當我們要去了解一個理論時，我們卻得取相反的程序步步前進。」參
見其所著，《思辯錄》（臺北：東大圖書股份有限公司，1996 年 1 月初版），頁
19。

〔註65〕徐氏並云：「氣質可以影響一個人治學的方向；而學問亦可以變化一個人對氣
質控御的效能，這是可以得到一般地承認的。處於同一時代，受到同一遭遇，
因氣質與學問功力的不同，各人的感受、認取、心境，亦因之而各異。反之，
時代及遭遇，對於人的氣質的薰陶，與學問的取向，同樣可以發生很大的影
響，這也應當可以得到一般地承認。」並參見徐復觀著，《兩漢思想史》（臺
北：臺灣學生書局，1979 年 9 月再版），卷 2，頁 563。

〔註66〕有關太極、河洛、先後天易學的主題，由於內容複雜，是故本論文皆分成兩
章予以處理，上半部處理歷史層次的問題，下半部處理理論層次的問題，在
此先行說明。

第二章　論基源問題

　　思想體系的建構，除了社會環境的外緣因素之外，尚有理論層次上的內在因素。在《導論》中，筆者已將方孔炤易學的時代背景以及《周易時論合編》的學思歷程等予以析論，本章則針對理論層面予以探究。而由於透過基源問題的釐析，能夠對於哲學家思想體系的開展與說明，有所裨益。是以本章首先從方孔炤所極力批判的問題切入，以發抉其易學之基源問題，繼而說明方孔炤提出什麼主張，來解決心中的疑難。

第一節　易學問題之釐析

　　自上章思想建構與基源問題的關係之分析可以看出，思想家論學的基點或宗旨，可說是針對思想家心中的基源問題而發，因此，掌握基源問題，實有助於吾人對哲學家思想的重構。而從思想家所嚴厲批判的問題切入，往往最能有效釐清其哲學所面對的基源問題。因此，本節即先針對方孔炤批評最力的問題，作一析論，進而解析方孔炤易學的基源問題為何。

　　概括而言，方孔炤易學所極力批判的要點有二，即所謂「黃葉」之弊以及「四無」之弊，以下即分別予以說明。

一、四無之弊

　　在王陽明晚年的「天泉證道」中，有關「四句教」的問題，一直是王學眾弟子爭論的焦點，而由「四句教」所衍生的「四無」之論，即王龍溪一派所主張的觀點，乃是方孔炤易學亟欲批判的重點。方孔炤在解釋《繫辭》「化

而裁之存乎變，推而行之存乎道，神而明之存乎其人，默而成之，不言而信，存乎德行」時曰：

> 存乎其人，豈書言所能盡乎？有其人，則書其書，言其言，猶之象其象，而形神自變宜矣。無其人，則各書其書，各言其言，各象其象。道原不息於兩間也。陽明曰，默有四僞，神明者象意書辭，皆默成也。近有尸祝無意者，睹盡意而亦欲攢眉，有尸祝四無者，覽一善字而若犯其諱，非誤坑乎？（《時論·繫辭上》，頁1518）

此所謂「尸祝無意者」，乃指終日空談本體而忽略切實工夫者，一聞後天的工夫實踐，即興不悅之感，此即羅念菴所云「終日談本體，不說工夫，纔拈工夫，便指爲外道，恐陽明先生復生，亦當攢眉也」之意。〔註1〕而所謂「尸祝四無者」，則是持心體無善無惡意見之人，面對人言人性本善之語，即如同犯了忌諱一般。然而這些態度，無非皆因不慎而誤陷泥沼。此所謂「無意」、「四無」，皆是針對王龍溪以下重視體悟先天本體，輕忽後天誠意工夫之弊病而發。推究其根源，則在陽明「四句教」首句中「無善無惡」一語。方孔炤認爲，此一說法，對於國家社會有非常嚴重的不良影響。他並認爲，朝廷之中有許多狡猾之輩，託言「無善無惡」，實則以蠻橫不顧生民爲默契高妙，相互依附，結黨營私，正所謂「其黠者，托于無善無惡，以悍然不顧爲冥應，不如是不足以飽其名利，藏其富貴耳」（《時論·否》，頁320～321）。使得主政的大人，受其惑亂而不自覺。最後則造成整個朝中之臣喪盡羞惡之心，皆成頑鈍無恥之人。對此，方孔炤解釋《大有卦》時云：

> 《詩》曰畏天之威，于時保之，秉彝好德，惟命之休。即怨艾放流，亦惟命之休，與人爲善，是眞無爲原不廢授時命官之法典也。聖人憂後世，必有偏上害政，托言無善無惡，以壓掃揚過之正法者，非荒命耶？故大象著之（《時論·大有》，頁358～359）。

「畏天之威，于時保之」語出《詩經·周頌》，意謂畏天命之威，以敬行天事，藉以保有天命。而「秉彝好德」則語出《詩經·大雅》，原文爲「天生蒸民，有物有則；民之秉彝，好是懿德」。「秉彝好德」意謂愛好美德乃是民所秉彝之常

〔註1〕 〔明〕黃宗羲著，《明儒學案》，共二冊，（臺北，河洛圖書出版社，1974年12月初版），下冊，卷三十五，《江右王門學案三·羅念菴學案》，頁14。本論文所引用《明儒學案》的文字，皆根據此版本，以下只註明篇名及頁數，不另加註。

道。合而觀之，即「遏惡揚善，順天休命」（《大有・大象傳》），也就是「惡懲善勸，所以順天命而安群生也」〔註2〕之意。方孔炤強調，身爲儒者，縱使處於顛沛造次之境況，亦要努力休美萬物性命，與人爲善。而聖人即因憂慮後世之人以「無善無惡」爲藉口，偏言形而上之理，以致危害國家社會，因此，特別以《大有・大象傳》予以明示。依據高亨先生的解釋，天即象徵君，火則象徵明察，「火在天上」之象，比擬爲君者之明察。意謂爲君者能夠明察，則能分辨朝廷百官之賢奸，繼而任用賢能，離黜奸邪，進而使政治得以清明，社會得以昌盛繁榮。而君子觀此卦之象，則應效法其精神，進而遏止奸邪之人，揚舉賢善之人，以順從上天賞善罰惡之天命，休美萬物性命。〔註3〕然而，方孔炤進一步指出，凡此「無善無惡」所產生的種種弊病，皆源自於儒者被佛學理論所欺。〔註4〕對此，他說：

> 告子一標無善無不善，而無忌憚者藏身矣。近日死標四無者，執統壞辨，非無妄之眚乎？易統而辨，即辨是統，無體藏用者也，儒爲黃葉所詑，而倣作死語耶！標性善者，生機也，標四無者，死語也。
>
> 下學藏上，則死語即是生機（《時論・繫辭上》，頁1430）。

方孔炤強調，易學不但兼涵超越的統攝之理與分殊之實，而所以然的統攝之理即存在於現實的事事物物之中。易無體可執，只能在易之發用中觀察體悟到易道之存在。而告子所標舉人性無善無惡之說，徒爲小人提供藉口，使其更加無所忌憚。而近日僵化不知變通的人，亦標舉「四無」之說，只執定超越現象的統攝之理，而不顧現實的個別事物，以致於產生流弊。凡此皆導因於儒者受到釋氏之說所欺罔，繼而仿效釋氏，作此僵化不通之論。要化除此一弊端，必須標舉人性本善之觀點，使人得以盡性至命，參贊天地之化育，故此實可謂是天

〔註2〕　〔宋〕程頤著，《易程傳》（臺北：泉源出版社，1993年10月第1版），頁100。

〔註3〕　高亨著，《周易大傳今注》（濟南：齊魯書社，1998年4月第1版），頁132。唯其注「休命」爲「求命運之嘉美」，意有未明，不如《正義》「休美物之性命」爲善。

〔註4〕　二氏之說，亦是其祖方學漸所亟欲批判者，對此，方學漸曰：「儒者見心之全體，故曰仁人心也，又曰仁者人也。釋氏見心之空，不見空之所有，故於人道一切，掃而空之，老氏見心之虛，不見虛之所舍，故推天下國家而外之。譬之天，儒見天之全，空虛是天，四時百物皆是天，釋老但知天爲空虛，遂以四時百物爲幻妄，所見固不同也。性則心之所具理，儒言性善，是見性之本原，性本善，故位育總歸於善，釋以空爲性，雖謂山河大地皆佛性，其意悉歸之空，老氏鍊神還虛，則又以氣之清虛者爲性，見益淺矣（《明儒學案・泰州學案四》，頁57）。由此，亦可見方孔炤問題意識之家學淵源。

地生生之機,此即方孔炤所謂「此無可名之善體,即在遏惡揚善之善用中,遏神于揚,天地之機也」(《時論・大有》,頁 350)之意;〔註5〕反之,標舉「四無」者,則爲窒塞造化生機之言。而透過「下學而上達」,即可化除「四無」所衍生之流弊,故云「則死語即是生機」。〔註6〕

　　從以上的說法可以清楚地看出,方孔炤認爲,種種流弊的最終根源,還在釋氏之說。而釋氏之謬,方孔炤總括之曰「黃葉之弊」。接下來,即就方孔炤對釋氏學說之批判,予以析論。

二、黃葉之弊

　　在方孔炤的著作中,「黃葉」即釋氏之代稱。所謂的「黃葉」一語,即指「黃葉止啼」之典故。語出《大般涅槃經》中的《嬰兒行品》,其經文曰:

> 又嬰兒行,如彼嬰兒啼哭之時,父母即以楊樹黃葉而語之言,莫啼莫啼,我與汝金,嬰兒見已,生眞金想,便止不啼。然此黃葉,實非金也,木牛木馬木男木女,嬰兒見已,亦復生於男女等想,即止不啼,實非男女,以作如是男女想故。〔註7〕

此是說,當嬰兒啼哭不止時,父母爲了使其停止啼哭,即以楊樹枯黃的葉子充當黃金,藉以哄騙嬰兒。而嬰兒也由於聽了父母的哄騙,心中產生黃金的想法,且本身又無法分辨其中的差異,因此,就錯將黃葉當成眞正的黃金。嬰兒面對木製的牛、馬、玩偶等事物時,情形亦復如是。方孔炤認爲,佛教的整套理論,就如同虛假不實的黃葉,只能短暫的哄騙嬰兒,停止其啼哭而已,對於人世間的諸多問題,並不能眞正的解決。而眾人就如同嬰兒一樣,因本身分辨能力不足,以致爲其所詆。而方中履在序文中,陳述其五世相傳

〔註5〕 方孔炤認爲,要遏制邪惡,最爲神妙的方法,莫過於倡揚賢善。而倡揚賢善,其根源還在肯定「人性」、「心體」乃是至善無惡的。此其所謂「過神于揚」之意涵。

〔註6〕 對此「下學而上達」之意涵,錢穆先生析論云:「下學,學於通人事。上達,達於知天命。於下學中求知人道,又知人道之原本於天。由此上達,而知道之由於天命,又知道之窮通之莫非由於天命,於是而明及天人之際,一以貫之。天人之際,即此上下之間。」此一解釋,實可當作方孔炤「下學藏上」觀點的最佳說明。參見其所著,《論語新解》(臺北:東大圖書股份有限公司,1991 年 8 月第 2 版),頁 529。

〔註7〕 〔北涼〕曇無讖譯,《大般涅槃經》(臺北:新文峰出版股份有限公司,1983 年 6 月第 2 版),頁 1013～1014。

的易學時，對家傳之心法與所要對治之對象，提出了詳細的說明，他說：

> 時爲士子，中士子之節，悅禮義，敦詩書，是士子之明堂也，季彭
> 山以經世、忘世、出世分之。經世者，折中之實法也，可以縣象魏
> 顧言行者也，忘之云出之云者，巧奪之無實法也，說冰欲寒以消其
> 心，及其至也，何世可出，即世是忘，無入不自得之形容焉。五世
> 相傳，惟重立志不惑，豈敢漫言從心，而執無實法之黃葉，以掃理
> 而荒學哉？（《方中履跋》，頁 37）。

此是說，身爲讀書人，即應合乎讀書人的節度，欣悅禮義，注重《詩》《書》
等典籍之學習。季彭山，指季本，字明德，號彭山，爲浙江會稽人氏，明正
德十二年進士，乃浙中王門學者。季彭山以經世、忘世、出世作爲人對於現
實世界所持態度之區分。方中履強調，實則經世，才是不偏頗的恰當態度，
而所謂的「忘世」與「出世」之說法，皆不過是虛浮不實的藉口罷了。實則
人即生活於此現實世界中，根本無從逃脫，故所謂的「忘世」，只不過是對身
處此世界中，卻能無入而不自得的形容罷了。方中履謂其五世相傳的易學，
所重即在立定經世之志，不爲似是而非的虛假學說所惑，以致於掃滅實理，
荒廢學習。而對於佛教虛浮不實的理論所產生的弊病，方孔炤在解釋《繫辭》
文「引而伸之，觸類而長之，天下之能事畢矣」時云：

> 明謂天地間之萬理萬事畢于象數，睹聞即不睹聞，誠一極深研幾而
> 造化在手矣。苟且撥學，逃于無理無事之黃葉，以荒忽給人，而人
> 甘爲所給，坐負天地，浪死人牛，豈不哀哉？（《時論‧繫辭上》，
> 頁 1476～1477）

方孔炤認爲，天地之間所有的理則及事物，都完全地呈顯在象數中，且在眼
見耳聞的現象之中，實即蘊涵了無聲無臭、不可見聞的精微至理。因此，只
要能夠眞心實意、專一而不旁騖地窮究深奧的易道，並且細玩萬事變化的幾
兆，即能清楚地瞭解天地造化之規律。倘若廢除學習，逃遁於釋氏無理無事
的理論中，甘受其荒誕空疏的道理所欺騙，則可謂徒然地辜負了天地。此處
的天地，指的是乾坤「大生」「廣生」的性能。故所謂「坐負天地」，即指辜
負了天地生生不息的生化萬物之大德，如此一來，現實世界的萬有，皆不過
是毫無意義的生老病死、循環不止罷了。而就黃葉之弊對於整個社會風氣的
影響，以及其心中所謂的「實法」究竟爲何，方孔炤曰：

> 生此天地中土之時位，君民政教，皆賴士風，世即出世，惟有在世

> 言世，觀會通以行典禮，制數度以議德行，不能博約明察，何由知
> 聖人之財成天地，而時措宜民哉？以畏難暱便之情，襲偏上末流之
> 說，爲糞除之黃葉所�，而顚頤迷浚，動掃考亭，杜撰狂談，掩其
> 固陋，群廢開物成務之實法，朝野職學，均何賴焉？是人牛浪死耳
> （《幾表・兩間質約》，頁 648～649）。

方孔炤認爲，能夠提供人們「開物成務」，解決世間問題的學問，即是所謂的
「實法」。此即《繫辭傳》「夫《易》何爲者也？夫《易》，開物成務，冒天下
之道，如斯而已者也」之實意。所謂「冒」，即指涵蓋，而「冒天下之道」即
「彌綸天下之道」之意，意謂與天地相擬準的《易》學，能夠涵攝天地間的
道理。〔註8〕而所謂的「開物」，除了開發事物以外，尚有開創未來事物之意，
其意偏向於民生資源的開發；而「成務」則指人透過努力，以助成教育文化
的事務，其意較偏向人文教化一面，合而觀之，則是指「開發萬物以創造未
來；經營庶務以助成教化」之意。〔註9〕

　　針對上述的弊病，方孔炤提出了「虛空皆象數」的主張予以對治。以下
即對此予以析論。

第二節　虛空皆象數的主張

一、釋氏之謬與論易宗旨

　　就上述的分析來看，方孔炤批判最力的兩大問題，即「四無」與「黃葉」
之流弊。然而儒者「四無」之說，又導因於爲釋氏所迠。故而基源問題的眞
正根源仍在釋氏之說。而所謂的「黃葉」之說的弊端則爲「無理無事」，亦即
所謂「無實法」，而所謂的「撥學」或「荒學」，則是其不重視實法之結果。
凡此種種流弊，統而言之，皆導因於釋氏無法肯定現實世界所致。而此則是
方孔炤極力批駁釋氏理論以及四無之說的根由所在。對於釋氏否定世界之態

〔註8〕 「冒天下之道」的「冒」字，韓伯康解作「覆」。見〔唐〕孔穎達著，李學勤
　　　　主編：《十三經注疏・周義正義》（北京：北京大學出版社，1999 年 12 月第一
　　　　版），頁 286。而《朱子語類》則謂：「冒，是罩得天下許多道理在裡面。」引
　　　　自〔清〕李光地纂：《周易折中》（成都：巴蜀書社，1998 年 4 月第一版），頁
　　　　889。是故此一「冒」字，實即涵攝、囊括之意。
〔註9〕 此一詳細解釋，請參見吳怡著，《易經繫辭傳解義》（臺北：三民書局股份有
　　　　限公司，1991 年 4 月初版），頁 106～111。

度，勞思光先生解釋云：

> 自小乘諸説至大乘之眞常教義，雖似步步建立不捨眾生之説，然彼
> 岸爲覺，此岸爲迷；此中界限絕無可除之理。世界爲無明所生，眾
> 生爲業識所縛；一切説法修持，總以渡往彼岸爲究竟宗旨。「不捨眾
> 生」只就渡化而言，非謂此岸本身有何價值也。……蓋世界之「有」，
> 本身既視爲一迷妄活動之結果，則此世界中之眾生，唯一大事即離
> 迷妄之此岸而歸向彼岸；在此世界中絕無可實現之價值。〔註10〕

由於釋氏對現實世界價值之否定，故概括而論，此現實世界乃爲一虛幻迷妄之
結果，由此亦連帶影響其對於現實世界分殊之理的重視。方孔炤認爲，此不僅
是釋氏之謬誤，亦是儒者爲其所詆之所在。此亦方孔炤必須對「無善無惡」提
出嚴厲批判的重要原因。所謂「無善無惡之宗，以總殺總赦之利器，縱詭隨也」
（《時論・既濟》，頁 1360）、「而玄士又藉四無以詬分別」（《時論・繫辭下》，
頁 1524～1525）等言，皆是對此而發。而流弊產生的原因即在其「死標四無者，
執統壞辨」（《時論・繫辭上》，頁 1430），相較於此，儒學則兼顧「統」與「辨」
兩面。而所謂的「辨」，即是現實世界萬事萬物的分殊之理。即以世間倫常的角
度而論，儒釋之辨即在於，儒者對於價值層面之具體理分特別重視，譬如，以
面對兒童偷竊之事件爲例，儒者強調，身爲一個警察與作爲一個教師，即有不
同的具體理分。身爲警察，若發現兒童偷竊，必定想辦法要將其繩之以法，此
是警察之理分；但若小學教師發現兒童偷竊，則應予以訓斥，並應設法施予教
育，導正其偷竊行爲，此是小學教師之理分。〔註11〕因個人身份不同，則有不
同之理分與應盡之責任，如身爲人之子，則應對父母盡孝；作爲人之父母，則
應對子女慈愛；對於兄弟，則應予以友愛；作爲夫婦，則應相互尊重。對於身
份不同而有之不同理分與責任，繼而在實際情境中有具體的表現，這些都是儒
者所重視的。對此，牟宗三先生辨析云：

> 這些差別相，儒者名之曰分，分位，分際。這些不是虛妄，不
> 是幻假，不是依識而現的。這些「分際相」是不可離的。親親、仁
> 民、愛物、慈、孝、弟、忠、義等等差別相分際相是不可「離」的。
> 這是分之不同，分際分位之不同。有不同之分位，故本心天理亦有
> 差別之表現，在不同之分位上，有不同之表現。……此即是儒者所

─────────────────────

〔註10〕勞思光著，《新編中國哲學史》，第二卷，〈導言〉，頁 5～6。
〔註11〕此一實例的詳細說明，請參考勞思光著，《新編中國哲學史》，第一卷，頁 129。

謂「實事」。事既實,則分位之殊即不可以假論,亦是實。〔註12〕

相較於釋氏將價值歸諸彼岸,而否定現實世界價值之態度,方孔炤對於現實世界之價值,則採積極肯定之態度。順此態度,他不但以價值層次的分位為實,除此之外,他更站在《周易》「三才之道」的立場,對於經世致用、開物成務的種種實法,予以積極的肯定與說明。而此正是方孔炤晚年精研易學的原因,對此,其子方以智曰:

> 智每嘆虛空無非象數卦爻,聖人格通,處處表法。後人好徑苟偷,覷得電拂,非以空拳禪販,即踞荒高獨尊,況膠訓詁、膏詞章乎!況世味乎!以故天地生成之實法差別,開物成務,深幾神明,少有抉微示後者,此老父所以晚年摹据不休也(《合編‧繫辭下》,頁 1534)。

此是說,後世之人因循苟且,覓得取巧之捷徑,即已為人間至理。實則這些人或如同手中空無一物的小販,或如空談荒僻虛玄的形上之理的人一樣,皆無法實際解決世間的問題。而相較於此,則那些膠著於名相訓詁或昧於世道之人,於世事更無裨益。〔註13〕為了一掃上述弊端,方孔炤晚年即從象數學的立場出發,發掘「虛空皆象數」的精微理論,力拒釋氏以現實世界為虛幻的看法,拯救其「無理無事」與「荒學」之弊。對於天地生成之實法差別,給予一積極的肯定與說明,使人得以開發萬物、成就庶務,深刻探求宇宙的妙理,細究萬事萬物變化的機兆,以明造化之功。接下來,筆者即就方孔炤之論點予以闡述。

二、一有天地無非象數

方氏認為,誠如朱子所言,人對於未著於形象之事物,無法予以確定指稱。因此,只能權且向前推演,使人不但得以反向窮究無形之理,更能順此至理以理民。天地之間,無處不充塞著卦爻之象及其所得之數。故舉凡目之所見,皆為河洛卦策所普遍包涵。對此,方氏曰:

> 朱子曰:「已形已見者,可以言知;未形未見者,不可以名求。」故權立前衍,使人逆而窮之,順而理之,開眼者河洛卦策,處處彌綸,有何虛空非象數,象數非虛空乎?(《幾表‧密衍》,頁 107)

基於此一觀點,方以智進一步指出,歷來的易學家,或廢棄象數以言易學;

〔註12〕 牟宗三著,《佛家體用義衡定》,收錄於《心體與性體》(臺北:正中書局 1968 年 5 月臺初版),頁 653～654。

〔註13〕 筆者按,此一「味」字,於意難通,恐為刻版之誤,實應作「昧」字。

或以象數學穿鑿附會，進而專以解說占筮之事。對於上述弊病所產生的原因，以及其父折衷諸家的立論基礎，方以智析論曰：

> 學易家，或鑿象數以言占，或廢象數而言理，豈觀其通而知時義者哉？
> 一有天地，無非象數也，大無外，細無間，以此爲徵，不者洸洋矣。
> 觀玩環中，原其始終，古今一呼吸也，雜而不越，旁行而不流，此《時
> 論》所以折衷諸家者乎？（《方以智時論後跋》，頁51～52）

此是說，這些弊病皆導因於不能就萬物之變動，以觀察其中的會合貫通，進而得其時用之義所致。實則一有天地之後，天地之間無非皆爲象數所充塞，其大無外、其小無內，而世間的萬事萬物，皆可以作爲此一至理的驗證，不承認此一至理者，將會陷入幽深而虛浮的空言中。而其父即是站在此一象數塞虛空的基礎之上，推原探求事物由始至終的整體歷程，對於萬事萬物雖然複雜卻井然有序的情形予以歸納，懂得權變之理卻又不流溢淫濫。〔註14〕而此亦正是《時論合編》折衷諸家、進而超越前人之基礎。

又方中通在述及其祖的論學宗旨時提及，方孔炤主張神明造化之功即呈顯於象數之中，是故形上之道與形下之器、幽深隱微的至理與可見可聞的日常事物，並不相分離。而針對其祖之易學立場以及黃道周之影響，方中通析論云：

> 我祖中丞公與石齋先生同西庫，衍此盈虛而研極焉，晚坙通黃公之
> 塞，約幾備矣。老父會通之曰虛空皆象數，象數即虛空，神無方，
> 準不亂，一多相貫，隨處天機，公因反因，眞發千古所未發，而決
> 宇宙之大疑者也（《合編·方中通跋》，頁34）。

此是說，由於方孔炤與黃道周同囚於西庫，使得兩人得以切磋琢磨，推衍天道盈虛之理，方孔炤所謂「琅當西庫者兩年，遂與黃石齋相摹据，亦一幸也」（《凡例》，頁66），即是對此情形之描述。此一經驗，使黃氏認爲動輒輕視象數之學，將使得天道無由彰顯的主張，對於方孔炤的易學觀點，產生了決定性的轉向，此即方孔炤所謂「曆律象數，聖人所以剛柔損益之具，余同西庫而信之，歸學邵學，殫力不及，以命子孫」（《幾表·極數概》，頁652）之所指。

從上章的分析中可以清楚看出，東林學派與泰州耿氏兄弟的重大影響，

〔註14〕「旁行而不流」一詞本諸《繫辭》而來，朱子解釋此句曰：「旁行者，行權之知也。不流者，守正之仁也。」見〔宋〕朱熹著，《周易本義》（臺北：世界書局，1991年10月第11版），頁58。

皆匯流於方學漸之思想中，形成方氏易學的重要基礎，然而，由於方氏在易學的主張上，無法採取一確定立場，因此，在《周易》的詮釋上，向來依違於義理與象數之間，此即黃道周謂方孔炤「自言詮經家三世，義理象數向雜纏」（《黃道周序》，頁 25）之實指。

　　而方中通強調，方孔炤晚年貫通了黃道周窒塞不明之處，天地簡要精微之理，完全具備於其時用易學體系中。而其易學主張，不但能發前人所未發，更能將宇宙間模糊不明、猶豫難定之疑問予以徵定。其所貫通者，即方孔炤所謂「吾十五年而乃豁然於象數之塞虛空也，必以睹聞表示不睹聞」（《時論·繫辭上》，頁 1454）之深刻體悟。而方孔炤「虛空皆象數」核心命題之提出，正是他跳脫其家學搖擺不定的立場，確定其易學方向的重要關鍵。而此亦其不同於父祖之所在。

三、一有易而道全在易中

　　在肯定了「一有天地，無非象數」之後，方孔炤更自《周易》「天地之大德曰生」、「生生之謂易」的立場，否定了釋氏以此世為虛幻迷妄以及東坡以「不生謂道，生生謂易」之觀點。〔註15〕方孔炤曰：

>　　東坡以不生謂道，生生謂易。夫生生者即本不生，猶列子云「聲聲者未始聲，色色者未始色也」，聖人蓋曰一有易而道全在易中矣。憨山曰：「儒者但知生生，不知滅滅。」夫豈知但顯生生，而滅滅與不生滅者，即藏其中乎！（《合編·繫傳上》，頁 1429～1430）。

方孔炤認為，天地間生生不息的作用本身並不生滅，就如同《列子》所云成就顏色與聲音之所以然，其本身並無顏色或聲音一樣。而憨山批評儒者只知生生之理，不知萬物敗滅消亡之理。方孔炤指出，此種批評，皆因不知儒者雖只言生生，而實際上已經含括了萬物消亡毀滅，以及易道不生不滅在內。實則如同聖人所言，易只是一生生不已的創造作用，此乃天地之間最為根本的性質，而在此生生不息的創生萬物之同時，即有所以然之理蘊涵於其中。此天地生生不已之易，說明了「宇宙是一個包羅萬象的廣大生機，是一個普

〔註15〕蘇東坡註解「生生之謂易」云：「相因而有謂之生生，夫苟不生，則無得無喪無吉凶，方是之時，易存乎其中而人莫見，故謂之道而不謂之易。有生有物，物轉相生，而吉凶得喪之變備矣，方是之時，道行乎其間而人不知，故謂之易而不謂之道。」參見〔宋〕蘇軾著，《蘇氏易傳》（臺北：廣文書局股份有限公司，1998 年 7 月第 2 版），頁 458。

遍瀰漫的生命活力，無一刻不在發育創造，無一刻不在流動貫通」。〔註16〕因此，就方孔炤的觀點而言，此一世界乃是所以然之理貫注於其中的世界，故萬事萬物皆是「實」，根本不存在佛家所謂的「空」，此即方氏易學極為重視的「德業生生，粉碎虛空」(《合編・繫傳上》，頁1432)之實意。

且方孔炤認為，世間論《易》之人，或是膠著於名辭之訓詁；或是沈溺於深廣玄遠的虛浮之言，都是失之於偏。他所提出之「虛空皆象數」的易學主張，即是為了針砭上述的諸般缺失。對此，方孔炤云：

> 非膠辭訓之名字，則溺洸洋之巧言，告之曰虛空皆象數也，洋溢充塞，皆所以然之理也，反不信矣。造化同原，此心皆備，隨處表法，俱顯生成。故此編以圖居首，全無文字，而萬理萬變具焉(《凡例》，頁56)。

此是說，虛空之中，處處皆是象數，而洋溢充塞於天地之間的象數，皆是所以然之理所分化展開，因此，皆有所以然之理貫注於其中，此即方孔炤所云「一有易而道全在易中」之實指。天地萬物都是所以然之理的分化，故為相同的本源，人心亦同樣具備此一本源，因此，聖哲基於對易道的深刻體悟，透過卦爻的創制，以象徵的方式，將萬事萬物予以高度的概括，凡此，皆不外是對天地生成理則之彰顯。對於方孔炤之見，其子方以智闡釋云：

> 訓詁習膠，一執名字，則不能會通，雖語之亦不信也，急于破執，因用掃除之權而巧遁洸洋者，又借掃除以掩其固陋已矣，故以此河洛象數，為一切生成之公証，全寔全虛之冒本末具焉，物物互體互用之細本末具焉，綱維統治之宰本末具焉(《幾表・幾表序》，頁70)。

此是說，只注重訓詁的易學家，往往執著於名相，對於易道則無法有所融會貫通；而急欲破除此種名相執著之人，又往往憑藉著清除訓詁偏執之權宜而技巧地逃遁於高妙虛玄的形上理境中，最終只好假借清除名相執著的藉口以掩飾自己的鄙陋。故即以河洛象數，作為萬物生成公開的驗證，而河洛象數的內涵，實已透過高度概括的象徵方式，具備了天地從虛到實的變化、萬物互為體用的細微作用，以及統御治理世務之方法。而正因易理無不統攝，是故得以「如此而合，如彼亦合」(《幾表・唐志大衍曆議約》，頁356)。此皆由

〔註16〕方東美著，《中國人生哲學》，(臺北：黎明文化事業股份有限公司，1980年7月初版)，頁118。此亦明道所謂「生生之謂易，是天之所以為道，天只是以生為道。」(《遺書》，卷二上)

於天地萬物都是所以然之理的分化，故爲相同的本源，因此，天地間的眾理，皆不能自外於所以然之理。對此情形，方孔炤透過最難以捉摸的聲音予以說明：

> 吾謂自然之理，自然之數，一合無所不合，既可如此取之，亦可如彼取之，權制即至理也，惟聲難定，而聲之所協，數即符之，故因數以考其聲焉，而所中之數度，即爲開物成務之矩，即寓制器尚象之宜，非徒爲諸管設也，參天兩地，其能外乎？故邵子以聲定物數，學者當知聲數之理，極數知來，聽樂知德，亦無所能外于天地之自然也（《幾表·律應卦氣相生圖》，頁 542～543）。

此處自然之數，意指自然界在萬物生化之後，所產生數目多寡、增減、積散、排列等各種情況，此自然中萬物生化後所呈顯的各種「數」，與自然之理則，皆相符合，因此，不論自「理」的角度，亦或是採用「數」的角度，都能相合。故聖哲審度權宜，制定法度，無不與天地間的至理相應。在自然之中，惟有聲音的規則最難予以制定，而在音律和諧的情形之下，則必定符合某種數的律則，此乃因「此理貫乎理氣，嘗以聲宣，方方中節之不易，即所以然之不易也」（《時論·恆》，頁 735）。因此，不但可以依憑數以查核聲音，而且其所符合的禮數法度，即是開發萬物、成就事務之法度，此外，更寄托了與制器尚象相協之理。凡此皆說明了這些法度，並非只適用於各種樂器。是以學者應當瞭解此一殊途同歸的道理，而透過聲數的理則，亦能窮究宇宙萬物變化之數理，藉以知曉未來演變的軌跡。其所以能如此，都是由於萬事萬物不能自外於天地自然普遍理則之緣故。而聖哲即是透過象徵的方式，將無法透過言語傳達的至理，予以全盡地展現，此即方孔炤所強調「有餘不敢盡，而以象盡之」（《時論·繫辭上》，頁 1512）的意涵。是故舉凡曆數、聲律中的次序，無非皆爲易道之呈顯。

四、曆律象數乃剛柔損益之具

方孔炤以術數爲例，說明此術雖是微不足道的技倆，然而至爲精妙的義理，亦存在於術數分散聚合的運籌算計之中，只是那些術數家並不知道其背後所隱含的深刻道理罷了。因此，可謂只知其然，而不知其所以然。此固屬一偏之見，但他認爲，世人高談形上玄理，卻又無法就天下萬物予以精詳說明，達成精理致用之目的，同樣執於一偏。對此弊病，方孔炤批評云：

> 談道之士，畫守常習通冒之理，而又不屑此細差別也，于是泪陳五

行，迷亂五紀者，反無以折中而服之，其寔止此易之陰陽，蘊爲萬
變，或位之所適，數之所適，互相錯綜，而統御生克交焉，通者曰，
此位數適配耳，不知其適配之即至理也（《幾表・五行雜變附》，頁
463）。

此是說，論道之人，往往習慣於普遍且統攝天下事物的道理，而又不重視萬
事萬物的細微差別，致使所有物質皆爲人所亂，歲、月、日、星辰、曆數，
綱維天之五紀也混亂不清，反而無法恰如其分地對現實世界有所解釋。〔註17〕
實則天地萬物乃是通過易道陰陽之作用，相互交合變化而形成，而由卦爻之
位與數的錯綜排列，而產生主從與生剋等各種複雜關係，即是對這些變化之
象徵與概括。只注重通冒之理的人認爲，位與數不過是恰好相互配合罷了，
但卻不瞭解這正是至理無處不在的最佳憑證。因此，不論是高談玄理而輕視
致用之道，或如術數之士只知其用而不知其理，二者可謂皆有所偏。

而方孔炤易學則強調「易統而辨，即辨是統，無體藏用者也」（《合編・繫
辭上》，頁 1430），意即易道兼有「統」與「辨」兩面，而且統攝萬物之至理，
即蘊涵於現象世界之中。是故他認爲，學者不但應深刻體悟易理統攝萬物，更
應隨順易道以致用。而爲了能夠對現實問題有所著力，則必須對於世間實法，
作一詳細探究，此其所言「精理致用，不得不詳」（《幾表・五行雜變附》，頁 463）
之意。而所謂的「精理致用」，即《繫辭》所謂「精義入神，以致用也」〔註18〕
之意。即爲了達到此一境地，進而能夠進獻才用，故對於世間事物，不得不予
以精詳地說明天下事物的幽深複雜，以及萬物的運動變化。而方孔炤在其書的
《圖象幾表》當中，除了一般的太極圖、河圖、洛書、先天易圖、後天易圖的
常見的易圖之外，還含括了內容眾多的各類易圖，除了要闡述統攝之理外，無
非是爲了要對於萬事萬物的「細差別」，有一積極精詳的說明。

由於易道無體可執，是故人們只能透過其發用，體悟其生化萬物之大德。
〔註19〕此即方孔炤所云「然非物則道不顯，故以象數聲數，徵其幾焉」（《幾

〔註17〕「汨陳五行」，意指鯀以防堵的方式治水，致使五行爲其所亂。而所謂的「五
紀」，則是指「一曰歲，二曰月，三曰日，四曰星辰，五曰曆數。」見〔清〕
阮元校刻，《十三經注疏》，共二冊，（揚州：江蘇廣陵古籍刻印社，1995 年
10 月第 1 版），上冊，頁 187、189。

〔註18〕意謂「精義，精于事物之義理。入神，進入神妙之境地。」見高亨著，《周易
大傳今注》，頁 428。

〔註19〕方孔炤此論，本諸《繫辭》「神無方而易無體」之說。對此，高懷民先生析論
云：「宇宙萬物之呈現，均在流行變動之中，此流行變動無一刹那之滯礙停息，

表‧邵約》，頁 444）之意。故順著其易「無體而藏用」的主張，使方孔炤邏輯地推導出了「曆律象數，聖人所以剛柔損益之具也」（《幾表‧極數概》，頁652）的觀點。對此，方孔炤曰：

> 易無體而寓卦策象數以爲體而用之，聖人惟言天地日月四時，而於穆其中矣，故致理以象數爲徵，而曆律幾微，正盈虛消息之表也（《幾表‧崇禎曆書約》，頁591）。

方孔炤認爲，易道雖無固定的形體或不變的原則，但卻寄托於卦爻著策之中以爲民用。如同聖人只言天地日月四時之道理，而天道的深遠至理，〔註20〕即以蘊涵在其所說的內容之中。因此，最爲極致的易道即以象數作爲其表現的明證，而曆律等細微而隱匿難見的事物，正是天道盈滿虧虛、消亡生息之表顯。

方孔炤主張「理藏于象，象歷爲數」（《幾表‧河圖洛書舊解》，頁 84）。所謂「象歷爲數」，意指在各種物象的錯落排列的形態之中，即有清楚可見的數之呈現與變化，亦即其所謂「象之分合即數也」（《合編‧繫辭上》，頁 1454）之所指。因此，合而言之，即爲「理寓象數」。他認爲，理與象數兩者的差別，僅在於一者隱微難見，一者用處廣大、可聞可見而已，兩者雖二而實一。此其所謂「費而象數，隱而條理，亦二而一也」（《幾表‧兩間質約》，頁 646）。而從「理」、「象」、「形」、「器」的角度來看，方孔炤認爲，所謂的「象」，即是有形而可見者，「形」則是不但可見，且可執持者，而「器」則指人有所用者。因此，就認識而論，則人可以透過可聞可見的具體事物，證知不可聞不可見的幽微之理，此即所謂「見器即見形，見形即見象，見象即見理」（《時論‧繫辭上》，頁 1501）之意。

透過了「虛空皆象數」的觀點，方孔炤否定了釋氏的虛空之說，他主張至理既已呈顯在現實世界的象數之中（畢於象數），故研極象數，即已研極至理。離此現象世界的事事物物，亦無至理可得。而在析論方孔炤易學的基源問題與基本主張之後，接下來探究他對《周易》本質的看法。

人雖欲把握其『體』而終無所得。故不論從任何方面說，太極是『無體』可言的。雖然，太極『無體』卻『有用』，此『用』即現象界一切之變化，雖是『無方』，卻不能抹殺其存在。『神無方而易無體』之論便是由此成立。」此可謂方孔炤「無體藏用」觀點的最佳說明。參見高懷民著，《大易哲學論》（作者自印出版，1988 年 7 月再版），頁 152。

〔註20〕原文之「致」字，應爲「至」字之誤。

第三章　論《周易》本質

　　在易學史上，個人的易學觀點與其對於《周易》本質的看法，存在著密不可分的關聯。因此，瞭解易學家對《周易》一書的看法，實有助於吾人理解其易學觀點。是故在闡明其基源問題後，本章要探究的是方孔炤對於《周易》本質的看法。首先，筆者即從經傳參合的問題切入，說明此一問題在易學史上的演變過程，以及朱子「《易》本卜筮之書」的觀點及其影響；繼而說明方孔炤對這些問題的看法，進而展示其易學立場；最後則闡明他對《周易》本質的看法為何。

第一節　經傳參合與卜筮之書的問題

一、歷史的考察

　　不可否認的，純粹從歷史的角度著眼，《周易》自伏羲畫卦，乃至文王、周公作《彖辭》與《爻辭》，完成了經的部份。繼而由孔子作十翼，稱之為傳。傳的內容則分為《彖傳》上下二篇、《象傳》上下二篇、《繫辭》上下二篇，《文言》、《說卦傳》、《序卦傳》、《雜卦傳》各一篇。而孔子雖以十翼闡明易道，但由於不敢以聖人自居，因此還是採取經傳分離的作法，此即朱震所云夫子「以贊易道，其篇不相附近，不居聖也」。〔註 1〕此一經傳分離的形式，一直到了西漢時期，才有所改變。

〔註 1〕　〔宋〕朱震著，《漢上易傳》，共二冊，（臺北：廣文書局，1974 年 9 月第 1 版），上冊，頁 29。

　　察考《易經》以傳合經的歷史，大致上可將其分成三個階段。其始則發端於西漢費直，然其雖以《易傳》解釋《易經》經文，但在文字上，尚未將《易傳》予以離析，分別附於經文之後；時至東漢鄭玄，則在費直以傳解經的基礎上，將《彖傳》與《象傳》依經文區分成六十四組，分附於各卦的經文之後，並在《彖傳》與《象傳》之前加上「彖曰」、「象曰」字樣，以區分傳與經；而到了魏晉之時，王弼則將專門解說乾坤二卦的《乾文言》和《坤文言》分置於乾坤二卦之後，並將《彖傳》文字提前，繫屬於卦辭之下，除此之外，更將《象傳》二篇的文字，作更細的裁割，分成闡釋卦辭的《大象傳》，以及解釋爻辭的《小象傳》，並將其文字分別與卦辭、爻辭相連結。從此就形成了經傳參合的定本。〔註2〕此即顧炎武所謂易經「自漢以來，爲費直、鄭玄、王弼所亂，取孔子之言逐條附于卦爻之下」〔註3〕的歷史過程。

　　時至宋代，對於王弼以傳合經的流通本，雖亦有不少人反對，亟欲恢復古本，但影響始終有限。直至朱子出，對於經傳參合的問題，作一歷史性的考察之後，提出了善讀經者必須將《易經》分爲三等的意見，亦即應將伏羲之易歸伏羲；文王之易歸文王；孔子之易歸孔子。不得逕自以孔子之傳解釋《易經》經文。而朱子在《周易本義》中開宗明義的指出，古代《易經》與《易傳》分離的形式「中間頗爲諸儒所亂，近世晁氏始正其失，而未能盡合古文，呂氏又更定爲經二卷，傳十卷，乃復孔氏之舊云」。〔註4〕於是朱子《本義》即依照呂祖謙之說，恢復成古代經傳分離的形式，即分爲上下經各一卷，《易傳》十卷，共十二卷。然而，此一形式卻在明初永樂年間，由於編修《五經大全》之故，再次以傳文附經的形式流行於世。直至清初康熙御纂，李光地總裁的《周易折中》刊行，才又再度恢復《周易本義》的原貌，使經傳分離，一從古本。對此中曲折，康熙在《周易折中·凡例》中云：

　　　《易經》二篇、《傳》十篇，在古元不相混。費直、王弼乃以傳附經，

　　　而程子從之。至呂大防、晁説之、呂祖謙諸儒，以爲應復其舊。朱子

〔註2〕　有關經傳參合歷史的詳細說明，請參見高懷民著，《兩漢易學史》（臺北：中國學術著作獎助委員會，1983 年 2 月第 3 版），頁 169～170。以及張善文著，《象數與義理》，（臺北：洪葉文化事業有限公司，1997 年 1 月第 1 版），頁152～160。

〔註3〕　〔清〕顧炎武著，〔清〕黃汝成集釋，《日知錄集釋》（長沙：岳麓書社，1994年 5 月第 1 版），頁 3。

〔註4〕　〔宋〕朱熹著，《周易本義》（臺北：世界書局，1991 年 10 月第 11 版），頁 1。

《本義》所據者，祖謙本也。明初，《程傳》、《朱義》並用，而以世
次先程後朱，故修《大全》書，破析《本義》而從《程傳》之序。今
案易學當以朱子爲主，故列《本義》于先，而經傳次第，則亦悉依《本
義》原本，庶學者由是以復見古經，不再習近而忘本也。〔註5〕

從歷史發展的角度來看，經傳分離的形式，乃是《周易》古本，這是不容否認
的事實，朱伯崑先生即指出，以傳附經的編排方式，確實便於查閱，但卻也造
成學者經傳不分，進而認定經與傳乃是一個完整的體系，這樣的看法，不但支
配整個易學史的發展，更是導致古代易學家在註解《周易》時，不能有所突破
的重要原因。而在以傳解經的眾多流弊當中，「最大的流弊，是掩蓋了《周易》
作爲卜筮之書的歷史面貌」。〔註6〕然而，易學家則往往由於自身易學觀點之故，
並不採取經傳分離以詮釋《周易》之進路，在這當中，最爲鮮明的實例，莫過
於銜康熙之命，總裁《周易折中》編纂事務的李光地。以下即就「易本卜筮之
書」的看法，予以探究，並以李光地的主張作爲對比，說明方孔炤之觀點。

二、《易》本卜筮之書

「《易》本卜筮之書」乃是朱子對於《周易》本質的看法。朱子認爲，上
古之人，民風淳厚，對於很多事物都不知曉，因此，聖人即創制易卦，教人
卜筮，卜筮結果爲吉則去做，結果爲凶則不做，藉此以達成開物成務之目的。
此即其所謂「伏羲當時畫卦，只如擲珓相似，無容心」。〔註7〕而《繫辭》「以
通天下之志，以定天下之業，以斷天下之疑」者，亦正是指此而言。對於此
一看法，朱子進一步申論云：

易本卜筮之書，後人以爲止于卜筮。至于王弼用老莊解，後人便只
以爲理，而不以爲卜筮，亦非。想當初伏羲畫卦之時，只是陽爲吉，
陰爲凶，無文字。某不敢說，竊意如此。後文王見其不可曉，故爲
之作《彖辭》；或占得爻處不可曉，故周公爲之作《爻辭》；又不可
曉，故孔子爲之作《十翼》，皆解當初之意。〔註8〕

〔註5〕〔清〕李光地纂，《周易折中》（成都：巴蜀書社，1998 年 4 月第 1 版），〈凡
例〉，頁 1。

〔註6〕朱伯崑著，《易學哲學史》，第一冊，頁 61。

〔註7〕〔宋〕黎德靖編，《朱子語類》，（北京：中華書局，1994 年 3 月第 1 版），第
四冊，卷六十五，頁 1612。

〔註8〕〔宋〕黎德靖編，《朱子語類》，第四冊，卷六十六，頁 1622。

此是說，自伏羲、文王、周公，以至於孔子，前聖後聖相續，無非都是為了闡述當初伏羲畫卦時，用以卜筮之原意。他認為，伏羲畫卦，乃至文王重卦、繫辭，皆是為了卜筮而作，並非源起於哲學思想，整個易學要到孔子，方才慢慢說出個道理來。〔註9〕此種主張，無疑否定了伏羲畫卦、文周繫辭，背後所具備的深厚哲學思想。對此，高懷民先生指出，朱子認為易學自孔子開始，才有哲學思想可言，在此之前，皆不過只是占筮之用。這樣的看法，等於認為《易經》當中沒有哲學思想，直至《易傳》出現才有哲學思想可言。這樣一樣，無疑割裂了《易經》與《易傳》的關係。針對朱子之誤，高懷民先生析論云：

> 這種主張也打破了古來「傳」以闡明「經」義的傳統觀念，孔子作《春秋》以後，三傳之作旨在闡明春秋之義，易傳十篇自來也被認為是闡明易經之義，今朱子有此主張則割斷了「經」與「傳」的關係，變成為易傳實質上成了原創性的作品，而六經之易經，完全是占筮吉凶之書〔註10〕

然而，由於其學術地位崇高，使得朱子此一主張，影響後世很大。如李光地即同意，伏羲畫卦、文王繫辭之時，主要目的乃是為了以卜筮明瞭吉凶的道理。雖有批評者指出，朱子作《周易本義》一書，將易之起源專歸卜筮，無疑乃將《易》之用變得偏狹，進而使得《易經》淪為方術一般的伎倆。對此，李氏反駁云：

> 殊不知《易》之用，以卜筮而益周，《易》之道，以卜筮而益妙，而凡經之象數辭義，皆以卜筮觀之而後可通初，非小技末術之比也。……是故朱子之大有功於易，卜筮之說也。有得於此，然後可以言潔靜精微之要。〔註11〕

李光地認為，卜筮使得《易》的應用更為廣泛完備，《易》之道也因卜筮之應用更顯其神妙。不僅如此，《周易》一書中有關象數與卦爻辭之義理，都必須從卜筮的角度予以解釋，才能瞭解其原本的意涵，這些皆非方術那種雕蟲小技所能

〔註9〕 朱子云：「八卦之畫本為占筮，方伏羲畫卦時，止有奇偶之畫，何嘗有許多話說？文王重卦作繇辭，周公作爻辭，亦只是為占筮設。到孔子方始說從義理上去」〔宋〕黎德靖編，《朱子語類》，第四冊，頁1622。

〔註10〕 高懷民著，〈朱熹「易為卜筮之書」述評並論其對近世易學研究的影響〉，收錄於《政大學報》（臺北：政治大學，1995年10月），第七十一期，頁12。對於朱子「易為卜筮之書」缺失的詳細論證，並請參考該文。

〔註11〕 〔清〕李光地著，《周易通論》（臺北：廣文書局，1992年1月第2版），頁12。

比擬的。因此，「《易》爲卜筮之書」的看法乃是朱子對於易學的貢獻，學《易》者必須對此有所體認，才能對於純淨貞靜、洞察精微的《易》教要旨，有所掌握。話雖如此，然而李光地本人卻又不依循朱子經傳分離之形式，實堪玩味。

三、歷史與詮釋的差距

　　從以上筆者的分析看來，李光地不單對於朱子「《易》爲卜筮之書」的看法非常贊許，並視之爲其對易學的大貢獻。〔註12〕而且《周易折中》一書中，他亦非常肯定朱子以經傳分離形式恢復古經原貌的作法。但其本人所撰述的《周易觀象》十二卷，卻依然沿用王弼的流通本。〔註13〕對於朱子恢復《周易》經傳次序，如今自己卻不遵從，而仍舊依從王弼舊本的理由，李光地提出說明曰：

> 朱子之復古經傳也，恐四聖之書之混而爲一也，今之仍舊本也，慮四聖之意之離而爲二也。蓋後世之註經也，文義訓詁而已，而又未必其得，故善讀經者，且涵泳經文，使之浹洽，然後參之以注解，未失也。若四聖之書，先後如一人之所爲，互發相備，必合之而後識化工之神，則未可以離異觀也。〔註14〕

對於四聖之書相互發明，以致未可予以割離的觀點，李光地解釋，以《乾》卦爲例，《乾》卦卦辭並沒有透過特殊事物來象徵乾道，而乾卦六爻則以龍潛、見、飛、躍等形態來表現乾道以及聖人之龍德，這正是文王卦辭與周公爻辭相互闡發，使其意義得以更加豐富完備的最佳說明。

　　至於卦爻辭與《象傳》，同樣不可分離觀之。以《屯》、《蒙》兩卦爲例，《屯》卦之卦辭爲「利建侯」，而初爻亦說建侯之事，則可知卦辭所謂的「侯」，指的

〔註12〕對朱子此一大功勞，李光地云：「閒嘗論易之源流，四聖之後，四賢之功，爲不可掩。蓋自周子標太極之指，邵子定兩儀以下之次，而伏羲之意明。程子歸之於性命道德之要，其學以尚辭爲先，而文周之理得。朱子收而兼用之，又特揭卜筮以存易之本教，分別象占以盡易之變通。於是乎由孔聖以追義文，而易之道粲然備矣。」參見其所著，《周易通論》，頁7。

〔註13〕對於李光地在《周易折中》與《周易觀象》兩書中所呈現的立場差異，劉大鈞先生認爲，從其《周易觀象》中可以看出分傳附經派的巨大影響。「可知李光地也只是憑藉康熙皇帝的威勢，借編《折中》之機，總算從體例編次上忠實地恢復了《本義》的面貌。」參見〔清〕李光地纂，《周易折中》，〈前言〉，頁6。對此意見，筆者並不贊同。實則李氏立場之差異，正如筆者所分析，乃由其易學觀點所致。

〔註14〕〔清〕李光地著，《周易通論》，頁13～14。

是初爻；《蒙》卦卦辭爲「童蒙求我」，而六五爻辭則曰「童蒙，吉」，由此亦可得知所謂的「童」，所指稱的是六五。這些都是卦辭與爻辭相互發明的實例。

然以《訟》卦而言，卦辭明明說「利見大人」，但九五爻辭卻說「訟，元吉」，其意含著實令人難以明瞭，而依據《象傳》所謂「尚中正」的說明，則可清楚獲知所謂的大人指的是九五。再以《師》卦爲例，其卦辭曰「丈人吉」，九二則說「在師中」，其意義亦讓人難以掌握，但從《象傳》「剛中而應」的闡釋，則可得知丈人所指爲九二。再以《晉》卦來說，其卦辭所謂之「康侯」，光看卦辭與爻辭，實無法明白所指爲何，但透過《象傳》「柔進而上行」的說明，則吾人可以清楚斷定卦辭所謂的「康侯」，指的應該是六五，而非九四。又如《困》卦卦辭所言之「大人」，從卦爻辭中亦難以理解其所指爲誰，但依據《象傳》所云「以剛中也」的解釋，則能夠確定卦辭指稱的「大人」，指的應是陽爻，而非上六之陰爻。這些例子充份說明孔子的《象傳》不但可以申明文王卦辭的含意，亦能闡發周公所繫爻辭之心意，故由此觀之，孔子之《象傳》，實可謂闡發卦辭爻辭之樞要。

再以《象傳》來說，李光地指出，《大象》傳可謂孔子特別用以闡明卦名意義而立的。而《小象》傳的文辭雖然十分簡約，但是意蘊卻很深遠。有的《小象》辭是根據整個卦所顯示的特定卦時，推言爻位所應具備之德性；有的則是旁及各爻之間，比與應的關係之說明；有的則是廣泛推明言外之意，而使爻辭的意旨更爲明晰；有的則是對於爻辭中的語辭略加解釋，使其所要表達的義理更爲完備。

凡此種種，皆足以說明經傳之間相互發明的內涵。因此，李光地主張，對於學《易》者而言，恢復經傳分離的形式有其需要，然此不過是「爲宜別刻本義原本，以悟初學」。〔註15〕究竟地說，他認爲對於經傳「學者當作一意求之，則其文宜相附近，此今日仍王氏舊本之意也」。〔註16〕

因此，從李光地的實例中可以清楚地看到，雖然他肯定朱子「《易》爲卜筮之書」的主張，且肯定就歷史的角度來看，《易經》與《易傳》原本是分開的事實。然而，他卻不贊成《易經》與《易傳》必須分開解釋的立場。從此即可看出易學家的觀點如何影響其詮釋進路，清楚地呈現出歷史與詮釋的差距。以下繼而說明方孔炤對此一問題之看法爲何。

〔註15〕〔清〕李光地著，《周易通論》，頁 4。
〔註16〕〔清〕李光地著，《周易通論》，頁 18。

第二節　方孔炤立場之論析

一、方孔炤對卜筮之書與經傳參合問題的看法

　　方孔炤認爲，與天地之道相擬準的《易》，總括一切道理，而陰陽卦爻與象數，皆不過是其幾兆罷了。然而，此一道理既非那些精于方術之徒所能明瞭，亦非那些只談形上玄理而畏卻方術者所能知。聖人透過卦爻象徵的方式，對於萬物予以概括，隨處深究事理而探研事變的徵象，是故掛、扐、象、閏等揲筮成卦的方法，皆有易道做爲根據，並非是隨意附會的。以爲著策僅能作爲占卦的應用，則只是停留在百姓日用而不知的應用層次，無法獲知其背後深藏的至理。對此，方氏曰：

　　《易》無不統，而陰陽象數爲幾，彼徒數者不知也，然又非畏數逃
　　玄者所能知也。聖人隨處表法，隨處深幾，掛扐象閏，豈附會之文
　　乎？以著爲占卦之用，就著言著，而會通藏用可也，竟以著止占卦，
　　是日用而不知者也（《幾表・唐志大衍曆議約》，頁356）。

因此，方孔炤認爲，易道無體可執，發用乃可見，此其所謂「無體藏用者也」（《時論・繫傳上》，頁1430），而著策之術，正是易道之發用，對此關係必須有所領會貫通。隨順此一看法，對於朱子「《易》本卜筮之書」的主張，方孔炤提出其看法曰：

　　聖人本以著龜守易，藏大于小，不礙其爲無所非占，亦不礙其就占
　　言占也。……旨哉其本義也！就占言占而已矣。然必以此訕朱子者，
　　是自未悟全易之用也，立象繫詞，隨人通解，卦卦爻爻皆有三重義，
　　四舉例，豈相壞乎？（《凡例》，頁62～63）

此是說，批評朱子主張的人，皆導因於不瞭解《易》之大用，實則聖人創立卦爻以象徵萬物，繫辭解釋，本可隨各人的會通予以詮釋，而每一卦、每一爻都具備了多重的意涵，可以作廣泛的延伸與舉例說明，而彼此之間並不相互妨礙。

　　在表面上看來，方孔炤似乎並不反對朱子「《易》本卜筮之書」的看法，但其強調朱子所言只是「就占言占」的層次，而《易》之道無所不在，卜筮當中亦蘊涵有《易》道，然卜筮終究只是其功用之一，故《易》爲大而卜筮爲小，此即所謂「以著龜守易，藏大于小」之意。因此，方孔炤雖然表面上迴護朱子，事實上卻對《易》源起於卜筮之見，並不贊同。

　　職是之故，他雖亦認同聖哲前後相續，實有一貫的關注，此其所謂「故

文王象艱貞，周公舉箕子，孔子並舉之，前聖後聖一心，文不在茲乎？」（《時論‧明夷》，頁 806）之意，但他認為，前後聖一心關注的焦點並非在於卜筮，而是在闡發《易》道。因此，對於經傳參合問題在整個易學史中的發展過程，以及自身對於此一問題的看法，方孔炤析論云：

> 田何十翼連經，自費直始，輔嗣因之，淳于俊謂康成合象象于經，
> 則文言自輔嗣合者也，鄴汝先言呂汲公、王原叔，合大象於各卦，
> 而李鼎祚本已如此，知輔嗣先附矣，朱子本義，相沿為便學者耳。
> 論《易》自有大源流，自有表法，自有精義，徒欲別異經傳以為古
> 耶？無謂也（《凡例》，頁 61）。

徵諸筆者上節的分析，方孔炤認為朱子所著《周易本義》，沿襲著經傳參合的形式，目的只是為了學習者的方便，此一看法，並不符合歷史的事實。然就其易學觀點論，方孔炤認為，只為了回復古代經傳分離詮釋經典的方法，將會忽略講述《易》學，有其當然的本源，有天地明明白白呈顯的法則，因此，經傳分離的作法並不可取。而這又與其重學不重悟的易學立場，有著密不可分的關聯。

二、重學不重悟的易學立場

方孔炤認為，聖人並不強調單只體悟形上的玄理，而著重於廣泛的學習。其解釋「《易》曰：『憧憧往來，朋從爾思』，子曰：『天下何思何慮，天下同歸而殊塗，一致而百慮，天下何思何慮』」一段文字時即云：

> 聖人知往來屈伸藏一之理，故不鐸悟字，惟鐸學字，各安生理，是
> 何思何慮之天下也，故首示以即感是寂之咸，惟以精義為窮理之飲
> 食，而知化還之未知，故曰慎思之，曰思無邪，曰研諸慮，蓋謂與
> 知不知之費隱飛躍場，正當使之由所當由，知所當知，而神化在中
> 矣（《時論‧繫辭下》，頁 1556）。

此是說，聖人深知在日昇月落、寒暑交替，以及萬物回縮、伸展的過程之中，無不涵藏著太極所以然之理，因此，聖人並不處處強調「悟」的重要性，而著重於「學」，而在此章的十一爻中，首先就揭明《咸》卦九四「憧憧往來，朋從爾思」，說明所以然之理即存在於與萬物的交互感應之中。而透過精研事物之義理，達致神妙之境界，進而通理致用，實為《說卦》「窮理盡性以致於命」之途徑。「知之還之未知」即《繫辭》所謂「過此以往，未之或知也」，

意謂「超出上述往來、屈伸、學用以外之事，吾皆不知也」。〔註17〕因此，《中庸》發揮廣博學習、詳細考問、小心思慮、明白辨別、切實踐履的義理；而《詩經》三百篇，則旨在使人的性情得歸於純正；而《周易》則申論，若能夠明瞭乾坤易簡而知險阻的道理，用心閱察天地之間的各種現象，〔註18〕細密的思慮其中的道理，即能進而裁定天下萬事萬物的吉凶得失，鼓動天下人心勤勉奮發。凡此皆不外闡發致用與崇德之理，讓人能夠知曉人應當知曉的，去做人所應當做的，而窮極微妙之神，曉知變化之道，即涵藏於此當知當行之中。

　　而方孔炤藉此重學不重悟的主張，亦在力反陽明後重悟不重知、消極面對現實知識的態度。隨順著此一立場，使得方孔炤對於世間學術採取一個開闊的態度。對此，方孔炤借助黃道周與其弟子之間的問答，予以說明：

> 何義兆問漳浦先生曰：聖賢言理耳，如落象數，則算于疇人矣。先生曰：如此，聖賢事天，當廢日星，落日星亦臺官稗史矣，木上云：象數則不同，何思何慮無不同者。先生曰：如此學問止於《中庸》，行事盡於《論語》，《詩》《書》《禮》《樂》《春秋》，何故作乎？吾家最忌籠統，交盤不得（《凡例》，頁58～59）。

黃氏與弟子的問答過程，方以智在其重要著作《東西均》中亦曾徵引，以說明其觀點。〔註19〕可見得此段引述對於方孔炤父子非常重要。黃道周弟子認為，聖賢但只言理，不言象數，因為落於象數，則淪落為方術或天文曆算之

〔註17〕 高亨著，《周易大傳今注》，頁428。
〔註18〕 「能說諸心」一句。高亨認為「說」當作「閱」。而據《說文》「閱，具數于門中也」。故其認為，此句應當解作「謂能將天地之道具數之于心中，即用心閱察天地之各種現象。」此義較為通順。參見其所著，《周易大傳今注》，頁445。
〔註19〕 相較之下，方以智所引比較詳細。其文云：「義兆問石齋先生云：『聖賢只是說理，更無象數，如落象數，便是算手疇人，安得與主翁坐話？』先生云：『若此，聖賢只是事天，天到盡處，更無日星；如落日星，亦是臺官稗史，不得主位商量也。日、月、星是三要物，理、象、數是三要事，吾家物事，切忌籠統，消帳不得。且問汝，日行可即是天？月行可即是日？日月星辰之事可皆一理、理皆一象、象皆一數否？』木上曰：『論象數則有不同；論理則往來屈伸，何思何慮，無有不同。』先生曰：『如此，學問止於《中庸》，行事止於《論語》；《詩》《書》《禮》《樂》《春秋》皆可不作，宋元而上、威烈而下諸史皆可不讀也。凡自羲軒而來，丘索墳典或存或亡，皆以發明事物差等。』」〔清〕方以智著，龐樸注釋，《東西均注釋》（北京：中華書局，2001年3月第1版），頁212～213。

流。黃氏則認為，如此一來，聖賢只懂得抽象的天理，而對於具體的天象，毫無所知。而只要一講到日星等具體的天象，盡皆歸屬於小官吏的責任。而此種籠統抽象之態度，正是其所忌諱的。然而，其弟子則進一步質疑，探討象數之學則有種種的差別，但談論易道，則可謂殊塗同歸，無有不同。對此質疑，黃道周則指出，如此一來，則天理盡於《中庸》，人倫之理則盡於《論語》，而其它講論具體道理的《詩》、《書》、《禮》、《樂》、《春秋》諸經又何須作？古代的史書又何須讀呢？實則這些古代的典籍，正是對於世間千差萬別的事物提出說明，又豈能廢棄？

因此，在重學不重悟的立場之下，方孔炤採取象數學詮釋經典的進路，重要的原因，乃在於象數易著重於知識的開展，上至天文、下至地理，皆是其追求的目標。對於象數易學此一著重人類知識追求的特色，高懷民先生分析曰：

> 孔子所開展的儒門易學，是以人的德性修養為方向，象數易則轉而向人的知識一方面發展，所以我們看象數易，第一個印象便是象數易家們總是肆無忌憚的一任自己的思想向四面八方投射出去：向天上投射，結合了天文星象之學；向地上投射，結合了輿地分野之說；與律曆合流，配合時節天候音聲；與各家雜學合流，配合五行干支色相等。活像一枚炸彈爆發開來，火花四濺。漢易之所以迷人耳目者，正是由於這種知識的突然開放的新形勢所造成，而象數易之真正引人入勝之處，也在於此。〔註20〕

而方孔炤認為，要對世間萬有的分殊差別，有所瞭解，則知識的追求，即為不可避免的要求，而從上述的特色來看，則象數學正好符合這一要求，故為其所採取，此其所強調「護高執一以矜不落，而離屑事物象數者，豈知祐神之道」（《時論·繫傳上》，頁 1478）之意。接下來，筆者即具體地自其《周易時論合編》切入，展示方孔炤的易學立場。

〔註20〕 高懷民著，《兩漢易學史》（臺北：中國學術著作獎助委員會，1983 年 2 月第 3 版），頁 334。對於象數易學的目的，高懷民先生解釋云：「象數易的目的，不在於求一個完美的人格，乃就人智所能及的知識領域中，去證明易道的無所不在：天文星宿上可見易道，節候時令上可見易道，鳥獸木石中有易道，音聲色相中有易道。……只要是人的知識所及，凡可以比附牽引的，都拉進象數易中派上關係，尤其在象的變化、數的推求配合與術的創造上，在在表現出『追求新知』的欲望。」參見該書頁 340～341。

三、《周易時論合編》易學立場之展示

　　方孔炤首先自太極分化的角度，來說明世間萬有皆爲太極之分化，因此，皆可謂是易道的展現，皆爲準擬天地之易道所涵攝，是故遠古時代尙未十分顯明的一些法則，乃至於周代以後所持續闡明的一些法則，皆爲《周易》易簡之理所概括。而諸子百家的學問，亦皆脫離不了《易》道的準範。對此，方孔炤曰：

> 易故自碎其太極以爲物物之卦爻，一貫者，即一是多，即多是一也，眞易簡者，動賾皆易簡也。上古未顯之法，《易》皆表之，後代繼闡之法，《易》皆具之，兩間皆易之兩間也，以故百家九流，無逃于《易》準者（《凡例》，頁 59）。

而對於《周易時論合編》集取諸家之說，並徵引古今的歷史事件以說明易理的論述方式，有人提出質疑，認爲在伏羲立卦、文王演卦繫卦辭、周公繫爻辭、孔子作傳之時，又怎能前知漢代、唐代所發生的事件呢？然而，方孔炤認爲這種批評皆是出自於對《易》的高度涵攝性不瞭解所致。對此批評，方孔炤回應曰：

> 不知易包古今，摠此人心，總此氣運，摠此物理，正當旁引，方令覽者寔徵，豁然全身是易也。姑勿言義易之奇，文周所繫，龍狐魚虎，是道理乎？是政事乎？可以參前，可以引觸矣。時行物生，天何言哉？鳶魚黃鳥，謂皆馬龜之註可也（《凡例》，頁 62）。

方孔炤認爲，批評者皆不瞭解易道包涵古今，總攝人心之至理，乃至總體社會發展變化的運勢，正因如此，所以必須透過旁徵博引的方式，才能讓人明瞭易道無所不在，以及準擬易道之《易》的高度涵攝性。暫且不說奇妙的伏羲易，即以文王周公所繫的卦辭和爻辭來看，那些龍、狐、魚、虎一類的物事，[註21]到底是要闡述某些道理，亦或是要說明治理眾人的方法呢？實則這些內容，皆可以作爲參考，亦可以將卦爻辭的內涵予以引伸推廣，遇到同類的事物，則能以歸類的方式予以應用，此亦《繫辭》「引而伸之，觸類而長之」之意。而春、夏、秋、冬四季不停運行，萬物不斷生長，天又何嘗說了什麼？[註22]然而，

〔註21〕所謂的「龍」，指的是《乾》卦所言「潛龍」、「見龍」、「飛龍」、「亢龍」等；而「狐」則是指《未濟》卦所云「小狐汔濟」者是；而「魚」則指《中孚》卦所言「豚魚吉」；「虎」，則是指《履》卦「履虎尾」而言。

〔註22〕此本諸《論語・陽貨篇》而來，所謂：「子曰：『予欲無言。』子貢曰：『子如不言，則小子何述焉？』子曰：『天何言哉？四時行焉，百物生焉，天何言哉？』」

天雖無言,但天地萬物不間斷地生生化育,皆是易道的展現,因此,皆可說是易道的註腳。而方孔炤對《周易》本質的看法,即在此一基礎上展開。

第三節　方孔炤對《周易》本質之看法

一、《周易》為總攝理象數之書

中國的大易哲學,在自然宇宙觀方面,著重在闡述理、象、數合一而不相離的觀點。因此,就數的角度來看,中國不同於西方,只重視純粹的計量、推理之數學活動,而是要藉由數作為憑借,以顯明形象的意義,進而洞見數與象背後所隱含的理。對於中國象數之學的根本前提以及目的,唐君毅先生分析云:

> 因中國先哲之以數由理象而成,不離理象而獨立,故數之結合即見象之結合,與理之感通互攝。於是,無論在序列之數與並立之數(即今所謂序數與基數),皆物之數易而見象易,象易而見理易。此即中國歷代象數之學之根本前提。……理顯而象生,象生而有數。觀數只所以明象而察理,藉見萬物之依理而生成,所實現之美善之價值。此即中國象數之學之目的,迥異於西方之只以數學表現純理之活動,與應用數學以計量萬物之多少者也。〔註23〕

方孔炤對於《周易》本質的看法,即緊扣大易哲學理、象、數合一而不相離的觀點而來,他所強調的「費而象數,隱而條理,亦二而一也」(《幾表‧兩間質約》,頁 646)、「理藏于象,象歷為數」(《幾表‧河圖洛書舊解》,頁 84)等觀點,皆不外在申明理、象、數合一而不相離以及觀數明象而察理的主張。

方孔炤主張,虛空之中處處充塞著象數,而象數皆為所以然之理所貫注。所謂「睹聞即不睹聞」(《時論‧繫辭上》,頁 1476),可睹可聞者,象數;不可睹聞者,理也。是故究極的說,不論是虛空中的象數,亦或是蘊涵於象數中的所以然之理,皆為擬準天地的《周易》所涵括。其解釋「將叛者其辭慚,

---

朱子註「時行物生,天何言哉」曰:「四時行,百物生,莫非天理發見流行之實,不待言而可見。」參見〔宋〕朱熹著,《四書集註》(臺北:世界書局,1997 年 3 月初版),頁 183。

〔註23〕唐君毅著,《中國文化之精神價值》(臺北:正中書局,1992 年 10 月臺 2 版),頁 105〜107。

中心疑者其辭枝，吉人之辭寡，躁人之辭多，誣善之人其辭游，失其守者其辭屈」時，即對《周易》一書的本質提出說明曰：

> 《易》合理象數爲費隱一貫之書，善全民用，適中孚于時，神也，
> 準也，變也，度也，皆因二貞一之幾，隨物徵驗者也，諸子百家，
> 豈能逃此恆易簡知險阻之範圍哉？（《時論・繫辭下》，頁 1634）。

方孔炤認爲，《周易》一書實會聚了幽微難見的理，以及可見可聞的象與數，因此，可謂通貫費隱之書。〔註24〕《周易》所涵攝的道理，使人能夠守正而專一，運用吉凶兩方面的道理，進而能掌握幾兆，且能隨順事物獲得證驗。〔註25〕其理神妙難測，與天地變化相準，〔註26〕使人能夠運用其法則應變求通，進而合乎法度。是故《周易》一書善于成就百姓日用，使人得以處處合乎時宜。諸子百家，皆無法逃脫此乾坤易簡之理的規範。〔註27〕

此一看法可謂方孔炤對於《周易》本質的核心說明，其易學哲學的許多觀點，皆由此體認而開展，明乎此，則能體認到《周易時論合編》一書所呈現不拘漢宋門戶、兼收並蓄的特色，實爲此一觀點的具體表現。

二、《周易》爲徵合天地萬物之書

聖人因爲見到天下萬物形態各異，道理幽深難見，但此中雖然複雜，然雜中有序，因此欲創制一易簡的方法，概括性地象徵世間萬物，此即聖人創制易卦的背景說明。《繫辭》所云「聖人有以見天下之賾，而擬諸其形容，象

〔註24〕此「費隱」一詞，源自《中庸》「君子之道，費而隱」。所謂「費」與「隱」，朱子註曰：「費，用之廣也。隱，體之微也」。〔宋〕朱熹著，《四書集註》，頁31。

〔註25〕此即方孔炤所云「蓋知太極之不可執以示人，故以三極用太極，所以吉凶用三極，使人明吉凶有二，而先見止有一吉，此用易之機也」（《合編・繫辭上》，頁1402～1403）之意涵所在。

〔註26〕此「準」字，即《繫辭》「易與天地準」之意。《周易正義》云：「言聖人作《易》，與天地準，謂準擬天地，則乾健以法天，坤順以法地之類是也。」見〔唐〕孔穎達著，李學勤主編：《十三經注疏・周義正義》（北京：北京大學出版社，1999 年 12 月第一版），頁 266。

〔註27〕所謂「恆易簡知險阻」即《繫辭》「夫乾，天下之至健也，德行恆易以知險；夫坤，天下之至順也，德行恆簡以知阻」。意即乾德至爲剛健，故既能恆久平易又能知見艱險，坤德至爲柔順，故能恆久簡約又能知見難阻。項安世曰：「『易』與『險』相反，唯心中直者能照天下險巇之情，『簡』與『阻』相反，唯行事簡靜者，能察天下繁雍之機。」引自〔清〕李光地纂，《周易折中》，頁 955。

其物宜,是故謂之象」正是指此而言。對於此句中所言之「象」的區別,吳怡先生解釋曰:

> 所謂象有兩解,一是天之垂象,也就是萬物本身所具的型態。二是指聖人按照垂象,模擬其型態,描繪出它們的性能之所宜,這就是卦爻之象。這裡賾字正是垂象之意,第一個象字作動詞用,是指的模擬其象,第二個象是指卦爻之象。〔註28〕

此正說明了聖人乃是通過卦爻之象,模擬天地萬象。而在易卦體系高度概括的象徵方式下,卦爻的變化與自然現象之間,可謂密合無間。以《繫辭》「天尊地卑,乾坤定矣;卑高以陳,貴賤位矣;動靜有常,剛柔斷矣;方以類聚,物以群分,吉凶生矣;在天成象,在地成形,變化見矣」一段文字為例,學者分析,上述這些在字意上雖然都是對於宇宙之間自然現象的描述,但是,就易卦體系來說,這些對於自然現象的描述所代表的意義,實即《周易》卦爻構造之中爻位的貴賤、屬性的剛柔、結果的吉凶、事物的變化。從這個角度來看,實可謂「天地就是一個大卦爻,卦爻就是具體而微的天地」。〔註29〕是故通過聖人所創制的以太極、兩儀、四象、八卦等一系列的卦爻之象以模擬天之垂象的易卦體系,乃可以「上象道而下象物,結合形而上與形而下世界為一大哲學思想體系,貫通無礙」。〔註30〕

而方孔炤認為,就《周易》體例來看,象辭在於總論一卦之材德,裁斷一卦之吉凶;而六爻的爻位變化以及爻辭的說明,則在仿效天下萬事萬物之變化與發展,使人得以透過爻辭瞭解到吉凶悔吝的道理。對此,他解釋云:

> 細分材效,以直民用,原不容人漫汗也,聖人作《易》,不假一毫智力,而即足以窮萬世之智力而收之,即足以養萬世之智力而泯之(《時論·繫辭下》,頁1547)。

因此,聖人細分象與爻之目的,即在於能夠適合百姓之日用。而其創制《周易》,雖不憑借一絲人智,卻不但能夠極盡萬世人之智力而收攝於《易》之理中,而且足以涵養萬世人之智力而混化於《易》之用中。當然,方孔炤此

〔註28〕吳怡著,《易經繫辭傳解義》(臺北:三民圖書股份有限公司,1991年4月第1版),頁73。

〔註29〕詳細的分析,請參見戴連璋著,《易傳的形成及其思想》(臺北:文津出版社,1989年6月第1版),頁153~154。

〔註30〕高懷民著,《偉大的孕育》(臺北:自印本,1999年2月第1版),頁25。

一看法，並不意謂著聖人創制易卦，絲毫不用理智推求。〔註 31〕此乃意指
聖人並非經由理智推求思考的進路，或是單憑想像，無端地構設出一套系
統，藉此以說明天道變化生生的現象，而是聖人透過直覺的體悟，與易道冥
契無間，進而創制易卦以模擬易道，就如同不用人智一樣，此即方孔炤所云
「縣空作易，倚奇偶以前民，而吉凶是非，如列眉然，以象教垂目手，眞信
聖人，毫非強設」（《時論・繫辭下》，頁 1548）之意。〔註32〕而方孔炤在註
解《繫辭》「夫《易》，聖人所以崇德而廣業也」與「成性存存，道義之門」
時即云：

> 天地與人本一而爲形岐，得《易》爲之鼓鑄橐籥而兩相合矣。首
> 言賢人之德業，又贊天地之德業，乃明聖人以《易》崇廣其德
> 業。……故彌其神以綸準，繼其善以成性，而開道義之門，隨萬
> 古之出入，《易》也者，徵合天地之關鑰也（《合編・繫辭上》，頁
> 1437～1440）。

此是說，天地萬物雖然皆是太極一體的展開，但在分化之後，隨即落入了各
自殊異的形體之中，而產生了千差萬別的現象世界。而透過聖人所創制的「上
以象道、下以象物」的卦爻系統，乃能將落入各自殊異的具體形態之人與天
地，予以徵合。此章首先說到賢人的德業，又贊許天地之德業，皆是要說明
聖人乃是透過易卦系統的創制，一則以修養自己的德性，一則以成就廣大的
事業。而人則可以透過聖人所創制之易，上以融通神明造化之功，下以符合
萬物變化的種種情狀。在此易卦體系的象徵方式下，天、地、人，乃至萬事
萬物，皆不相隔。是故《周易》實乃徵合天地萬物之書。

〔註31〕 對此，江慎修辨析云：「夫聖人則圖、書而畫卦，因大衍而揲著，豈全不用心
思智慮哉？但其心思智慮，與造化者冥符，則猶之不用焉爾。觀者又不可以
辭害意，而謂聖人之立卦生著，如是其容易也。」見〔清〕江慎修著，《河洛
精蘊》（臺北：文翔圖書股份有限公司，1997 年 6 月第 1 版），頁 65。

〔註32〕 方孔炤所謂「聖人作《易》，不假一毫智力」之見，實本朱子所謂「伏羲畫卦
皆是自然，不曾用些子心思智慮，只是借伏羲手畫出爾」而來。見〔宋〕黎
德靖編，《朱子語類》，第四冊，卷六十五，頁 1612。朱熹在《答袁機仲》一
書中亦云：「若要見得聖人作《易》根原直截分明，卻不如且看卷首橫圖，自
始初只有兩畫時漸次看起，以至生滿六畫之後。其先後多寡既有次第而位置
分明，不費詞說。於此看得，方見六十四卦全是天理自然挨排出來，聖人只
是見得分明，便只依本畫出，元不曾用一毫智力添助。蓋本不煩智力之助，
亦不容智力得以助於其間也。」參見郭齊、尹波點校，《朱熹集》，第三冊，
卷三十八，頁 1681。

三、《周易》爲各正性命之書

儒家義理的基本內涵，大抵上可以「反求諸己」與「推己及人」，也就是「修己」與「治人」兩個既有所區別、卻又相互關連的面向予以概括。〔註33〕「修己」屬內；而「治人」則屬外。而依《大學》來看，則其所謂「格物，致知，誠意，正心，修身」五者爲「內」，所強調的即是個人德性的修養；而「齊家，治國，平天下」三者屬「外」，即是將德性由近及遠、層層向外推拓。〔註34〕因此，儒家義理內涵，實可概括之爲「內聖外王」。〔註35〕而根據《繫辭》，聖人正是透過深研易理，一方面修養其崇高的德行，一方面成就廣大的

〔註33〕 對此，徐復觀先生析論云：「先秦諸子百家，幾乎都要求人君無爲而治。『無爲』即是不自有其好惡；這是統治者的修己。以無爲去成就人民的好惡，使人民能遂其好惡以保障其基本權利，這是統治者的治人。惟修己以超越於自己自然生命底好惡之上，才能達到成就人民好惡的治人的目的；在這種地方，修己與治人有其必然的關連。這種修己與治人的關連及其區分，幾乎可以説是儒家精神的全部構造。」參見〈儒家在修己與治人上的區別及其意義〉，收錄於其所著，《中國思想史論集續篇》（臺北：時報文化出版事業有限公司，1982 年 3 月初版），頁 420。實則而不論是人君或是個人，都可以此內在的「修己」與外推的「治人」兩個面向予以概括，因爲就理想而言，儒者的理想除了在以仁修己外，更在於以仁道治人，使百姓有所安頓。然就現實而言，則未必能夠達成理想。而人君與庶人之差異，則在於勢位之不同，所發揮的勢用有別。然此現實之分別，皆可統攝於「仁」之下。通貫言之，君子窮則以此仁道獨善其身，達則以此仁道兼善天下。

〔註34〕 勞思光先生認爲，「知所先後」一語，乃《大學》全文之綱領所在。因爲不論是指「物」而言的「本末」；或是指「事」而論的「終始」，兩者皆在強調先後之次序。參見其所著，《新編中國哲學史》，共三卷，（臺北：三民書局股份有限公司，1990 年 9 月增訂五版），第二卷，頁 41。儒家另一經典《中庸》亦有類似説法。其言「誠者，非自成己而已也，所以成物也。成己，仁也；成物，知也；性之德也；合外內之道也，故時措之宜也。」參見〔宋〕朱熹著，《四書集註》，頁 31。

〔註35〕 「內聖外王」一詞，指內具聖人之德，外施王者之政。語出於《莊子‧天下篇》：「判天地之美，析萬物之理，察古人之全，寡能備于天地之美，稱神明之容。是故內聖外王之道，暗而不明，郁而不發，天下之人各爲其所欲爲以自爲方。」見〔清〕郭慶藩輯，《莊子集釋》（臺北：河洛圖書出版社，1974 年 10 月臺三版），頁 1069。而對於「內聖外王」的內涵，牟宗三先生析論云：「我們對『內聖』一詞作一確定瞭解，即是落在個人身上，每一個人都要透過道德的實踐，建立自己的道德人格、挺立自己的道德人品。這一方面就是理學家講學的重心。可是儒家原先還有『外王』的一面，這是落在政治上行王道之事。內聖外王原是儒家的全體大用、全幅規模，大學中的格致誠正修齊治平同時包括了內聖外王。」參見其所著《政道與治道》，（臺北：臺灣學生書局，1996 年 4 月增訂新版），〈新版序〉，頁 10～11。

事業。此即所謂「夫《易》，聖人所以崇德而廣業也」之意。「崇德」屬內聖之功夫；而「廣業」則指外王之事業。據此，《周易》一書實可謂通貫內外之書。對此，方孔炤在總論《繫辭》「易之爲書也，廣大悉備」一章時即云：

> 物以實其虛，文以形其質，但論爻位，即以彌綸虛空，故以惟此一
> 道，而繁稱以悉之，正所謂動賾皆易簡也。三言易之爲書，可知讀
> 書之士，讀其合外內之書，即是眞易矣，尋行習詁，不知廣大悉備
> 者，非讀書者也，徒爲固陋言掃除者所唾（《合編‧繫辭下》，頁 1616）。

此所謂的「物」，即指「爻有等，故曰物」之物；而「文」則指「物相雜，故曰文」之文。此是說，《周易》卦爻系統中爻位的貴賤、屬性的剛柔、結果的吉凶、事物的變化等等，皆是天地萬物的反映與模擬。因此，講論卦爻，實已涵攝了充塞虛空的萬事萬物，此即「但論爻位，即以彌綸虛空」之實意。是故必須廣泛的舉例論說，以詳盡說明此兼合天地人三才之內涵。那些只懂得用以修養心性，乃至習於訓詁，而不知道易道廣大悉備者，皆非善讀《周易》之人。「三言易之爲書」，即指《繫辭下傳》第八章「《易》之爲書也，不可遠」、第九章「《易》之爲書也，原始要終以爲質也」，以及第十章「《易》之爲書也，廣大悉備」三章。方孔炤認爲，綜合此三章而觀之，即可見《周易》一書，實爲通貫內外之書。而其最終的歸趨，則落於各正萬物之性命上。

　　從天道的角度來看，天地萬物在天道變化之下，「落於形物之生成上而各定其性命」，〔註36〕此即《乾象傳》所謂「乾道變化，各正性命」之意。然而，自人道的角度來看，則世間萬物在太極分化之後，隨即各自墜入形態殊異的事物之中，而世間又常因人類過份擴張欲望所產生不智的盲動等諸般因素，使得人間的事事物物無法各得其正，以致於處處充斥著不完滿的現象。而聖人面對此種情形，則不能像天一樣無所憂慮。《繫辭》「顯諸仁，藏諸用，鼓萬物而不與聖人同憂」即指此而言。對此，程子解釋曰：

> 運行之跡，生育之功，「顯諸仁」也；神妙無方，變化無跡，「藏諸
> 用」也。天地不與聖人同憂，天地不宰，聖人有心也，天地無心而
> 成化，聖人有心而無爲。〔註37〕

此意謂天道運行，生化萬物，正顯天道生生之仁，而天道的變化神妙，無方

〔註36〕牟宗三著，《才性與玄理》（臺北：臺灣學生書局，1989 年 10 月修訂 8 版），頁 105。
〔註37〕引自〔清〕李光地纂，《周易折中》，頁 856。

所、軌跡可見，實即涵藏於其所生化的萬物之中。天地長養萬物卻不為主宰，聖人卻不得不存有憂患之心，天地無偏私之心，故能成就萬物之化育，聖人雖對萬物有憂患之心，卻處處合乎天道之自然。聖人體悟易道，進而創制《周易》，使黎民百姓能夠有所取正而不盲動，即是聖人有心化育萬物之具體表現。而人則能以合乎天道之《周易》為依歸，透過人道的努力，使萬物能夠各得其正。因此，對於《周易》一書的最後歸趣，方孔炤申論云：

> 摠之無所非象，而聖人亦時有不取，無所非義，而聖人亦時有不宣，蓋緣爻觸變而會通之，隨人徵理事耳。六虛之位，一爻皆有四千九十六，而仍不礙其為此爻之象也，以為心法，皆心法也，以為治道，皆治道也，以為涉世之物情，占事之先幾，皆適當也。不可為典要，而有典常，故為各正性命之書（《凡例》，頁 60～61）。

總而言之，天地萬物，皆可透過卦爻予以象徵，但是對於某些事物的象徵方式或意義，聖人有時並不採用；無不有其所適宜的道理，但聖人有時亦不明示。這些都必須隨順著各爻的時位，根據變化予以會合變通，並隨各人之用以明理事。是故以修養心性的角度來看待《周易》，則《周易》一書皆可說是修養心性之方法；而以治理眾人的角度來看待《周易》，則《周易》全書皆可謂治理眾人之事的方法；甚或是將《周易》視為瞭解世間事物，洞燭幾先之書，皆無不可。方孔炤此「不可為典要，而有典常」之論，本諸《周易》之深刻洞見而來，〔註 38〕意謂天地之間無時不處於變化之中，因此，不可執定一不變的典要綱常，而是要隨順其變化以會通運用；但從另一個角度來看，在處處變動的萬事萬物中，亦有不變的原則存在。此即方孔炤所強調「吾謂六十四，皆不息之時也，時時變，中不變者也」（《凡例》，頁 55）之意。〔註 39〕而透過人道的努力，隨時致用，使萬物能夠各得其正，因此，方孔炤指出，《周易》乃各正性命之書。

對此，方孔炤在解釋「天地之大德曰生，聖人之大寶曰位，何以守位曰

〔註38〕方孔炤此一觀點，實本諸《繫傳》所云：「《易》之為書也，不可遠。為道也屢遷，變動不居，周流六虛，上下無常，剛柔相易，不可為典要，唯變所適。其出入以度，外內使知懼。又明於憂患與故，無有師保，如臨父母。初率其辭而揆其方，既有典常。苟非其人，道不虛行。」之意而來。

〔註39〕此亦即孔穎達所云：「《易》雖千變萬化，不可為典要；然循其辭，度其義，原尋其初，要結其終，皆唯變所適，是其常典也。」見〔唐〕孔穎達著，李學勤主編，《十三經注疏·周義正義》（北京：北京大學出版社，1999 年 12 月第 1 版），頁 316。

仁，理財正辭，禁民爲非曰義」時，進一步申論云：

> 大學格致，不過還民之好惡，而歸于理天下之財以義利之，此章揭
> 明貞一，以善天下之動，已括盡矣。吾嘗曰，各安生理之聖諭，是
> 眞聞道之歸實語，一部全易，萬世著龜，奉此聖諭而已。止有在世
> 言世，出世原以經世，以敝屣而神其垂衣耳。彼希慕仙定以言性命
> 者，不近人情而高自錯者，放言土木以委化者，大乘久呵，何況易
> 準？（《合編・繫辭下》，頁 1530）

此是說，《大學》格物致知之旨，只不過使人恢復好善惡惡的本性，其方法則
在於以合乎公義的方式治理天下的財貨，使百姓不但皆能蒙受其利，還能明
瞭公義的道理。本章所揭橥專一守正之理，揭露了天下萬物之動，皆取正於
通貫萬物、守正不變的太極，即已完全含括了此一道理。而聖哲推行仁道，
使得天下萬物能夠各安其生之理的諭示，乃是眞正體悟到此一至理之眞實歸
趨，一部作爲萬世之人行爲指導的《周易》，亦不過是遵奉聖哲此一諭示罷了。
此其所謂「聖人安民之生而理之，利民之用而節之，思兼慮得，即所以泯何
思何慮之天下也」（《時論・繫辭提綱》，頁 1390）之意。而那些企望成仙而高
談性命者、不近人情事務而自以爲高妙的人，以及恣言如土木一般不動心爲
順應自然造化之人，常久以來，都是大乘佛學所要喝叱的，又何況是以天地
之道爲準擬的《周易》呢？

職是之故，方孔炤認爲，《周易》最後的歸趨，乃在於經略世間事務，
以使萬物得以各安生理，達致「《易》無棄物，盡入藥籠」（《凡例》，頁 64）
〔註40〕之理想。此亦其時用易學觀的展現。

因此，總括而論，方孔炤認爲，就內涵而言，《周易》爲總攝理、象、數，
通貫費隱之書；從聖人所創制易卦系統的功能著眼，則《周易》實爲徵合天
地萬物之書；而其時用易學觀則強調，就聖人作《易》的目的而言，不外乎
依據《易》之道，使天地萬物得以各正性命、各安生理，故《周易》實乃各
正性命之書。

在說明了方孔炤對《周易》本質的看法之後，接下來要解析他如何透過
不落有無的太極觀，進而爲其時用易學觀尋求理論之根據。

〔註40〕所謂「《易》無棄物」來自《老子》第二十七章「是以聖人常善救人，故無棄
　　　　人；常善救物，故無棄物。是謂襲明。」見〔魏〕王弼著，樓宇烈校釋：《王
　　　　弼集校釋》（北京：中華書局，1980 年），上冊，頁 71。

第四章 論太極（上）

　　周敦頤的《太極圖》與《太極圖說》，自朱子刊定版本並大加推許，繼而與陸象山就太極問題辯論之後，即成為宋明哲學史上的一大公案，幾乎所有宋明的哲學家都曾對此問題發表過意見，而時至今日，此一問題依舊是研究宋明思想的學者，亟思解決的學術問題，足可證明此一問題在宋明理學中的重要性。由於此中牽涉問題複雜，是故筆者分成兩章予以探討。在本章中，筆者即先透過思想史的省察，釐析相關問題。

第一節　周敦頤的《太極圖》與《太極圖說》

一、《太極圖說》首句的問題

　　《太極圖說》首句究竟為何的公案，迄今仍無定論。根據朱子當時所見，洪邁所修的《宋史》中所載之《太極圖說》，首句為「自無極而為太極」；另外九江本則作「無極而生太極」。朱子認為此皆是誤增或錯記，應更正為「無極而太極」。〔註1〕朱子對於自己訂正《太極圖》與《太極圖說》時所持的方

〔註1〕　經過朱子修訂過的《太極圖說》為：「無極而太極，太極動而生陽，陽極而靜，靜而生陰，靜極復動。一動一靜，互為其根。分陰分陽，兩儀立焉。陽變陰合，而生水、火、木、金、土。五氣順布，四時行焉。五行，一陰陽也；陰陽，一太極也；太極，本無極也。五行之生也，各一其性。無極之真，二五之精，妙合而凝。乾道成男，坤道成女。二氣交感，化生萬物。萬物生生，而變化無窮焉。惟人也，得其秀而最靈。形既生矣，神發知矣。五性感動，而善惡分，萬事出矣。聖人定之以中正仁義（聖人之道，仁義中正而已矣），而主靜（無欲故靜）立人極焉。故聖人與天地合其德，日月

法與態度云：

> 夫太極之旨，周子立象于前，爲說于後，互相發明，平正洞達，絕
> 無毫髮可疑。而舊傳圖說，皆有謬誤。幸其失于此者，猶或有存于
> 彼。是以向來得以參互考證，改而正之。凡所更改，皆有據依，非
> 出于己意之私也。〔註2〕

此是說，就朱子看來，以往所流傳下來有關於周敦頤的《太極圖說》與《太
極圖》，皆有謬誤，幸而兩者之間相互闡發，因此得以相互校正。而他即是在
有所依據之下，採取客觀的態度，對此予以修訂。而朱伯崑先生根據以上資
料，以及陸象山反對《太極圖說》將無極加諸於太極之上的看法，即斷言圖
說首句「無極而太極」，實僅只是「朱熹一派的說法」。〔註3〕

　　然而，陳來先生指出，在南宋之時，《太極圖》與《太極圖說》，皆有不
同傳本，而除了朱子以外，張南軒的《太極解》中，圖說首句亦作「無極而
太極」，因此，將「無極而太極」視爲圖說首句，絕非只有朱子一人。而且
胡廣仲、呂祖謙等人，在與朱子往復討論的過程中，皆未對「無極而太極」
一句提出質疑。由此可見朱子的定本是有所根據的。〔註4〕陳氏的分析可謂
精當，實則徵諸與朱子論辯最爲劇烈的陸氏兄弟，亦採取「無極而太極」之
說，此可自陸氏反駁朱子的的書信中得知，陸象山《與朱元晦》第一書云：

> 無極二字，出於《老子》知其雄章，吾聖人之書所無有也。《老子》
> 首章言無名天地之始，有名萬物之母，而卒同之。此老氏宗旨也。無
> 極而太極，即是此旨。老氏學之不正，見理不明，所蔽在此。〔註5〕

合其明，四時合其序，鬼神合其吉凶。君子修之吉，小人悖之凶。故曰：『立
天之道，曰陰與陽；立地之道，曰柔與剛；立人之道，曰仁與義。』又曰：
『原始反終，故知死生之說。』大哉！《易》也，斯其至矣。」見〔清〕
黃宗羲撰，全祖望補訂《增補宋元學案》，共六冊，（臺北：臺灣中華書局，
1984年10月臺3版），第二冊，卷十二，《濂溪學案‧下》，頁2。

〔註2〕 郭齊、尹波點校，《朱熹集》，共十冊，（成都：四川教育出版社，1996年10
月第1版），第四冊，卷四十二，頁1953。

〔註3〕 朱伯崑著，《易學哲學史》，共四冊，（臺北：藍燈出版社，19年月第1版），
第二冊，頁103。

〔註4〕 詳細說明請參見陳來著，《朱子哲學研究》（上海：華東師範大學出版社，2000
年9月第1版），頁77，附註2。

〔註5〕 楊家駱主編，《陸象山全集》（臺北：世界書局，1990年11月第5版），卷二，
《與朱元晦》一，頁16。朱子云：「近見《國史‧濂溪傳》載此《圖》《說》，
乃云『自無極而爲太極』。若使濂溪本書實有『自』、『爲』兩字，則信如老兄

綜合以上的釐析可以得知，《太極圖說》首句「無極而太極」，不但並非只是「朱熹一派的說法」，而且恐已是當時的學術界所廣泛接受的看法。是故朱子所刊定的版本，乃是隨順當時的潮流而擇取一既能爲眾人接受，又符合自身解釋的版本。

二、周氏《太極圖》之源流問題

研究周敦頤《太極圖》與《太極圖說》的眾多學者，往往稱引朱子《答胡廣仲》的二封書信，據以證明《太極圖》是經由朱子修訂過的。但是以往的研究者都忽略了朱子《答胡廣仲》第二書與《答胡廣仲》第五書（兩書俱見于《朱文公文集》，卷四十二）所指稱的「舊圖」，並非指同一幅圖，而此一忽略也導致不少研究者的誤斷。在其《答胡廣仲》第二書中，朱子曰：

> 《太極圖》舊本，極荷垂示，然其意義終未能曉。如陰靜在上而陽
> 動在下，黑中有白而白中無黑，及五行相生先後次序，皆所未明。
> 而來諭以爲太極之妙不可移易，是必知其說矣。〔註6〕

在此書中，朱子所謂的舊本，其特徵有三，分別是陰靜與陽動分列上下、黑中有白但白中無黑，以及五行相生的先後次序不明。以此衡之，即可證明，其絕非朱震在《漢上易傳卦圖》中所載的《太極圖》（見圖一）。因爲朱震之圖顯然不合「黑中有白而白中無黑」之特徵。

而在清代朱彝尊所著《太極圖授受考》中則指稱：

> 自漢以來，諸儒言易，莫有及《太極圖》者。惟道家者流，有上方
> 大洞眞元妙經，著太極三五之説。唐開元中明皇爲制序，而東蜀魏
> 琪注玉清無極洞仙經，衍有無極、太極諸圖（《曝書亭集》）。

根據朱彝尊以上的說法，朱伯崑先生則進一步指出，今本《道藏》當中有所謂的《上方大洞眞元妙經圖》，其中一圖名之曰「太極先天之圖」（見圖二）。

此圖與朱震所進周子《太極圖》大同小異，兩者所不同的除了「太極先天之圖」將「乾道成男，坤道成女」分列于第三層五行相生圖左右兩邊，並在倒數第二圈中，標舉「萬物化生」四字之外，則在於朱震之圖的第二圈爲坎離相抱的陰陽相交圖式，而「太極先天之圖」則爲左半圈全白而右半圈雙

所言，不敢辯矣，然因渠添此二字，卻見得本無此字之意愈益分明，請試思之」。郭齊、尹波點校，《朱熹集》，第三冊，卷三十六，頁1585。

〔註6〕　郭齊、尹波點校，《朱熹集》，第四冊，卷四十二，頁1946。

黑夾一白的圖式。因此，朱伯崑先生認為，此即朱子所見的所謂「黑中有白，白中無黑」之舊圖。因此，朱氏斷定，周子的《太極圖》源自於道教的「太極先天之圖」。〔註7〕

圖一：朱震收載之圖　　　　　圖二：太極先天之圖

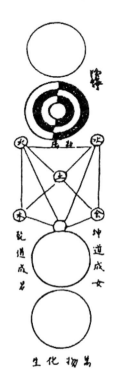　　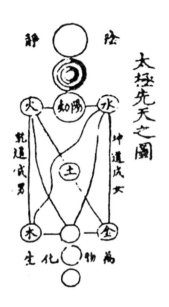

　　而朱彝尊據以判定的依憑，即唐明皇所作的序文。然而，根據李申先生的考證，此一序文並非唐明皇所制。〔註8〕對於李氏之考證，束景南先生指出，此一考證方法本身的缺陷在於，忽略了在此之前，尚有大量亡佚的易書、道書、術書，而單只依據今天我們所能見到的有限材料做為基礎推論而致，因此，實不足以推翻舊有周氏《太極圖》源自於道教《上方大洞眞元妙經圖》的看法。〔註9〕

〔註7〕　參見朱伯崑著，《易學哲學史》，第二冊，頁105。
〔註8〕　詳細的說明請參見李申著，《易圖考》（北京：北京大學出版社，2001年2月第1版），頁35～36。
〔註9〕　束氏的意見的詳細說明，請參見其所著，《中華太極圖與太極文化》，（北京：中華書局，1998年11月第1版），頁123。

　　然而，筆者認爲，衆家的說法，皆忽略了「太極先天之圖」第三層的五行相生圖，其相生次序並不合朱子所云五行相生的先後次序不明的特徵。朱子之意乃指如朱震與楊甲圖中，在第三層的五行相生圖中，左上方的火與中間的土，以及右下方的金，透過斜線予以連結；而右上方的水與中間的土，以及左下方的木，亦以斜線相互連結。左上右下的連結線適正說明了火生土，土生金的相生次序，而右上左下的連結線則不明所以，而此正是朱子所謂「五行相生先後次序皆所未明」一語的眞正意涵。而此亦正是朱子之所以要修正舊圖的一個重要原因。而就歷史發展的角度來看，學術無非乃是藉由消化與修正前人錯誤作爲基礎，透過由粗而精的不斷積累所成，因此，就圖中的五行相生次序來看，則《上方大洞眞元妙經圖》實爲朱震與楊甲之圖的修正，由此看來，則此圖恐怕不能早於朱震與楊甲之圖，乃是再清楚不過的事。因此，根據以上的分析，筆者認爲，在朱子《答胡廣仲》第二書中所言之圖，或與南宋初年，約與朱震同時代之楊甲所作的《六經圖》（見圖三）相類似；或者另有別圖。

圖三：楊甲收載之圖

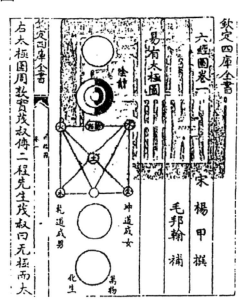

　　其原因乃在於此圖才能完全符合朱子所說的陰靜與陽動分列上下、黑中有白但白中無黑，以及五行相生先後次序不明的三項特徵。而在其《答胡廣仲》第五書中，朱子云：

　　　若如所論，必以舊圖爲據而曲爲之說，意則巧矣。然旣以第一圈爲

陰靜，第二圈爲陽動，則夫所謂太極者果安在耶？又謂先有無陽之陰，後有兼陰之陽，則周子本說，初無此意，而天地之化似亦不然。〔註10〕

就圖而言，此書中有朱子本人以小字註曰「舊本圖子既差，而說中『靜而生陰』『靜』下多一『極』字，亦以圖及上下文意考正而削之矣」。〔註11〕在朱震所進的《漢上易傳》爲「靜極而生陰」，而楊甲的《六經圖》則缺了此句。〔註12〕可見此書所言，即爲朱震所進之圖。不僅如此，實則朱子當時所見，尚不只此二圖，〔註13〕可見所謂的「舊圖」，恐爲數不少。而周子《太極圖》所刊定的版本，只是朱子透過諸多《太極圖》與當時的《太極圖說》予以選擇，並進而比對修訂的結果。

三、歷史問題與理論問題

不可否認的，每一個思想家，無不是立基於舊有的資料與思想中，經過自己的選擇、消化、揚棄、乃至於轉化等等過程，來建構屬於自己的思想體系。因此，同一個哲學概念在漢代與宋代思想家中，可能呈現相完不同的內涵，而縱使在同一個朝代中的不同思想家，使用同一個概念時，亦可能指涉不同的含意，這樣的例子，在古今中外的思想史上，可說比比皆是。哲學概念如此，圖式的運用，其情形亦復如是。對於周氏太極學說的理論以及圖式之間的關係，陳來先生析論云：

> 需要指出的是，一個圖式僅僅是一種理論表達的方式。在利用前人思想資料方面，圖式與範疇一樣，其意義取決於對圖式的解釋。同一圖式也可以經過不同解釋和改造而使用於不同的思想體系，事實上，從解釋《太極圖》的《太極圖說》來看，它實際上是由《周易》的一些觀念發展出的一個宇宙論模式。〔註14〕

〔註10〕郭齊、尹波點校，《朱熹集》，第四冊，卷四十二，頁1953。
〔註11〕郭齊、尹波點校，《朱熹集》，第四冊，卷四十二，頁1953。
〔註12〕參見李申著，《太極圖‧通書全譯》（成都：巴蜀書社，1999年9月第1版），頁109，附註1與2之說明。
〔註13〕在《朱子語類》中，朱子即云：「時紫芝亦曾見尹和靖來，嘗注《太極圖》，不知何故，渠當時所傳圖本，第一箇圈子內誤有一點。紫芝於是從此起意，謂太極之妙皆在此一點。」語見黎德靖編，《朱子語類》，共八冊，（北京：中華書局，1994年3月第1版），卷九十四，《周子之書‧太極圖》，頁2389。
〔註14〕陳來著，《宋明理學》（臺北：洪葉文化事業有限公司，1994年9月第1版），

因此，《太極圖》究竟源自何人，雖然是一個重要的學術問題，但是，圖式所賦予的意義，更是其分辨思想異同的關鍵所在。唐君毅先生即指出，對於《太極圖說》相關問題之探討，應區分為歷史性問題及純理論性問題兩個部份。對此區分，唐氏解釋云：

> 大率凡關於太極圖之淵源，太極圖說與周子思想之關係，及太極圖說中之名辭概念，如太極、無極、陰陽之淵源，及此諸名辭之古義如何，與諸名詞之涵義演變之跡，皆屬歷史性之問題。而關於此諸名辭概念之意義，與環繞之思想，依何而建立，吾人今將循何道加以理解、衡量、並確立其理論本身之價值，則為純理論性之問題。此二問題，雖密切相關，然實不同其性質。而昔賢之論，則恆於此不明加以分別。〔註15〕

即以上述朱子所謂「又謂先有無陽之陰，後有兼陰之陽，則周子本說，初無此意，而天地之化似亦不然」為例，則周子原本是否具有此一意涵，可劃歸於歷史性問題；而「先有無陽之陰，後有兼陰之陽」是否符合天地造化之實情，則屬於理論性的問題。此兩者雖然密切相關，但分屬不同層次，因此，不可相互混淆。〔註16〕

　　而在說明了周氏的《太極圖》與《太極圖說》的相關問題後，接下來，筆者要就其太極學說的淵源，以及其中是否具有矛盾之處等相關的歷史性問題，予以進一步探究。

第二節　淵源與矛盾之辨析

一、理論淵源

　　周敦頤學說的理論淵源問題，自古以來，即呈現分歧難定的情形。大抵上，可概括為兩種意見。即就眾所關注的《太極圖說》首句而言，卿希泰先

頁 27。
〔註15〕唐君毅著，《中國哲學原論——導論篇》（臺北：臺灣學生書局，1986 年 9 月全集校訂版），頁 420。
〔註16〕黃宗羲云：「使其學而果是乎，則陳摶、壽涯亦周子之老聃、萇宏也；使其學而果非乎，即曰取二氏而諄諄然辯之，則范縝之『神滅』、傅文之『昌言』，無與乎聖學之明晦也。」（見『濂溪學案』引）以此為例，則黃氏的看法，乃是直接從義理層次著眼，而不在文字概念的使用上打轉。

生指出，過去的研究者，因為注重尋求外證，卻往往忽略了《圖說》本身的內證，即所謂「太極本無極」一句。而對於《太極圖說》言「無極之真，二五之精」，卻不言「太極之真」的問題，卿氏認為，實則「無極」即「太極」，「無極而太極」與「太極本無極」只是陳述的方式不同，其意涵並無不同，此乃出自道教「極乎無極」的說法，意謂無限者，也就是「道」，乃是最大的極限。是故「無極」和「太極」二者，實異名而同指。因此，「無極而太極」與「無極而生太極」、「自無極而為太極」，三者的內涵皆相同，乃是《老子》所謂「道生一」的註腳。〔註17〕

而學者陳少峰先生亦認為，《太極圖說》對於宇宙源起的描述，乃是根據老子的學說來解釋並發揮大易的哲理，可說完全是依據老子所言的「道生一，一生二，三生三，三生萬物」為基本模型而構成。第一段中的「無極而太極」即等同於老子所言的「道生一」，而接下來所說的生陰生陽，即是老子所謂的「一生二」，其後所言之「陽變陰合，而生水、火、木、金，土」一段，則是老子所謂的「二生三」。而第二段中所謂的「無極之真，二五之精，妙合而凝以下的」一段文字，則是老子所言的「三生萬物」。〔註18〕此皆以《老子》的角度來詮釋周氏的太極觀。

另一種說法則認為，周敦頤的《太極圖說》，純粹是依據《繫辭》「易有太極，是生兩儀，兩儀生四象，四象生八卦」一段話的順序，陳述宇宙形成的過程。如朱伯崑先生即指出，《太極圖說》當中的「陽變陰合而生水火木金土」一句，是說由陰陽二氣的變化融合而產生了水火木金土，而根據五行家的說法，木火主春夏，居於左方；金水主秋冬，居於右方；而土則居於中央，不主管特定的季節。而此句即《太極圖說》中所謂「五氣順布，四時行焉」之意。故此句乃是解釋《繫辭》「兩儀生四象」之內容。而「無極之真，二五之精，妙合而凝」三句，講的是構成萬物的要素。「二五之精」，即陰陽五行之氣的精華，共為七種要素，加上「無極之真」，共八種要素。〔註19〕此段話

〔註17〕卿希泰主編，《中國道教史》（成都：四川人民出版社，1992 年 7 月第 1 版），第二卷，頁 704～705。

〔註18〕參見陳少峰著，《宋明理學與道家哲學》（上海：上海文化出版社，2001 年 1 月第 1 版），頁 46～48。

〔註19〕張其成先生亦持類似意見，其解釋周氏《太極圖》第四層云：「『乾道成男』居左，『坤道成女』居右，這是由『無極之真，二五之精，妙合而凝』所形成的，『二』指陰陽，『五』指五行，加上『無極之真』為八種要素，微妙地凝聚在一起而形成男女，乾陽之道成男，坤陰之道成女。」但其與朱氏不同之

則是解釋「四象生八卦」之意涵。〔註20〕這則是從《繫辭》的角度來詮釋周氏的太極觀。

　　然而，周氏《太極圖》與《繫辭》的宇宙生成架構，實存在著不小的差異。對此差異，勞思光先生析論云：

> 由於繫辭言「太極」一段，並無提出一確定宇宙論建構之意，故並不言由「陰陽」生出「五行」，而只說由「四象」生出「八卦」。顯然周氏之圖所顯示之宇宙論，並非繫辭中所有。圖中第三層並不出於繫辭。〔註21〕

此是說，周氏《太極圖》第三層明顯是五行生成圖，因此，並不符合《繫辭》「兩儀生四象」的說法。勞氏並指出，即以方位論，《繫辭》所言之方位，以水火分居北與南，成相對之勢，而並非如周氏《太極圖》第三層所呈現的水火並列之勢。據此而論，則上述朱氏的說法，無疑有「削足適履」之嫌。而卿氏與陳氏認爲《太極圖說》來自《老子》「道生一，一生二，二生三，三生萬物」模式的看法，筆者認爲，一樣無法成立，因爲這樣的看法，除了不符合圖式之外，亦忽略了周氏所謂「大哉！《易》也，斯其至矣」的內證。

　　因此，從理論淵源來看，周氏的《太極圖》《太極圖說》雖然並不完全出自《繫辭》「太極生兩儀，兩儀生四象，四象生八卦」的理論模式，但不論從思想史的角度，〔註22〕亦或是易學史的角度來看，〔註23〕皆說明其爲融合多

　　處，在於他主張周氏《太極圖》的前三層圖式，所表達的乃是一種由漢代思想而來的「一」而「二」，「二」而「五」的生成理論，而這亦正是周氏周氏《太極圖說》理論框架之基礎所在。參見其所著，《易圖探秘》（北京：中國書店，1999年1月第1版），頁184、206。

〔註20〕詳細的說明，請參見朱伯崑著，《易學哲學史》，第二冊，頁111～112。

〔註21〕勞思光著，《新編中國哲學史》，共三卷，（臺北：三民書局股份有限公司，1990年9月增訂五版），第三卷上，頁100。

〔註22〕從思想史的角度來看，唐君毅先生認爲，周子「無極而太極」一語「先劃開無極與太極，復合之爲一，以見其既別於魏晉人之以『無』看太極之空靈，亦異於漢人之以元氣或氣或天或北辰之『有』，看太極之質實者。此中，無論吾人對無極之極，太極之極，作何解釋，而此二名之如此組合，亦即代表一看萬物之根原之觀點。此新觀點，最低限度包涵對萬物之根原，欲兼以無與非無之有，加以規定，而又欲通此二爲一之新態度。此即已具一劃時代之意義矣。」參見其所著，《中國哲學原論——導論篇》（臺北：臺灣學生書局，1993年月全集校訂版），頁431。

〔註23〕自易學史的角度來看，高懷民先生析論曰：「圖說雖簡約，卻讓人一望而知不是來自單純的思想源流，『無極』『太極』『五行』三個名稱已經包含了先秦的

方的結晶,此乃「仁者見之謂之仁,智者見之謂之智」的真正原因,〔註 24〕儘管如此,但其歸本於大易的宗旨,卻是不容否定的。

二、《太極圖》與《太極圖說》矛盾之辨析

　　除了理論淵源的探索之外,甚至有學者斷定,歷來對於《太極圖說》與《太極圖》的種種爭論,都忽略了兩者之間所存在的矛盾。而此中的矛盾,才是諸家爭論不休的根源所在。張立文先生即指出,兩者之間的矛盾即在於,《太極圖說》強調的是儒家崇陽思想與《太極圖》強調道家重陰思想的不協調。而這樣的儒道矛盾,也具體地呈現在《太極圖》本身的結構當中,而此亦正是諸家之所以爭論不休的根源所在。對此,他說:

> 「無極太極」之辯,是由朱陸對周敦頤《太極圖說》的不同理解而
> 引起的。但他們只注意到此,而忽略了《太極圖說》與《太極圖》
> 之間的內在矛盾,朱陸以後,儘管其後學圍繞無極太極進行了長期
> 激烈的爭論,都沒有注意到這個矛盾,即使到了今天,亦不例外。
> 〔註25〕

而根據其分析,此一儒道間的不協調,從圖上即清楚的呈現出來。圖第二層的右半邊與左半邊分別構成坎卦與離卦的卦象,而根據《說卦傳》的「文王八卦次序」而論,則《太極圖》不但與「文王八卦次序」的乾父坤母不合,而且與坎(中男)與離(中女)所對應的分別是「坤道成女」以及「乾道成

道家易、儒門易與漢代的象數易在內,很顯然周子是揉合了前代易學而成說。」因此,周子太極學說的特點不在於創思,而在於融合。參見其所著,《宋元明易學史》(臺北:自印本,1994 年 12 月第 1 版),頁 32。

〔註24〕是故對易圖辨析最為精詳的胡渭即云:「或曰陳摶傳穆修,穆修傳周子;或曰周子所自作,而道家竊之以入藏。疑不能明,存而弗論云。」(易圖明辨)而李申先生亦云:「在這裡,如果定要像化學分析一樣,分離出周敦頤思想中的佛、道二因素來。表面看來,或許是一項極容易的工作,但認真作起來,不僅未必容易,而且結論難以正確。關于『周氏太極圖』,我們可以確定的是:這是闡述『周易』(主要是『易傳』)宗旨的著作,其中周敦頤廣泛吸收和融會了以前的思想材料,其中包括佛道二教的思想。如果定要說哪個思想來自哪裡,甚至定要說來自誰,為此而不惜造出一些虛假的聯系和證據,其方法是不可取的。」參見其所著,《易圖考》,頁 50。

〔註25〕張立文著,〈朱陸無極太極之辯——周敦頤《太極圖》與《太極圖說》的矛盾〉,收錄於《宋明理學邏輯結構的演化》(臺北:萬卷樓圖書有限公司,1993 年 1月第 1 版),頁 313。

男」，顯然亦不相符合；其次，就數的角度來看，坎卦的卦畫乃是奇數，而離卦的卦畫則是偶數，但是根據《繫辭》「天一，地二，天三，地四」一章的說法，則奇數爲陽，而陰數爲偶，坎卦的卦畫數是奇數，離卦的卦畫數則是偶數，而與男爲陽，女爲陰的說法相聯繫，則與右半邊坎卦相對應的應是男陽，而與左半邊離卦相對應的則應爲女陰，因此，「乾道成男」與「坤道成女」的左右位置，顯然是排列錯誤；再者，坎既然是中男，是奇數，則應爲陽和動，而離是中女，是偶數，則應是陰和靜，此與《太極圖》將陰靜置於右方坎卦，而將陽動列於左方離卦的排列方式，顯然有所不合。〔註26〕

綜觀以上的說法，張立文先生斷定，就《文王八卦次序》而言，則《太極圖》第二圈與第四圈的對應關係，顯然是錯的；而結合陽卦奇、陰卦偶與《文王八卦次序》來看，則《太極圖》第二圈以陽動配屬左邊坎卦、以陰靜配屬右邊離卦的配置關係，亦顯然有誤。

然而，筆者認爲，張氏之說，有二點值得商榷之處。首先，就第二圈與第四圈的對應關係來說，則《太極圖說》「乾道成男，坤道成女。二氣交感，化生萬物。萬物生生，而變化無窮焉」一段，實即《繫辭上傳》「乾道成男，坤道成女」以及《繫辭下傳》「天地絪縕，萬物化醇，男女構精，萬物化生」之綜合陳述。由此可見，所謂「乾道成男，坤道成女」並非單純指稱男人與女人，而是藉由「得其秀而最靈」的人作爲代表，實則乃是泛指萬物當中一切陰性陽性的生物。否則由「男女構精」又如何得以化生萬物呢？對此，高亨註解云：

> 男女構精，僅是人類化生，而此云「萬物化生」，何也？蓋男女代表動物之陰陽兩性，人類之男女、獸類之牝牡，鳥類之雄雌，皆在含義之中也。〔註27〕

因此，筆者認爲，第二圈與第四圈對應關係的易位，正好說明了第三圈的五行化合與變化，是故就此而言，張氏觀點之缺失，在於堅持固定的對應關係，而忽略了「乾道成男」、「坤道成女」乃是在五行化合作用後所產生之結果。

〔註26〕 張立文著，〈朱陸無極太極之辯——周敦頤《太極圖》與《太極圖說》的矛盾〉，收錄於《宋明理學邏輯結構的演化》，頁 314～316。

〔註27〕 高亨著，《周易大傳今注》（濟南：齊魯書社，1998 年 4 月第 1 版），頁 432。朱子亦云：「『乾道成男，坤道成女』，通人物言之，在動物如牝牡之類，在植物亦有男女，如麻有牡麻，及竹有雌雄之類，皆離陰陽剛柔不得。」引自〔清〕李光地纂，《周易折中》（成都：巴蜀書社，1998 年 4 月第 1 版），頁 829。

此外，誠如筆者之分析，周子太極學說本爲融合多方的結晶，因此，從理論淵源的角度來看，則可以發現，周子的學說並不嚴守《易傳》的文字，因此，從《說卦傳》「文王八卦次序」以及《繫辭》「陽卦奇、陰卦偶」來論斷周氏錯誤的方式，就詮釋的方法運用上有待商榷。實則所謂「陰靜」與「陽動」，不過是以陰、陽來概括說明天地萬物的健動與退斂的性質，並非如張氏所云，以固定方式的配屬坎卦與離卦。是故張氏對於《太極圖》的解析，雖然十分細密，但就筆者的分析看來，其觀點無法成立。

第三節　太極問題之論辯

一、無極太極之辯

朱陸有關於無極太極之辯，始于陸九韶給朱子的一封信。陸九韶認爲，周氏《太極圖》與《太極圖說》，本來即非周子成熟的著作，且就理論內涵而言，其看法亦不正確。因此，縱令朱子耗費偌大苦心，曲爲之說，亦終將貽誤後學。究其原因，乃是陸九韶認爲，周氏在「太極」之上，加上了「無極」二字，無非乃是虛無好高，頭上安頭的作法。〔註28〕

象山接續其兄之見，與朱子反復論辯，而其焦點亦落在「無極」之上。實則朱陸之辯原先是落在宇宙生成的層次上，象山認爲「無極而太極」的說法，實與《老子》首章所言「無名天地之始，有名萬物之母」的宗旨相同，乃是「有生於無」的觀點。然而，朱子則認爲，周氏「無極而太極」一語中的「無極」，乃是對於太極之形容。針對陸氏兄弟的意見，朱子提出了前聖後聖一心，同條而共貫的看法來回應，意謂伏羲畫卦，乃至文王重卦，都沒有言及太極之意，而孔子的《易傳》則對此予以申論，做爲對於伏羲易與文王易的闡釋，同樣的，孔子雖不言「無極」，周敦頤言之，亦正對此予以進一步闡發。對此，朱子云：

> 伏羲作易，自一畫以下，文王演易，自乾元以下，皆未嘗言太極也，而孔子言之。孔子贊易自太極以下，未嘗言無極也，而周子言之。夫先聖後聖，豈不同條而共貫哉？若於此有以灼然實見太極之眞

〔註28〕見〔清〕黃宗羲撰，全祖望補訂《增補宋元學案》，第四冊，卷五十七，《梭山復齋學案》，頁四之按語。

體，則知不言者不爲少，而言之者不爲多矣，何至若此之紛紛哉？
〔註29〕

象山認爲，若眞能明白世界即太極一體之分化展開，則不必在太極之上，另加上無極予以描述或說明，亦不須在太極之下加上所謂「眞體」之詞，朱子此種疊床架屋的說法，正是朱子對於太極缺乏眞切體悟之明證。對此，象山云：

> 九淵竊謂老兄未曾實見太極，若實見太極，上面必不更著無極字，
> 下面必不更著眞體字，上面加無極字，正是疊床上之床，下面著眞
> 體字，正是架屋下之屋，虛見之與實見，其言固自不同也。〔註30〕

對於朱陸之辯的針鋒相對，有學者認爲，這些衝突都是表面上的，事實上則並非如此。原因在於象山所要堅持者，乃謂無極之名，本非易之所有，意即以無搭在有上說，乃老氏立言之方式。而此點朱子並未加以否認。朱子所要強調的則是，伏羲創制八卦，文王重卦繫辭，皆未嘗言及太極之理，而由孔子發明之，同樣的道理，孔子只言太極，並沒有說「無極」，而由周敦頤予以闡發，可見明言或不明言，實無礙於先聖後聖思想之同條共貫。針對此點，象山亦無異議。對於朱陸兩人表面上的衝突，以及實際上卻存有會通可能之看法，唐君毅先生分析云：

> 然徒就《太極圖說》之先無極而後太極，亦實不足證明《圖說》整
> 個思想之內容，即同於道家。所謂《圖說》之言無極，與《易》之
> 言無極，同條共貫，亦無礙於無極之一名乃初原自道家。……《易
> 傳》言無思無爲，寂然不動，亦未嘗以言無爲諱。以道家之無釋儒
> 家之易，古已有之。則象山亦不得以《圖說》言無極，則非儒學之
> 傳也。〔註31〕

然而，就《易傳》而言，不論是「無思無爲」或「無方無體」之「無」，乃是對於道體的形容，並無生成論上的實意在。朱子之意，可將「無極」解釋爲對太極之形容，與此用法相類似。但是，根據筆者的分析，象山之原意則是認爲，「無極而太極」中的「無極」並非一無實意之辭，而是高居於生成論或本體論之最高層，作爲太極生成之源，因此，兩人在理論意義上，實有不同

〔註29〕〔清〕黃宗羲撰，全祖望補訂《增補宋元學案》，第二冊，卷十二，《濂溪學案・下》，頁4。
〔註30〕〔清〕黃宗羲撰，全祖望補訂《增補宋元學案》，第二冊，卷十二，《濂溪學案・下》，頁6。
〔註31〕唐君毅著，《中國哲學原論——導論篇》，頁424～425。

的意涵。而此有關「無極」意涵之歧見，亦正是兩人爭論的根源。即使朱子進一步辨析周氏之「無極」之「無」與老氏之「無」用法不同，此乃朱子將「無極」視爲對於太極的描述及說明，並認爲必須有此說明，才能對太極的神妙有所說明，此其所謂「不言無極，則太極同于一物而不足爲萬化根本」之意，但陸氏連朱子此一說法亦反對。象山強調，如果真能體悟太極，則根本不須其它無謂的描述與說明，即如《易傳》只言「易有太極」而不言「無極」，並不會產生諸如朱子所言之弊病一樣。

實則透過大易哲學，即可對此所謂「無極而太極」的「極」字，予以規定。此一「極」字，實與《繫辭》「三極之道」的「極」字意涵相同，意爲至極之意。對此，杭辛齋先生辨析云：

> 極者，至極而無對之稱。物各有極，故曰天極，曰地極，曰人極。陽有陽極，陰有陰極，所以別之曰太極，太者，至尊無上之稱。原以對三極及其他諸極而言也，既曰太極，則太極之上，又何能更有所加？況無者，有之對也，既可名之曰無，則無之對便是有，若云無極而有極則可，無極而太極，則文不當而辭不順也。〔註32〕

因此，既曰「無」，則有相對之「有」，然而，「太極」則並不落入相對的有無概念中，由此來看，朱子的說法，在概念上實有不當之處，而此亦正是象山堅持不肯退讓之原因。〔註33〕

二、生子懷子之辯

從易學史的角度來看，除了無極太極之辯外，朱子當時尚與林栗有一生子懷子之辯，而此亦起因於林栗對「無極」之說的質疑。林栗認爲「聖人明言易有太極，而公言易無太極，何耶？」〔註34〕此一問題，實與象山之見有

〔註32〕杭辛齋著，《易學筆談》（臺北：鼎巨書局，1985年8月第1版），頁106。
〔註33〕象山亦云：「又謂極者，正以其究竟至極，無名可名，故特謂之太極，猶曰舉天下之至極，無以加此云耳，就令如此，又何必更於下面加無極字也。」楊家駱主編，《陸象山全集》，卷二，《與朱元晦》二，頁18。
〔註34〕郭齊、尹波點校，《朱熹集》，第六冊，卷七十一，頁3691。對林栗之質疑，朱熹答曰：「太極乃兩儀、四象、八卦之理，不可謂無，但未有形象之可言爾。故自此所生一陰一陽，乃爲兩儀，而四象、八卦又是從此生，皆有自然次弟，不由人力安排，然自孔子以來，亦無一人見得。至邵康節然後明，其說極有條理意趣可玩，恐未可忽。更詳之。」見郭齊、尹波點校，《朱熹集》，第六冊，卷七十一，頁3691～3692。

異曲同工之處，因此，朱子與象山之信中亦曾提及，並認為兩者的意見相似。
〔註35〕

　　然而，其與象山不同之處，則在林栗進一步指出，《繫辭》所云「易有太極，是生兩儀，兩儀生四象，四象生八卦」乃是就一卦而言，所謂「全體為太極，內外為兩儀，內外及互體為四象，又顛倒取為八卦」。〔註36〕

　　但朱子認為，《繫辭》此段文字，乃是用以說明聖人畫卦的綱領與次序，而只有邵康節深有體悟，予以闡發，林氏之疑，足見其悟未及此。落在卦畫上言，則林氏以六畫之卦為太極，而以其所含的兩個三畫之卦為兩儀，加上二互體之卦為四象，繼而再將此六畫之卦予以翻轉，依其法再取四象，合而為八卦。朱子指出，這樣的說法不但顛倒了生成的順序，而且這樣一來，則變成了太極包兩儀，兩儀包四象，四象包八卦了，與《繫辭》所謂「生」的意義不合。對此錯誤，朱子辨析云：

> 方其為太極，未有兩儀也，由太極而後生兩儀；方其為兩儀，未有
> 四象也，由兩儀而後生四象；方其為四象，未有八卦也，由四象而
> 後生八卦。此之謂生。若以為包，則是未有太極，已先有兩儀；未
> 有兩儀，已先有四象；未有四象，已先有八卦矣！〔註37〕

朱子認為，林栗的說法，實顛倒了「易有太極，是生兩儀，兩儀生四象，四象生八卦」的先後次第。對於朱子的說法，林栗則指陳，包之與生之，在意涵上並無二致。對此看法，朱子進一步提出說明，認為「包如人之懷子，子在母中。生如人之生子，子在母外」。〔註38〕是故兩者在理論內涵上，實有不同。此即朱、林兩人有關生子懷子之辯。

　　在本章中，筆者透過《太極圖》與《太極圖說》所產生的種種糾纏攪擾，予以釐析，而在說明了歷史層面的種種問題之後，以下則進一步就理論內涵，以及方孔炤對這些問題的解決之道，作一番深入的剖析。

〔註35〕朱子有云：「來書又謂《大傳》明言『易有太極』，今乃言無，何耶？此尤非所望於高明者。今夏因與人言《易》，其人之論正如此。當時對之，不覺失笑。遂至被劾。」參見郭齊、尹波點校，《朱熹集》，第三冊，卷三十六，頁1576。

〔註36〕〔宋〕黎德靖編，《朱子語類》，共八冊，第五冊，卷六十七，《易三‧綱領下》，頁1679。

〔註37〕〔宋〕黎德靖編，《朱子語類》，共八冊，第五冊，卷六十七，《易三‧綱領下》，頁1679。

〔註38〕郭齊、尹波點校，《朱熹集》，第六冊，卷七十一，頁3691。

第五章　論太極（下）

　　針對環繞於周敦頤的《太極圖》與《太極圖說》的相關問題，作一思想
史的省察與釐析之後，本章則要從理論層面，展示周子太極觀的內涵；繼而
探究造成諸家爭論不休的原由；最後再申明方孔炤的太極學說，對於相關問
題的看法，以及此一看法背後所隱涵之意義。

第一節　周敦頤太極說的理論內涵

一、《圖》與《說》之內涵展示

　　透過語言學的分析，有學者指出，「太極本無極」中的「本」是根本的意思，
用作動詞，乃是指以某物為本，並沒有「生」的意思。因此，此句並非表述生
成論問題，而是說明本體論問題。而根據這樣的理解，則「無極而太極」一句
即可獲得確定，所謂的「無極」，指的是一精神性的本體，乃是宇宙的本源、本
體，而「太極」則是指陰陽未分之氣，乃是一物質實體，此二個概念分別來自
於道家的《無極圖》與儒家的《周易》。因此，在周敦頤的學說中，「無極」才
是最高的範疇。而周敦頤的宇宙生成論，則是從太極開始的。因此，總括而論，
只能說太極是化生萬物的物質根源，無極卻是最高本體。〔註1〕

　　筆者認為，類似的觀點，無疑硬生生的將周氏的《太極圖說》打成二截，
無極到太極一截，沒有時間先後的關係，乃是周子闡述本體論的說法；太極

〔註1〕　蒙培元著，《理學範疇系統》（北京：人民出版社，1989 年 7 月第 1 版），頁
　　　　56～57。

以下，存在著時間先後的關係，則是周子用來解釋宇宙生成論。順其分析，則「太極」頓成所謂的「物質實體」，而陰陽則成爲「太極所生的兩種對立物質」。〔註 2〕這樣的理解，不但與周子的說法有出入，亦與整個大易哲學相扞格。因此，蒙氏本體論與生成論的區分，恐難適切解釋《太極圖說》的意涵。而且落實在五層太極圖上，蒙氏又將如何解說呢？而第一層究竟是指無極亦或太極呢？因此，此種類似的說法，根本無法回應朱子所謂「則夫所謂太極者果安在耶？」的質問。是故此說並不可取。

而朱伯崑先生則認爲，不論是國史本的「自無極而爲太極」，亦或是九江本的「無極而生太極」，兩者在文字上雖然稍有不同，但就理論意義而言，則並無差異。即兩者皆認爲，就時間順序而言，在太極之前，尚有無極。而此與朱子所修訂的「無極而太極」之間的差異，則是朱子認爲無極只是用來形容太極無形跡，無極與太極之間並無時間先後的關係。〔註 3〕根據這樣的看法，朱伯崑先生云：

> 首句「自無極而爲太極」，指從第一圈陰靜到第二圈三輪圖。其以坎離相抱圖的中央小白圈爲太極，以首圈爲無極。無極居于太極之上，表示從無極到有極有一個時間的過程。此句話是解釋《繫辭》「易有太極」文。〔註4〕

而下文「太極動而生陽，陽極而靜，靜而生陰，靜極復動。一動一靜，互爲其根。分陰分陽，兩儀立焉」乃是對三輪圈的解釋。白圈爲陽，黑圈爲陰，陽主動，陰主靜。此處的陰陽指陰陽二氣，本于道教的太極先天圖第二圈。「太極動而生陽」，指中央小白圈運動而生第三輪左半白；「靜而生陰」，指太極歸于靜止而生第三輪的右半黑；「靜極復動」，指太極再次運動而生第二輪右半白和第一輪左半白，其靜止下來又生第二輪左半黑和第一輪右半黑。「一動一靜，互爲其根」，指太極動而復靜，靜而復動，動靜互爲條件，循環不止。「分陰分陽，兩儀立焉」，指三輪中的陰陽二氣各居一方，相互對立，于是形成天和地。〔註5〕朱氏的看法，乃是將陰靜與陽動分置於兩層，而第一左與第二右之白陽齊生、第一右與第二左之黑陰亦齊生。

〔註 2〕 蒙培元著，《理學範疇系統》，頁 58。
〔註 3〕 參見朱伯崑著，《易學哲學史》，共四冊，（臺北：藍燈出版社，19 年月第 1 版），第二冊，頁 103。
〔註 4〕 朱伯崑著，《易學哲學史》，第二冊，頁 111。
〔註 5〕 朱伯崑著，《易學哲學史》，第二冊，頁 111。

　　周子的《太極圖說》乃是對於其《太極圖》的解釋說明，此一點無人能夠否認，因此，對於《太極圖說》的理解，亦必須透過《太極圖》予以對照印證。接下來，筆者即透過周氏《太極圖》與《太極圖說》之間的相互對勘，說明問題之癥結，進而判定各說之優劣。

二、《圖》與《說》之對勘

　　上述朱伯崑先生的分析可謂細密，且針對朱子「則夫所謂太極者果安在耶？」的質問亦能有所回應，故顯較蒙氏之見為佳。然而，落在朱震所進的周子太極圖來說，則吾人可以看出，就縱的方向而言，太極圖所表達的先後順序是再清楚不過的。然而，朱伯崑先生認為，周子的《太極圖說》無非是依據於《繫辭》「易有太極，是生兩儀」一段闡釋「宇宙形成的過程」。〔註6〕

　　根據這樣的看法，則無極乃高居於太極之上，且從無極至太極有一時間過程，而此正是對《繫辭》「易有太極」章的解釋。然而，此種「有生於無」的說法，正是陸氏兄弟所極力反對者，所謂「易大傳曰易有太極，聖人言有，今乃言無，何也？」。〔註7〕且此種說法，將陰靜歸之於首圈無極，則合太極與陰陽三輪圖的第二層圖示，則將劃歸為陽動，亦適落入朱子「先有無陽之陰，後有兼陰之陽」之疑，認為這樣的觀點與天地陰陽相交合，進而生化萬物的情形有所出入。

　　再者，根據以上所引，從無極到太極有一個時間的過程，就此觀點而論，則太極以下，亦勢必存在時間先後的關係，依此，則朱氏的解釋，將使太極與陰陽成為一平列的關係，而讓原本要表達的先後順序，無由豁顯。經由以上的分析可以看出，朱氏的說法，實有不切當之處。

　　綜觀《太極圖說》的第一段，乃是從分化的根源處往下說，而最後三句所謂「五行，一陰陽也；陰陽，一太極也；太極，本無極也」，則是逆向地由五行向根源處說。其中對於次序的申明，無疑十分明顯。勞思光先生則指出，「動靜」一對觀念，實為其理解《太極圖說》首段之樞紐。透過《太極圖說》中「而」的意義分析，勞氏斷言，朱子將《太極圖說》首句的「無極而太極」理解為平行關係，實為錯誤。對此，他析論云：

〔註6〕　朱伯崑著，《易學哲學史》，第二冊，頁111
〔註7〕　〔清〕黃宗羲撰，全祖望補訂《增補宋元學案》，第二冊，卷十二，《濂溪學案・下》，頁3〜4。

所謂「太極動而生陽，動極而靜，靜而生陰」，三句中之「而」字皆
表先後次序；蓋必「動」方能「生陽」，必「動極」方能轉「靜」，必
「靜」方能生陰。此可見圖說中「而」字之用法。首句中「無極而太
極」中之「而」字，亦應如此解，非如朱說之表「平行關係」。〔註8〕

因此，一般學者隨順著朱子的說法，將最上一層的圓形圖理解為「無極而太
極」，而將「無極」與「太極」視為平行的關係，類似的看法恐怕皆難以成立。
〔註9〕而從這個角度來看，周氏的《太極圖》，終究難以擺脫作為一宇宙生化
論圖式之定位。〔註10〕

三、周氏太極說之糾纏

相較於諸家的種種說法，高懷民先生則立足於大易哲學，從易卦符號的
角度，以「無象」與「有象」的區分，來說明「無極」與「太極」的差別。
對此，高氏云：

換句話說，「太極」在易學中雖然是宇宙萬物的最根本，卻是落在了
象（即思想符號）之「—」上，與「無極」相較，「無極」則是不落
在任何象上。今以周子太極圖印證，其「太極」即最上面的圓圈，「無
極」則應是圓圈以外無任何代表之象的空白，是以「無極」與「太極」
之分，理應是「無象」與「有象」之分，為此解釋才算應理，而且自
然順暢，不必如朱熹那樣費偌大心力去作踄近強詞的解釋。〔註11〕

這樣的解釋，可以免除上述的種種弊病，因此，相較於諸說，自然更勝一籌。

然而，從以上筆者的分析看來，諸家在周子太極學說問題上的爭論，大

〔註8〕 勞思光著，《新編中國哲學史》，第三卷上，頁103。

〔註9〕 此為多數學者的通解，例如劉瀚平先生即認為「上大圓謂無極而太極者也；
白黑各半環圖，為太極動而生陽，靜而陰也，其中之小白圈，為太極本體，
黑白相環下相交之雙曲線，左為陽之變，右為陰之合，五行以下四線相連之
小白圈，為無極二五之妙合無間；以下之大圓，乾道成男，坤道成女，以形
化者言也，依其性男方各為一太極；最下一圓為萬物化生以形言者也，各一
其性而萬物一太極也。」參見其所著，《宋象數易學研究》（臺北：五南出版
社，1994年2月第1版），頁235。

〔註10〕 李申先生亦明言，周氏的《太極圖》「講的是宇宙演化論」。參見周敦頤原著，
李申譯注，《太極圖·通書全譯》（成都：巴蜀書社，1999年9月第1版），〈序
文〉，頁36。

〔註11〕 高懷民著，《宋元明易學史》（臺北：自印本，1994年12月第1版），頁34。

抵皆出在其解釋與圖難以符合上，因此，逐漸衍生出極力貶低周氏的《太極圖》、甚至捨圖以立說的傾向。究其實，則大抵不脫兩個因素，其一是著眼於歷史性因素，認爲《太極圖》源自道家，無足稱道；〔註12〕其次則是立足於理論層次，認爲從儒家義理的角度來看，周氏的《太極圖》無甚價值，因爲縱使此圖不存在，《太極圖說》的理論內涵依然可以獨立地被理解。對此，牟宗三先生云：

> 濂溪之藉圖以寄意，其所寄之意固甚嚴整，而亦全本于《通書》，然自其「藉圖」而言，則是一時之興會，所謂好玩而已。濂溪並非必須先獨自構畫一圖以及必須對應此圖始能結構出一套義理。此即示此圖對于《圖說》並無抒意上之必然關係，亦無理解上之必然關係。〔註13〕

職是之故，牟氏個人「主觀上雅不願看此圖」。〔註14〕針對這些看法，筆者認爲，在理論上或可作此解釋，然而，周氏的《太極圖》畢竟是一個具體存在的事實，而《太極圖說》又是針對《太極圖》所作的解釋說明，此一點亦無可否認。因此，兩者之間的相互對勘，即成爲不可逃避的詮釋途徑。

但是，更深一層來看，則周子的五層《太極圖》，然能夠彰顯天地生化的次序以及一切皆太極所分化的歷程，但因爲思想史上無極與太極問題之爭辯，以及《太極圖》與《太極圖說》的對勘詮釋所產生的種種攪擾，使得眾人在此問題上爭論不休。此正所謂「宋儒於太極之上，妄增無極二字，曰無極而太極，是皆誤於太極之有圖」。〔註15〕而此亦眾所公認周氏的最高哲學成就在於《通書》，而不在《太極圖》與《太極圖說》之原因所在。

對於上述之原委，方孔炤可謂了然於胸，因此，其學說亟思脫跳周子《太極圖》的解說，另闢蹊徑，根柢大易哲學而有所創獲。面對思想史上複雜的太極問題，方孔炤乃透過其易學的核心命題「一在二中」、「寂歷同時」予以解決。以下就針對其貫一不落有無的太極觀予以闡釋。

〔註12〕此如方東美先生即認爲濂溪的《太極圖》源出於道教，而非儒家道統之傳，並謂朱子之推崇《太極圖》，乃是出自於學術上的固執成見。詳細的說明，請參見其所著，《新儒家哲學十八講》（臺北：黎明文化事業股份有限公司，1985年4月再版），頁103～116。

〔註13〕牟宗三著，《心體與性體》，共三冊，（臺北：正中書局，1991年11月臺初版），第一冊，頁408。

〔註14〕牟宗三著，《心體與性體》，第一冊，頁409。

〔註15〕杭辛齋著，《易學筆談》（臺北：贛巨書局，1985年8月第1版），頁116。

第二節　方孔炤貫一不落有無的太極觀

一、太極不可表詮

　　方孔炤認爲，太極只可體悟，因此，從根本上來說，太極是不可能以圖象的方式予以表達的。對於太極不可畫，而姑且以一圓象○來加以表示的的基本看法，方孔炤在《太極圖說冒示》中即開門見山徵引其父在《野同錄》的意見云：

> 不可以有無言，故曰太極，太極何可畫乎？姑以圓象畫之，非可執圓象爲太極也。中庸曰於穆不已，天之所以爲天也，善哉子思之畫太極乎！所以然者，倫序于卦爻時位，宜民日用謂之當然，當然即所以然，然不聳于對待之上而泯之于對待之中，能免日用不知耶？

（《幾表・太極圖說冒示》，頁 73）

此是說，太極不落入的「有」與「無」的相對概念中，故特以「太極」稱之。因此，這圓象○亦只是不得已之下的表示，方孔炤稱之爲「冒示」者是。所謂「冒」爲概括之意，亦即對於太極概括性的表示。而人如若不能加以會通，執著於此一形象，則大謬矣。此亦即方以智所云太極「不可畫，畫之不能盡，而姑約指之」（《幾表・諸家冒示集表》，頁 80）的意思。而上述《野同錄》中所言諸如太極不可用有或無來詮表；所以然的超越之理，即條理有序地表現於卦爻的時位之中；百姓日用之當然即涵有超越的所以然；所以然之理並不獨立絕待地高聳於當然的現象世界之上。〔註 16〕而是泯化於現象世界之中等等說法，可說是方氏一脈對於太極問題一致的看法，而方孔炤的觀點，亦是在上述看法中發展而成的。對此種表達方式的指點性，以及究竟地說，太極實不可表詮的意涵，方孔炤透過水與冰、水與甘的關係來說明：

> 請更喻之，有水一缶，水彌此缶，冰有不彌此缶者矣，水之甘則未有不彌此缶者矣，今當稱水之甘，使人知味，烏可但稱水，而禁人之稱甘乎？甘在水中，無適非甘，非若太極指點也，不得已而指其極在太中，在人會通焉（《幾表・太極圖說冒示》，頁 77）。

以一盆水來比喻，水能夠隨順著容器改變形狀以注滿整個容器，但冰由於有

〔註 16〕此所謂「所以然」與「當然」一對詞，相當於方孔炤所云之「寂」與「歷」。「當然」一詞並不具有倫理學上的意義，特此說明。而有關「寂」、「歷」之意涵，請參見後面的解說。

固定形狀，因此無法像水一樣注滿整個器皿。但是水的甘甜滋味，卻必定隨著水充滿整個容器。水味的甘甜充滿在整缶水中，這是我們能夠確定知道的。不像太極只是一種不得已的、指點式的說法，必須靠人們自己心領神會。因此，對於任何指點性的表述，我們都不能執著。

實則若就太極爲第二義的、意即理智思維的層次上而言，則太極與現象世界不能等同視之，在此層次上，太極實乃爲萬物生化之根源，爲「能生」，而世間萬有則是太極之「所生」。在此第二義的層次上，則是人將其自身客觀化，使其從整體大化之歷程中抽離出來，進而使現象世界成爲一思考的對象，人則以一觀察者的身份，間接地藉由觀察、分析、歸納、反思等理性運思，對於萬有生化的法則與根源，作一番探究。然而，就太極存在的、即第一義的層次而論，則整個世界皆爲太極本身一體的展開，此可謂現象世界即太極，在此層次上，則太極與現象世界不二，而人乃是整體大化歷程中之存在，對於太極只能透過直覺體悟的進路，直接與宇宙萬有融爲一體，進而證知宇宙之究竟眞實。在此層次上，則太極實爲只可意會而不可以言傳者，此即方孔炤所言，從根本上說，太極不可表詮之意涵所在。〔註17〕

二、太極自碎與一在二中

在太極的問題上，方孔炤主張，世間萬有皆爲太極一體的分化與展開，而且太極與萬有之間，在本質上並無差異。其子方以智將其主張概括之曰「一多相貫」（《合編・方中通跋》，34）者是。對此，方孔炤云：

> ……易藏固陋耳，聖人因人而倫之，因物而則之，因聲而傳之，皆本無增減者也，而能使萬世善用其本無增減者，此所以參贊而統天也，易故自碎其太極以爲物物之卦爻，一貫者，即一是多，即多是一也，眞易簡者，動賾皆易簡也（《凡例》，頁59）。

方孔炤所謂「太極自碎」，乃是主張世間萬物皆出自於太極之分化與展開，而所謂「本無增減」之意，則是說明世界並不因太極自碎其「一」而有所減損；亦不因其分化成萬物而有所增益。「一貫」的「一」，即指尚未分化之整體；而所謂的「貫」，則意指由整體的太極所分化之「多」。〔註18〕正因萬物乃太

〔註17〕有關於此二層區分的詳細說明，請參見高懷民著，《大易哲學論》（臺北：自印本，1988年7月再版），頁115～117。

〔註18〕此即明初思想家薛瑄所言：「夫子之所謂一，即統體之太極也；夫子所謂貫，

極一體的分化展開，是故物與物之間，乃至萬物與太極之間，在本質上並無差別，此其所謂「即一是多，即多是一也」。他繼而透過卦爻系統，以「大一」、「大二」來闡述此一觀點。方孔炤云：

> 自儀象八卦以至四千九十六，皆大二也，大二即大一也，歷吉凶之寂場，安無咎之大業，則明其有極而玩占其當有者已矣，言無者，言不落者，非綴旒乎？（《時論·繫傳上》，頁1502）

所謂「大二」，即指自兩儀四象以至於萬物，而此「大二」，皆是所謂「大一」──太極──所分化。此即其所謂「知六十四之即二十六萬二千一百四十四也，知三十六之即十八也，皆九六也，皆參兩也，皆一也」（《時論·雜卦傳》，頁1724）之意〔註19〕。既然聖人創制的卦爻系統能夠範圍天地之化，總攝人生一切吉凶之理。人們若要運用此一高度概括的卦爻系統，藉以趨吉避凶、開物成務，則唯有明白《周易》之理則，善用有形有象的卦爻系統，並且在有所行動時，能夠觀察事物的變化而研析玩味其占筮，仔細地體會未來發展之機兆。〔註20〕因此，不論是單言太極爲「無」，或是只言太極「不落於有無」，皆如同裝飾於冠冕前後懸垂的玉串一樣，外表炫麗卻搖搖欲墜。

方孔炤此一現象世界即太極一體展開的過程之觀點，乃是大易哲學所處處強調的，而《周易》透過「太極、兩儀、四象、八卦」之符號，最能清楚簡易地說明此一過程。對此，高懷民先生解析云：

> 太極是「─」，兩儀是「─」與「──」，兩儀的「─」即是太極「─」，而兩儀的「──」是兩個短橫的「─」，義爲第二個「─」，故兩儀即是太極的化身。下逮八卦，代表八種自然界物象，仍是這兩個符號，仍是一「─」之所化；下逮六十四卦，代表人事、物界種種現象，仍是這兩個符號，仍是一「─」之所化，總而言之，統宇宙萬物，無論形而上、形而下，從實質上言，只是一「─」。〔註21〕

即各具之太極也。」（《明儒學案·河東學案一》，頁7）。

〔註19〕 方以智亦云：「自一至萬謂之大二，而太極者大一也，大兩即大一，而不妨分之以爲用。」（《幾表·諸家冒示集表》，頁80）

〔註20〕 此即《繫辭》所云「動則觀其變而玩其占」之意。對此，蔡淵註云：「觀象玩辭，學《易》也；觀變玩占，用《易》也。學《易》則無所不盡其理，用《易》則唯盡乎一爻之時，居既盡乎天之理，動必合乎天之道，故曰『自天祐之，吉無不利也』。」引自〔清〕李光地纂，《周易折中》（成都：巴蜀書社，1998年4月第1版），頁840。

〔註21〕 高懷民著，《大易哲學論》，頁128。

此即方孔炤所謂「易故自碎其太極以為物物之卦爻，一貫者，即一是多，即多是一也」（《凡例》，頁 59）之真意。而聖人即本諸此分化成萬物之卦爻，而本身卻無所增減之易道，以卦爻象徵的高度概括方式，使得萬世之人得以透過卦爻系統的象徵方式，善用此本無增減之易道，此即其所謂「聖人以卦爻示人，人能以卦爻視物」（《時論・繫傳下》，頁 1630）之意，意謂聖人以創制易卦系統徵合天地，而世人亦能利用聖人所創制的《周易》，進而參贊天地之化育。

　　但方孔炤唯恐人只停留在「大二即大一」的觀點上，因此，他進一步提出其「一在二中」的核心命題。對此，方孔炤曰：

　　天地之節，不得不中於數，而聖人即以數中天地之節，即明攝幽，養人寂感於研極，此卦著所從起也。凡天地之道，皆一在二中之參伍錯綜也，聖人借卦著以明其端耳（《時論・繫傳上》，頁 1486～1487）。

此是說，天地之節度，無不與自然中萬物生化之後所呈顯的各種數相符合，而聖人即以其所創制的卦爻中的數的規則來體現天地之節度，以顯明可見的卦爻系統收攝不可見的幽微至理，使人得以透過對卦爻之幾微，進而對此「寂然不動，感而遂通天下之故」的易理，有深刻的體悟，此乃聖人創制卦爻著策之目的。「一」指所以然之理，「二」即指紛然多變的「現象世界」，意指所以然之理即存在於紛然多變的現象世界中，而舉凡天地之道，無非皆是「一在二中」之呈顯，聖人只不過是透過卦爻著策，明示天地之道的端緒而已。〔註22〕方孔炤在《幾表》序文中所謂「一在萬中，至動頤也，泯有無而約言太極，則冒耳」（《幾表・序》，頁 69），亦無非表達此一意涵。方孔炤此「一在二中」的主張，正可避免以「靜」與「動」兩個相對概念來區分太極與其所生萬物之缺點，故亦可謂是對邵子「太極，一也，不動，生二，二則神也」〔註23〕理論之轉化。

〔註22〕「參伍錯綜」即《繫辭》「參伍以變，錯綜其數」之意，朱子註云：「此尚象之事，變則象之未定者也。參者，三數之也。伍者，五數之也。既參以變，又伍以變，一先一後，更相考覈，以審其多寡之實也。錯者，交而互之，一左一右之謂也。綜者，總而挈之，一低一昂之謂也。此亦皆謂揲著求卦之事，蓋通三揲兩手之策，以成陰陽老少之畫，究七八九六之數，以定卦爻動靜之象也。」見〔宋〕朱熹著，《周易本義》（臺北：世界書局，1991 年 10 月第 11 版），頁 61。

〔註23〕〔宋〕邵雍著，張行成注，《皇極經世書》（河南：海南出版社，1993 年 9 月第 1 版），頁 389。

三、通貫有無與寂歷同時

徵諸易學史，方孔炤認為，不論是周敦頤透過無極以及陰陽的概念闡述太極的作法；或是邵雍以心為太極的解釋；抑或程頤「體用一源，顯微無間」的說明；乃至於朱熹太極不雜乎陰陽，不離乎陰陽的詮釋，對於太極之義，都無法提出一親切暢達的說明。而此種情形，在朱陸無極太極的辯論之後，更產生了種種夾纏不清的情形。

面對此一難題，方孔炤特別定立「無極」、「有極」、「太極」等所謂三極之說，加以區別與說明。對此，方孔炤析論云：

> 不得不形之卦畫，號曰有極，而推其未始有形，號曰無極，因貫一不落有無者，號曰太極。易教潔靜精微，使人深窮反本，逆泝而順理之，不至此，豈信所以然之大無外細無間乎？（《幾表・太極圖説冒示》，頁 73～74）

此是說，所謂的「有極」意謂落入現象世界中，失卻超越性與普遍性的有形有象之卦爻；所謂的「無極」意指從已有的卦爻象，逆推其必有尚未落入卦爻象上，使其如此呈現的具有超越性、普遍性的所以然之理。〔註 24〕而所謂太極則是不落於相對的「有」與「無」，且通貫超越普遍之無極與有形有象之有極的整體過程。純潔安閑，洞察萬物情由之《周易》的教化，正在於闡明易道之通貫有無，使人不但能夠返本探源，向上深入探求事物的根本原委，且能順此向下洞察事物的本然之性而予以條理，如此一來，方能體悟易之道充塞虛空、無處不在的至理。而此三極之區分，自能免除杭辛齋氏所謂無極而太極「文不當而辭不順」之弊病。

不僅如此，方孔炤更進一步藉由「寂歷同時」的主張，說明「寂」與「歷」之間的關係，企圖解決以往有關太極無極的爭辯。對此，方孔炤析論云：

> 自有而推之于無，自無而歸之于有，此不得不然之示也，然必表寂歷同時之故，始免頭上安頭之病，必表即歷是寂之故，始免主僕不分之病，于是決之曰，不落有無之太極，即在無極有極中，而無極即在有極中（《幾表・太極圖説冒示》頁 75）。

〔註24〕「有極」、「無極」這一對詞，恐源於邵子所謂「有無之極」而來，因此，應是方孔炤受到邵子的啓發而設。邵子云：「天數五，地數五，合而為十，故之全也。天以一而變四，地以一而變四，四者有體也，而其一者無體也，是謂有無之極也。」見〔宋〕邵雍著，張行成注，《皇極經世書》，頁 219。詳細的解說請參見本文第七章。

此是說，從有形有象的現象世界尋繹窮究其尙未落入卦爻象上，使其如此呈現的所以然；繼而從無形無象之所以然，歸諸于有形有象的現象世界，這些都只是在表達上不得不然的作法。然而，此一表達方式，則往往帶來許多誤會與困擾。因此，方孔炤強調，在作此表達的同時，必須要對於「無極」，也就是「寂」，指無形無象、幽微難見的所以然，以及「有極」，也就是「歷」，指的則是有形有象、錯綜紛雜的現象世界，兩者沒有時間上的先後關係之道理予以闡門。因此，並非是無極在先，既而生出有極。如此一來，即能免除陸氏兄弟所謂「頭上安頭」之弊病。

雖然就存在的層次而論，整個世界皆爲太極本身一體的展開，在此層次上，太極與現象世界並無分別，然而，就思維層次言，太極即爲「能生」之「寂」，此乃爲萬物生化之根源，而世間萬有則是太極「所生」之「歷」。因此，方孔炤指出，除了「寂歷同時」之外，還須說明幽微難見的所以然與可見可聞的當然，兩者雖非二物，卻有所區別，如此才不致於混淪視之，才能免除「主僕不分」的缺失，此亦其所謂「止菴以｜指之，正謂太極有所以然，明其主統僕用，而不使竊混沌者壞教也」（《時論‧繫傳上》，頁 1502）之意。

是故就太極問題而言，方孔炤否定一「至尊無上」的太極觀點，他並且主張太極並不落入相對待的有無概念中，而是通貫無形無象的無極與有形有象的有極者。而無形無象的無極，也就是使其如此呈現的所以然，即存在於有形有象的現象世界之中。因此，歸根結蒂，方孔炤通貫有無的太極觀所要強調的是，太極即存在於紛然雜呈的現象世界中。此其所謂「其智力不及之寂然，即在以賢化愚之歷然中，舍歷無寂，是謂寂歷同時」（《時論‧繫傳上》，頁 1401）之意。對此，他透過設問的方式，以統與辨的關係予以進一步闡明。

第三節　方孔炤太極說之意義

一、統辨關係論析

對於其貫一不落有無的太極觀點，方孔炤透過提問與解答的方式，予以進一步闡明。首先，針對有人對楊止菴以「｜」指其中，以明主僕關係的說法，提出質疑的意見。方孔炤則是透過「統」與「辨」的關係予以回應。對此，方孔炤云：

> 駁者曰：太極即中，而又中其中乎？曰：從對待而顯其絕待，又合
> 絕待與對待而顯其寂歷焉，無統辨而有統辨，主僕歷然，安得不一
> 指其主中主乎？駁者曰：謂主在中，而中不定中，定中則執矣，曰：
> 中不定中，而不得不因中以指之，猶太極之圓，方舭皆圓也，而不
> 得不以圓指之（《幾表・太極圖說冒示》，頁 73）。

提問者認為，太極既已含有「中」的意思，因此，止菴的說法，不正是畫蛇
添足嗎？方孔炤則指出，絕對無待的所以然，並非超絕孤離的，而是存在並
顯現於相互對待的萬事萬物之中，此即其處處強調「絕對待者在反對中」（《時
論・乾坤對卦》，頁 6）、「絕待即在對待中」（《合編・繫傳上》，頁 1394）之
意。合此絕對待的所以然與相對待的當然，即能明白表示「寂歷同時」的道
理。從根本上說，萬物皆太極之分化，因此，並無主從關係之差別，所謂「無
統辨」者是；然而，從理智思維的層次上說，則能生與所生的主僕關係必須
予以區分，因此，必須予以指明，此則「有統辨」。合此二層次而言之，即其
所謂「無統辨而有統辨」之意涵。

　　而提問者進一步指出，止菴以「｜」指其中的說法，縱然能夠顯示主僕關
係，但亦將使人產生執著的弊病。方孔炤則強調，吾人必須體認到，所有對
於太極的表述，皆為思維層次之事，然究柢而言，太極不可表詮。因此，所
有對於太極的闡述，皆屬指點性的說法，即以其用○圓象來表示太極一樣，
此乃為一指點性的、概括的表述，就如同方形與角形之物，皆為太極所分化，
但卻不得不以圓形予以概括地表示一樣。

　　提問者繼而質疑，方孔炤對於主僕關係之說明，就如同說水不是冰一樣，
有視太極與萬物為二物之嫌。對此，方孔炤反駁曰：

> 不得二之，不得混之，此合一萬之大一也，正謂一在二中，二中之
> 主僕歷然，則一中之主僕歷然，明矣。一樹之根枝歷然，則仁中所
> 以為根枝者歷然；鳥鷇之首足歷然，則卵中所以為首足者歷然。……
> 喻以水冰，謂冰是水可，而謂水非冰，未嘗不可也（《幾表・太極圖
> 說冒示》，頁 76～77）。

方孔炤認為，從根本上說，世界皆為太極之分化，所謂的「一」，指的是幽深
不可見的所以然，而「萬」則指千差萬別、形形色色的當然，而太極則為貫
通有無之「大一」，是故就存在言，太極與萬物，兩者不得二之；但就思維言，
能生與所生，必須有所區分，因此，兩者不得混之。透過「水」與「冰」的

關係，正可說明不可混之而又不可二之的觀點。冰原本是液態的水所凝結而成的，是故兩者在本質上並無差異，因此，我們可以說冰即是水；但從兩者的形態著眼，則水與冰實爲兩種不同的東西。

而從萬事萬物之中的主僕關係中，即說明了在所以然之中，即具備現象世界的種種差別。凡此皆可說明「一在二中」的道理。就如同一棵樹分化出根、枝等等的差別，而在種核中，即已總攝了這些差別相；亦如同待哺的雛鳥有頭、足等等部份的差別，實則在鳥卵的所以然中，亦已蘊涵了這些差別相一樣。而對此統辨關係欠缺理解，實爲世人對太極問題產生錯誤的根源。

二、生子懷子與統辨不明之弊

就太極理論而言，方孔炤主張，統合存在與理智思維說二層次而觀之，即其所謂「無統辨而有統辨」之意。透過此一統辨關係之釐析，他認爲，言「生」，則是說明太極之能生與萬物之所生的主僕關係，強調的是主從先後次第之關係；言「包」，則能顯示太極與萬物渾然同體的意涵。因此，可謂同時兼具生與包的意涵。是故針對生子懷子之辯，方孔炤的看法是：

> 林栗易說嘗辨邵子而朱子闢之，蓋包之生之同時具備，言生則有秩敘之幾，言包則渾然矣。然合秩敘即是渾，非廢秩敘以爲渾也。野同錄曰：太極所以然之理，即在各時各位之理中，所謂舍歷無寂者也。偏上喜言一太極，胞則包之說也，流爲荒一，誤世不小，栗後敢于吠朱者，皆挾此見（《幾表・任間卦主說》頁493）。

然而，方孔炤強調，雖然太極兼具生與包兩層意涵，但是究竟的說，與萬物渾然不可分的太極即存在於萬物生成分化的歷程之中，離卻此一生化歷程，亦別無太極可言。而從易卦爻系統來看，則可謂所以然的太極之理，即存在於卦卦爻爻的時與位之中，除此卦爻時位，亦無獨立孤絕的太極之理。即捨棄錯綜紛雜的現象世界，亦無幽深的所以然可言。他並透過太極分化爲兩儀、四象、八卦的歷程，說明此一意涵，對此，方孔炤云：

> 未生之先，三極具矣；已動之後，依然一太極也。四語指象，而約之三極，歸之一道，何二而非一乎？後曰通晝夜而知，正應此晝夜也，吾無已而圖三極以有無二極，而太極彌之（《時論・繫傳上》，頁1405）。

他認爲，尙未分化時，天地人三極皆已具備於太極之中；展開之後，萬物依

然只是一太極所分化。「四語指象」，指人處事得失的吉凶之象、人遭遇悔吝之行而心中憂慮之象、卦爻變化，乃至事物權衡進退之象徵，以及剛爻柔爻，象徵白天黑夜相互迭邅之象。後面所謂「通乎晝夜之道而知」的晝夜，正是指此能夠會通乾坤剛柔的道理而無所不知。而此四象，可括約之爲天、地、人三極，總括之爲易道，此乃因萬物皆由一太極所分化之故。而在不得已的情況下，乃將此總攝天、地、人三極的易道，以有無二極的方式予以表示，而太極則是不落於相對之有無而又通貫有無二極者。不明乎此，則將淪爲一偏之見。針對此類弊病，方孔炤在解釋《繫辭》「《易》之爲書也，原始要終，以爲質也，六爻相雜，唯其時用也」時即曰：

> 吾故分一切語，皆有質論通論，費論隱論，時乘之變適其度，即此時此物而宜之矣。合觀六爻于相雜時，其宜乃辨，辨六爻而象爲統，辨六十四而八卦爲統，辨乾坤統六子而太極爲統，執一太極，爲執統惡別之疵矣，執一切皆太極，亦荒冒而義不精也。……即質知通，故示以居要，而要以善用（《時論·繫傳下》，頁 1607～1608）。

此是說，綜觀六爻相互錯雜時，則事事物物適宜之理才得以分辨。就一卦而論，卦辭統攝六爻變化之差別，就六十四卦來說，則六十四卦之差別統攝於八純卦，八純卦中又由乾坤兩卦統攝六子卦之差別。總括而言，乾坤兩卦，乃至於八卦、六十四卦、萬物之變化，皆不過一陰一陽之變化，可總攝於太極。

因此，既要知曉世界乃太極一體分化的道理，又要瞭解卦爻與太極之間的統攝關係。不明乎此，而執著一高玄的太極理論，則只偏於統攝卦爻的太極之理，乃爲一僵化而不通達的太極觀；相反的，只偏重一切皆太極所分化，而不明統攝眾事物的太極之理與現實事物的主僕關係，則萬物無所歸屬，將陷於荒僻空疏的太極觀。此一偏之弊，方孔炤屢屢言及，所謂「彼踞高者執一死太極耳，苟媮者護一荒太極耳」（《時論·繫傳上》，頁 1503），即指此而言。

方孔炤並認爲，以往皆以初、三、五爲陽位，二、四、上爲陰位，而以陽爻陰爻處於這些位置的說法來論斷卦體之大義的看法，是片面而不周全的。實則所謂「質」，即「原始要終以爲質也」之「質」，意指象徵事物之卦體，〔註25〕而此所謂「通」，即「以通神明之德」、「通乎晝夜之道而知」之「通」，

〔註25〕 高亨註曰：「此言《易經》乃觀察事物之始，探求事物之終，表明事物由始至

亦即通達現象之所以然。〔註26〕然而，所以然即存在於現象之當然中，因此，在探討象徵萬物之卦體的同時，即是研極卦爻中的所以然。因此，一切說法，實皆包含了質與通、費與隱。所謂會通變化，符合節度，意指使此一現象世界的事事物物，都能夠順時合宜罷了。由乎此，則可透過具體可見的卦爻，通達幽微不可見的所以然之理。因此，《繫辭》明示「變動不居」、「不可爲典要，唯變所適」的道理，最後歸諸於善用。而所謂善用，即指使現實事物都能恰如其分之時用。

三、肯定現實價值的太極觀

　　從以上的探討可以清楚地看出，方孔炤的太極觀，充滿了對於現實世界價值之肯定，即從易卦系統來看，解釋「易有太極，是生兩儀，兩儀生四象，四象生八卦」時，即盛發太極寓於卦爻之意。對此，方孔炤曰：

　　　總以兩儀而下，一有俱有，謂之有極，即隱出一畫前之無極，雙推
　　　不落有無，則強名曰太極。其實有極即無極，直下舍開闔之卦爻，
　　　豈復有不落有無之太極耶？（《時論・繫傳上》，頁1501）。

此是說，自兩儀以下，即落入了有形有象的卦爻，因此，皆屬有極，而在有極之中，即隱涵了無形無象的無極，而太極則是不落於有無相對待的概念中，而勉強予以稱名。實則有極即含無極，因爲捨棄有形有象、開合變化的卦爻，又豈有通貫有無、不落有無的太極可得？針對此一主張，方孔炤在解釋「夫《易》開物成務，冒天下之道，如斯而已者也」時云：

　　　極深研幾，貴知其冒，而後知一在二中。方生於圓，方即是圓，乃
　　　可明也。渾不礙倫，倫不礙渾，全有即全無，乃大冒也。標一太極，
　　　實不可以有無言，而直下之用，止有卦爻之大業，惟在善示善告善

　　終之整個情況（不一定是過程），以成一卦之體，即用一卦之體象一事物之整
　　體也。」參見其所著，《周易大傳今注》，頁440。

〔註26〕吳怡先生認爲，「通乎晝夜之道而知」一句，可分別自卦象上以及易理上予以
　　說明。就卦理言，則晝夜是指乾坤剛柔，這是將天地變化涵攝於卦象中來說，
　　認爲人只要能夠把握卦爻之象的變化之理，即可證知天地之變化；而自易理
　　上言，乃是對應本章第一節的幽明、生死，與鬼神，此句即總結前言，以強
　　調易理知性之廣大。總括而言，則「晝夜」指的是現象，而所謂的「通」，則
　　是通達之意，是故此句乃在於強調，必須通達晝夜變化背後的所以然，才是
　　真知易道者。詳細的說明，請參見其所著，《易經繫辭傳解義》（臺北：三民
　　圖書股份有限公司，1991年4月第1版），頁54。

斷而已，即從著卦言，而天下費隱之道冒焉（《時論‧繫傳上》，頁
1496～1497）。

此是說，窮究幽深至理而探研細微的幾兆，貴在能夠瞭解包覆天下事物的道理。
〔註27〕而在深刻的探求之後，方能體悟「一在二中」此一涵蓋天地萬物的至理。
對此有所體悟，則能瞭解卦體方正而明智的性質，本諸於著數圓通而神妙的性
質而來，而卦體既立，則圓通神妙也就涵蘊於卦爻之中的道理。〔註28〕故從統
辨關係來看，則萬物渾然一體與事物的條理秩序，兩者俱不相礙，萬事萬物的
當然即含有幽微不可見的所以然，而此即是最能廣泛包覆天地萬物的道理。太
極乃是不落有無而通貫有無者，直接的功用，即是有形有象的卦爻。實則此亦
不過是透過太陽、太陰、少陽、少陰等四象明示天地變動之幾兆，以卦爻之下
所繫的文辭，告知人們變化的情狀，並透過卦爻闡明吉凶的道理，使人們知所
擇取罷了。是故從著占卦爻來說，即已涵蓋了天下間用處廣泛卻隱微難見的道
理在內了。

　　從基源問題的分析中，可見清楚地看出，釋氏否定現實世界、視此岸為
迷妄的價值方向，深為方孔炤所疾，而其關於太極通貫有無的區分，以及「一
在二中」、「寂歷同時」等主張所要強調的，無非是沒有超絕於現實世界而存
在的太極之理，　因此，現實世界即是價值的全部，離開此現實人生，亦無價
值可言。透過《繫辭》「形而上者謂之道，形而下者謂之器」中「道」與「器」
這對概念來看，則方孔炤易學所要強調的是「器即道也，蘊此中而已矣」（《時
論‧繫辭提綱》，頁 1389）之主張。而方孔炤建構其易學理論之目的，可自其
人與日之比喻獲得明證。對此，方孔炤云：

> 人值此生為不落有無之有，猶時值日中為不落日夜之日，聖教惟在
> 善用其當有者，有物有則，即無聲臭，何容作有無之見乎？故深表
> 兩間之所以然曰太極，而太極之所以然，原自歷然（《幾表‧太極圖
> 說冒示》，頁 75）。

此是說，人生的價值，即在此生之中，並無超越於此生以外的任何價值可言，

〔註27〕 「冒天下之道」的「冒」字，朱子註曰：「冒，是罩得天下許多道理在裡。」
　　　　 引自〔清〕李光地纂，《周易折中》，頁 889。
〔註28〕 韓伯康注曰：「圓者運而不窮，方者止而有分。言著以圓象神，卦以方象知也。
　　　　 唯變所適，無數不周，故曰圓。卦列爻分，各有其體，故曰方也。」見〔唐〕
　　　　 孔穎達著，李學勤主編，《十三經注疏‧周義正義》（北京：北京大學出版社，
　　　　 1999 年 12 月第 1 版），頁 286。

就如同人的一生並非落入生為有、死為無這樣相對概念中的有，就如同日中之日，並非是落入於日夜對立之日一樣。聖人的教誨，只在使人善用現實世界的一切。而「有物有則」與「即無聲臭」兩句，分別出自《詩經・大雅》的〈文王〉與〈蒸民〉兩篇，所謂「上天之載，無聲無臭」，意指上天運行，雖聽之不聞，臭之無味，卻能成就四時之變化，化育天下萬物。而「天生蒸民，有物有則」，則指上天生眾民眾物，而於眾多事物之中，亦有其法則也。〔註29〕

　　合而言之，則意謂上天無聲無臭的所以然，即在現實世界的有物有則之中，因此，捨棄當然之現象世界，亦無超越普遍的所以然可得。因此，現實世界即是價值之所在。對此，方孔炤云：

> 微之顯者，常無常有，費而隱者，即有即無，惟恐人以有為有，無為無，又恐人以有無玄蔓，故正告微顯費隱也。諸子各高其幢，情偽日出，因有酷塞以愚民者，因有離畸以訑民者，匿則大惑，學士巧遁，安得不明此不落有無之確徵，使人安天地之當然哉？（《幾表・太極圖說冒示》，頁74）

「微之顯」一語，出自《中庸》，〔註30〕意指幽微與顯著兩面。〔註31〕此謂太極兼有幽微與顯著兩面，恆常兼具幽微的無極以及顯著的有極；用處廣大卻隱微難見，實則有極即無極，而惟恐人以有為有、以無為無，以致產生有無相互割離之見，或是有無攪擾不清之見，因此，必須說明微顯、費隱，乃至於有無等等，皆不過是太極不同面向的呈顯，而太極則為通貫微顯費隱有無者。

　　以此衡之，則方孔炤強調，諸家旗幟鮮明，立場各異，實皆一偏之見，

〔註29〕孔穎達注曰：「蒸，眾物事，則，法。」見〔清〕阮元校刻，《十三經注疏》，共二冊，（江蘇：廣陵古籍刻印社，1995年10月第1版），上冊，頁568。

〔註30〕《中庸》此句為「知遠之近，知風之自，知微之顯，可與入德矣。」朱子註曰「微之顯，有諸內者，形諸外也」見〔宋〕朱熹著，《四書集註》（臺北：世界書局，1997年3月初版），頁53。

〔註31〕俞樾《古書疑義舉例》云：「『微之顯』句，亦與第一句不倫。既云『遠之近』，則當云『顯之微』矣。今按此三『之』，皆連及之詞。『知遠之近』者，知遠與近也。『知微之顯』者，知微與顯也。『知遠之近，知風之自，知微之顯，可與入德矣。』猶《易繫辭傳》云：『君子知微知彰，知柔知剛，萬夫之望也』。」轉引自宋天正註譯，《中庸今註今譯》（臺北：臺灣商務印書館股份有限公司，1982年11月第6版），頁70。俞氏此一解釋不但較朱子之註近理，亦較符合方孔炤之意。

而在各持己見與相互攻訐之下，致使眞情與虛僞日益雜纏，因而使人或是用極力防堵人向上探源的方式，以愚民政策愚惑百姓；或是依附於孤絕奇異的玄理以詆詐人民。因此，方孔炤認爲，必須確實透過證驗太極乃爲不落有無而又通貫有無的道理，使人能夠明瞭超越現實的所以然並不存在，所以然即存在於現實的當然之中，而不爲各種不實的說法所詆，此實爲其太極觀之眞實意義所在。亦可謂其易學形上學理論的眞正核心，更是瞭解其時用易學之鎖鑰所在。

　　針對此主張，方孔炤繼而透過河洛之學以及先後天易學的對比觀點，將此理論進一步予以深化。是故以下即就其河洛之理論，予以深究。

第六章　論河洛（上）

　　古來的典籍中，即已存在河洛之名，然而對於河洛究竟何指，終無定論。自宋代以來，《河圖》與《洛書》始以黑白點圖方式呈現，而經由朱子對於圖書之學的闡釋與推廣，使得黑白點圖式的河洛之學，成爲宋代以降，眾易學家探討易學的焦點之一。方孔炤於此問題，亦不能例外。本章即自河洛源流切入，進而說明河洛之學的的意涵，以及河洛所引發之問題。

第一節　河洛源流之釐析

一、河洛源流考

　　就目前的文獻來看，《尚書・顧命篇》所謂「越玉五重。陳寶、赤刀、大訓、弘璧、琬、琰，在西序；大玉、夷玉、天球、河圖，在東序」〔註1〕的說法，是現存最早出現「河圖」一詞的文獻記載。除此之外，在先秦的典籍當中，尚有幾處提及河圖之名。如《論語・子罕篇》曰「子曰：『鳳鳥不至，河不出圖，吾已矣夫』」〔註2〕的說法，亦是重要的證據；而洛書一詞，乃至河、洛並言，則出現於《繫辭傳》所云「河出圖，洛出書，聖人則之」一語，這些都是圖書之學得以興起的重要依憑。

　　然而，河圖與洛書究竟爲何的問題，古來即充斥著各種說法，或謂地圖、

〔註1〕　〔清〕阮元校刻，《十三經注疏》，共二冊，（江蘇：廣陵古籍刻印社，1995年10月第1版），上冊，頁239。

〔註2〕　〔宋〕朱熹著，《四書集註》（臺北：世界書局，1997年3月初版），頁117。朱子註曰：「鳳，靈鳥，舜時來儀，文王時鳴於岐山，河圖，河中龍馬負圖，伏羲時出，皆聖王之瑞也。」

或謂寶玉，或謂顯示聖王在世，天下太平的祥瑞，乃至符命一類的東西，然而，這些說法都無法得到確定，但是，《河圖》與《洛書》決非如宋人所言之黑白點圖式，現今則已成爲眾所公認的看法。

而根據朱震的說法，《河圖》與《洛書》乃是由陳摶傳神放，繼而由神放傳給李溉，李溉傳予范諤昌，最後才由范諤昌傳給劉牧。〔註3〕然而就在整個《河圖》與《洛書》發展的歷史中，在劉牧之前，完全看不到以黑白點表現《河圖》《洛書》的形式，因此，劉牧顯然是一個將其予以黑白圖式化的關鍵性人物，〔註4〕他提出了《圖》九《書》十之說。然而劉牧之說，爲朱子、蔡元定一派所反對，朱、蔡認爲，自孔安國至劉歆、劉向父子，乃至班固，皆認爲上天以《河圖》授伏羲氏，以《洛書》賜大禹，而關朗，邵雍亦皆以十爲《河圖》，九爲《洛書》。此外，劉氏之言，亦與《繫辭》、《洪範》等典籍的說法不相符合。是故，只是劉氏一人之臆見。在眾人的反對之下，劉氏之說終爲朱、蔡之理論所取代，而《圖》十《書》九的說法，即成爲眾人普遍接受的看法（見圖一）。〔註5〕

圖一：《本義》收載之《河圖》與《洛書》

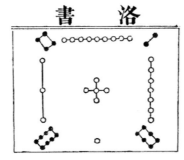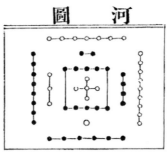

〔註3〕 朱震曰：「國家龍興，異人間出，濮上陳摶以先天圖傳神放，放傳穆修，修傳李之才，之才傳邵雍。放以河圖洛書傳李溉，溉傳許堅，許堅傳范諤昌，諤昌傳劉牧。修以太極圖傳周敦頤，周敦頤傳程頤程顥。」見〔宋〕朱震著，《漢上易傳》，共二冊，（臺北：廣文書局，1974年9月初版），上冊，頁8。

〔註4〕 依朱震的的說法，劉牧的說法其來有自，但在這傳承的系譜中，只有劉牧的說法。由此可見，劉牧實爲以黑白點陣圖式將河洛理論明確化的關鍵人物。且劉牧自己亦明言：「夫易道淵邈，雖往哲難窺于至賾。牧也叢生產述，誠媿其獵簡。然則象有定位，變有定數，不能妄爲之穿鑿耳。博雅君子，試爲詳焉。」見〔宋〕劉牧著，《易數鈎隱圖》（臺北：廣文書局，1998年7月再版），頁1。根據此言，李申先生斷言「這就是劉牧明確宣布，《易數鈎隱圖》，就是他自己的創作」。參見其所著，《易圖考》（北京：北京大學出版社，2001年2月第1版），頁163。

〔註5〕 摘錄於〔宋〕朱熹著，《周易本義》（臺北：世界書局，1991年10月第11版），頁6。

　　此即《周易時論合編所謂》「漢前圖書本具，而中間隱晦，至宋乃顯」（《幾表·河圖洛書舊解集》，頁 84）之意。然即在《河圖》、《洛書》興起的宋代，對於圖書之學的質疑與批判亦同時產生。

二、對河洛之質疑

　　早在朱子與蔡元定蔡之前，北宋的歐陽修即首先對《易傳》的權威性提出挑戰。他不但認為《易傳》既非一人所作，亦非聖人之書，不僅如此，他更在《易童子問》中，藉由與童子之間的問答，對於古來將《易傳》視為聖哲之作的說法提出批判，歐陽修云：

> 童子問曰：《繫辭》非聖人之作乎？曰：何獨《繫辭》焉，《文言》
> 《說卦》而下，皆非聖人之作，而眾說淆辭，亦非一人之言也，昔
> 之學《易》者，雜取以資其講說，而說非一家，是以或同或異，或
> 是或非，其擇而不精，至使害經而惑世也。〔註6〕

對於《易傳》各自為說，乃至於重複雜出的情形，歐陽修透過許多實例予以說明，即以《乾》卦初九為例，他認為，《乾》卦初九之爻辭曰「潛龍勿用」，而《小象》辭則云「陽在下也」，此兩者對於陽氣初生，位置低卑且能力微薄的處境，已能充份說明，然而在《文言傳》中卻又說「龍德而隱者也」、「潛龍勿用，下也」、「陽氣潛藏」、「潛之為言也，隱而未見」等等，這些一再重複的敘述，適正以說明此並非由一人所作，是故「謂其說出于一人，則是繁衍叢脞之言也，其遂以為聖人之作，則又大謬也」。〔註7〕但其對於《易傳》的價值，亦不完全予以否定，他認為，雖然《易傳》並非聖人之作，但是較諸解釋《尚書》《禮記》等經典的著作為佳，且成書於周代末年，離聖哲之時不遠，因此，還是具有優越性，未必對於學者無益，只要認清其並非聖人之作的事實即可。

　　而歐陽修在否定了《易傳》的權威性之後，也對於依據《繫辭》而立說的圖書之學提出了強烈的駁斥，他認為這些說法皆立基於以《繫辭》「河出圖，洛出書，聖人則之」一語為聖人之言，以致不敢非難，只好強為之說。實則只是曲學之士的附會之說。對此，歐陽修析論云曰：

〔註6〕　〔清〕黃宗羲撰，全祖望補訂《增補宋元學案》，共六冊，（臺北：臺灣中華
　　　　書局，1984 年 10 月臺 3 版），第一冊，卷四，《廬陵學案》，頁 8～9。
〔註7〕　〔清〕黃宗羲撰，全祖望補訂《增補宋元學案》，第一冊，卷四，《廬陵學案》，
　　　　頁 10。

此曲學之士，牽合傅會，以苟通其說，而遂其一家之學爾。其失由于妄以《繫辭》爲聖人之言而不敢非，故不得不曲爲之說也。《河圖》之出也，八卦之文已具乎，則伏羲受之而已，復何所爲也？八卦之文不具，必須人力爲之，則不足爲《河圖》也。〔註8〕

歐陽修認爲，若以《繫辭》的說法爲依據，倘使《河圖》已具有八卦的形式，則伏羲只是接受上天的賜予，毫無人智發揮的空間；而若《河圖》不具備八卦形式，必須倚靠伏羲殫精竭慮的創制，則《河圖》不如《繫辭》所云的神妙可知。透過「以子之矛，攻子之盾」的方式，歐陽修指出，圖書之學並不如一般人所說的那樣神秘玄妙，充其量，亦不過是「一家之學」罷了。而眾人之見，皆起因於「大抵學《易》者，莫不欲尊其書，故務爲奇說以神之，至其自相乖戾，則曲爲牽合而不能通也」，〔註9〕歐陽修此一分析，可謂精闢。

而約與朱子同時的薛季宣則認爲，所謂的《河圖》與《洛書》，只不過是如《山海經》之類的典籍，乃是古代官吏進獻朝廷，記載當地的物產以及特有的鳥獸蟲魚草木之屬的地理方志之書。而龍負圖、龜負書之言，根本是無法驗證的說法，而自漢代以來，眾易學家紛紛徵引以詮釋經典的結果，則是使得聖人所揭櫫的至理隱沒難見，而巫史等神怪不經之說風行於世。而後世昏庸的君王以及欺上瞞下、惑亂人心的奸臣，即根據圖書以假造天命降世的證驗。實則懷抱憂患之思的聖人，又豈肯以這些荒誕的邪說惑亂世人。對此，薛季宣曰：

就龍龜之說，成無驗之文，自漢儒啓之，後世宗之，徵引釋經，如出一口，而聖人之道隱，巫史之說行。後世暗君庸夫，亂臣賊子，據之假符命，惑匪彝，爲天下患害者，比比而是。聖人憂深慮遠，肯爲此妖偽殘賊哉！蓋亦有其說也，傳註求其事而弗得，于是託渙漫以駕其游誣，雖知惑世害人，不暇恤也。〔註10〕

他認爲，圖書之學興起的原因，在於典籍上確有其說，而諸家在註解之時，又無法獲得一確解，爲了解釋經典，只好倚託於渙散無據之言，以逞其虛漫欺罔之說，縱使知道如此一來將會造成貽誤世人的弊端，然而在經典詮釋的

〔註8〕〔清〕黃宗羲撰，全祖望補訂《增補宋元學案》，第一冊，卷四，《廬陵學案》，頁10～11。

〔註9〕〔清〕黃宗羲撰，全祖望補訂《增補宋元學案》，第一冊，卷四，《廬陵學案》，頁12。

〔註10〕〔清〕黃宗羲撰，全祖望補訂《增補宋元學案》，第四冊，卷五十二，《艮齋學案》，頁4。

需要下，對此也就無暇顧及了。然而，歐陽修、薛季宣等人的批判，終因不敵朱子的說法，以致無法成爲學術上的主流意見。

三、圖書學術地位之奠定

　　雖然歐陽修、薛季宣等人，對於《河圖》與《洛書》展開強烈的懷疑與批判，進而否定其爲聖人之作。然而，這樣的觀點，並不爲朱子所採納。針對此中的原因，朱子在《答袁機仲》一書中析論曰：

> 夫以《河圖》、《洛書》爲不足信，自歐陽公以來已有此說，然終無奈《顧命》、《繫辭》、《論語》皆有是言，而諸儒所傳二圖之數，雖有交互而無乖戾，順數逆推，縱橫曲直皆有明法，不可得而破除也。……《繫辭》雖不言伏羲受《河圖》以作《易》，然所謂「仰觀俯察」、「近取遠取」，安知《河圖》非其中一事邪？〔註11〕

上述引文說明，朱子之所以篤信圖書之學，其理由除了古代典籍的記載，此一歷史因素之外，尚有其理論上的原因，他認爲《河圖》與《洛書》實與天地生成之數理相符合，故不可破除也。〔註12〕因此，他認爲《繫辭》雖未明言伏羲得天之賜《河圖》，因之而創制易卦，然而《河圖》或許即是伏羲仰觀天象變化，俯察大地和鳥獸的形貌與紋理，近則取象於一身，遠則取象於萬物的過程中所取象的事物。

　　因此，朱子將圖書之學視爲《易》學數理之本源，並將其置於《易學啓蒙》之首。而此實亦與其「《易》本卜筮之書」的基本主張，有著密切的關聯。對此，他在《答劉君房》一書中云：

> 所喻讀《易》甚善，此書本爲卜筮而作，其言皆依象數以斷吉凶。今其法已不傳，諸儒之言象數者，例皆穿鑿；言義理者又太汗漫，

〔註11〕郭齊、尹波點校，《朱熹集》，共十冊，（成都：四川教育出版社，1996 年 10月第 1 版），第三冊，卷三十八，頁 1676～1677。

〔註12〕筆者認爲，兩者相較之下，理論層次的原因，可能更爲根本。根據朱子在另一封《答袁機仲書》中云：「熹竊爲生於今世而讀古人之書，所以能別其眞僞者，一則以其義理之所當否而知之，二則以其左驗之異同而質之，未有舍此兩塗而能直以臆度懸斷之者也。熹於世傳《河圖》《洛書》之舊所以不敢不信者，正以其義理不悖而證驗不差爾。來教必以爲僞，則未見有以指其義理之謬、證驗之差也。而直欲以臆度而懸斷之，此熹之所以未敢曲從而不得不辨也。」見郭齊、尹波點校，《朱熹集》，第三冊，卷三十八，頁 1682。

故其書為難讀。此《本義》《啓蒙》所以作也。……《啓蒙》本欲學者且就《大傳》所言畫卦著數推尋，不須過為浮說，而自今觀之，如論《河圖》《洛書》亦未免有剩語。要之此書眞是難讀，不若《詩》、《書》、《論》、《孟》之明白而易曉也。〔註13〕

此是說，象數學派對於《周易》的解釋過於穿鑿附會，相反地，義理學派又完全脫離象數以詮釋《周易》。〔註14〕朱子認為，兩者皆屬一偏之見，實則《周易》一書乃是聖哲為了教人占筮而作，而卦爻辭皆不外是要說明如何依據象數所呈顯的象徵意義，以判定吉凶罷了。故其作《周易本義》與《易學啓蒙》，無非是要對於「易本卜筮之書」的觀點，予以抉發。

朱子在《易學啓蒙·序言》中即明言「因與同志，頗輯舊文，為書四篇，以示初學，使毋疑于其說」，〔註15〕強調學《易》者只要能夠通曉《啓蒙》《本圖書》、《原卦畫》、《明著策》、《考變占》四篇的內容，即能對於《易》的象數有一大體的瞭解，而「此外紛紛皆不須理會矣」。〔註16〕由此可見，朱子此書亦有要為聖人所言象數的內容，畫一條界限，使後世不致太過支離、漫無邊際之目的存在。職是之故，學者謂「其編《啓蒙》，在于介紹有關筮法的基本知識，幫助學者了解周易一書的本來面貌，並非提倡象數之學」。〔註17〕話雖如此，然由於其崇高的地位，致使《河圖》與《洛書》獲得強有力的支持，從而確立其學術地位，〔註18〕故實可謂「雖無提倡推擴之心，卻有提倡推擴之效」，是故其論說圖書之學的《易學啓蒙》，即成為後世易學家們發揮河洛意蘊的根據。是故筆者以下即依據此書，對其中的主要觀點及其所引發的問題，作一探究。

〔註13〕 郭齊、尹波點校，《朱熹集》，第六冊，卷六十，頁3102。

〔註14〕 即如其最為尊崇的伊川，朱子亦不免批評曰：「《易傳》言理甚備，象數卻欠在」、「《易傳》義理精，字數足，無一毫欠闕。他人著工夫補綴，亦安得如此自然！只是於本義不合。《易》本是卜筮之書，卦辭爻辭無所不包，看人如何用，程先生只說得一理。」見〔宋〕黎德靖編，《朱子語類》，共八冊，（北京：中華書局，1994年3月第1版），卷六十七，《易三·綱領下》，頁1651、1652。

〔註15〕 〔清〕李光地纂，《周易折中》，頁1055。

〔註16〕 郭齊、尹波點校，《朱熹集》，第五冊，卷五十六，頁2841。

〔註17〕 朱伯崑著，《易學哲學史》，共四冊，（臺北：藍燈出版社，19年月第1版），第二冊，頁436。

〔註18〕 此誠如高懷民先生所云「自朱蔡之後，《河圖》問題已成為易學界討論的主題，或贊成，或反對，鮮有不論及此一問題者。」參見其所著，《宋元明易學史》（臺北：自印本，1994年12月第1版），頁233。

第二節　河洛意涵及其問題

一、河洛同源

　　雖然《河圖》與《洛書》是兩個不同的圖式，但圖雖異而實同，卻是歷代象數易學家所普遍承認的看法。推其原，實與朱子的《易學啓蒙》有密切的關聯。在此書中，首先徵引孔安國的觀點來解釋《繫辭》「河出圖，洛出書，聖人則之」一語，其意謂《河圖》乃是伏羲王天下之時，龍馬負圖出河，伏羲即則之以畫八卦；而《洛書》則是大禹治水之時，由神龜背上所顯示的圖案，而大禹即則之以成九疇。接著《易學啓蒙》即徵引劉歆之說，盛發兩圖式雖異，卻有互爲表裡、相爲經緯的關係。對此，劉歆曰：

> 伏羲氏繼天而王，受《河圖》而畫之，八卦是也。禹治洪水，錫《洛書》法而陳之，九疇是也。《河圖》《洛書》相爲經緯，八卦九章相爲表裡。[註19]

劉歆「《河圖》《洛書》相爲經緯，八卦九章相爲表裡」的看法，經由朱子的徵引，成爲眾易學家普遍接受的觀點。對於河洛兩圖「相爲經緯，相爲表裡」的意涵，朱子門人陳潛室認爲，所謂的「經緯」，並非如一般所理解的上下與左右的關係，而是以其表示兩者乃互爲正與變的關係，若以《河圖》爲主，則《洛書》爲變；反之，若以《洛書》爲主，則《河圖》爲變。實則天地之間，不過是一陰一陽的交互作用，所衍生的種種關係，而太極即在這些流行的作用之中，因此，兩圖式雖然或縱或橫排列不同，實亦只是對此天地之間，萬物生成的種種情形予以呈顯罷了，此即所謂相爲經緯、相爲表裡之意涵所在。是故，陳潛室云：

> 蓋《河圖》不但可以畫卦，亦可以明疇，《洛書》不特可以明疇，亦可以畫卦，但當時聖人各因一事，以垂後世，伏羲但據《河圖》而畫卦，大禹但據《洛書》而明疇，要之伏羲之畫卦，其表爲八卦，而其裡固可以爲疇，大禹之敘疇，其表爲九疇，而其裡固可以爲卦，此所以謂之相爲表裡也。[註20]

[註19] 〔清〕李光地纂，《周易折中》（成都：巴蜀書社，1998年4月第1版），頁1057。

[註20] 〔宋〕胡方平著，《易學啓蒙通釋》（臺北：武陵出版社，1990年3月第1版），頁33～34。

此是說，雖然《河圖》與《洛書》是兩個不同的圖式，要之皆是對於天地生成萬物情形之說明，而伏羲則《河圖》以畫卦，大禹據《洛書》以明疇，只不過是因時因事而立，以垂範後世罷了。並非是《河圖》只能畫卦，《洛書》只能明疇，究竟地說，則不但據《河圖》可畫卦，亦可明疇；而依《洛書》不但可明疇，亦能畫卦，此乃相爲表裡的眞正意涵。然而，此一說法的眞正根據何在？

在《啓蒙》中，朱、蔡則進一步透過「理」的角度來說明此一根據：

> 其實天地之理，一而已矣，雖時有古今先後之不同，而其理則不容于有二也。故伏羲但據《河圖》以作《易》，則不必豫見《洛書》，而已逆與之合矣。大禹但據《洛書》以作《範》，則亦不必追考《河圖》，而已暗與之符矣。其所以然者何哉？誠以此理之外，無復它理故也。〔註21〕

此是說，就時間的角度來看，雖然有先後古今的不同，但使天地萬物如此呈現的所以然之理，則無有不同，而天地之間，除了此理之外，亦不復有其它所以然之理，而《河圖》與《洛書》，無非皆是對此天地生成之所以然，作不同角度的的表述。因此，伏羲雖依《河圖》以創制易卦，大禹雖法《洛書》以創作《洪範》，兩者皆能暗中符合，其理在此。此「理一同源」的觀點，說明了圖與書兩者雖異而同，亦成爲承認河洛之學的眾人所普遍接受的觀念。〔註22〕

然而，《河圖》與《洛書》雖然皆是對於天地生成之理的表達，但畢竟是兩個不同的圖式，因此，兩個圖式所傳達的不同意涵，即成爲歷來易學家們討論的焦點之一。在說明了圖異而理同之後，以下即就兩者的差異予以探究。

二、河洛之異

從圖式來看，很明顯地，在《河圖》與《洛書》兩個圖式中，不論是數目多寡，或是方位的排列，皆不相同。根據《易學啓蒙》的說法，針對兩者的差異，朱子分析曰：

> 或曰：《河圖》《洛書》之位與數其所以不同何也？曰：《河圖》以五生數統五成數而同處其方，蓋揭其全以示人而道其常，數之體也。《洛

〔註21〕〔清〕李光地纂，《周易折中》，頁1058。

〔註22〕此一觀點不但爲朱、蔡所共許，在《易學啓蒙》中亦不止一次提及。朱子曰：「是其時雖有先後，數雖有多寡，爲其爲理則一而已。但《易》乃伏羲之所先得乎《圖》，而初無所待于《書》，《範》則大禹之所獨得乎《書》，而未必追考于《圖》耳。」〔清〕李光地纂，《周易折中》，頁1064。

書》以五奇數統四偶數而各居其所，蓋主于陽以統陰而肇其變，數
之用也。〔註23〕

此是說，以《河圖》來說，所謂「五生數」，指一、二、三、四、五；「五成
數」則指六、七、八、九、十。生數一與成數六同居北方；生數二與成數七
同位於南方；生數三與成數八同位東方；四與九則同居於西方，故謂「同處
其方」。以《洛書》言，則以奇隅分陰陽，以五奇數之陽，統四隅數之陰，而
分別位處於不同方位，故謂「各居其所」。而所謂的「統」，在《河圖》則指
以居內之生數爲主，居外之成數爲客，在《洛書》則指以居四正之奇數爲君，
統攝居四隅之偶數，正所謂「中者爲主，外者爲客，正者爲君，而側者爲臣，
亦各有條而不紊也」〔註24〕之意。

　　依此，則《河圖》與《洛書》最爲根本的差別，乃在一爲數之體，一爲
數之用；一表常，一表變。而體用與常變的差異，引申出對待與流行的不同，
此所謂「《河圖》數十，十者對待以立其體，故爲常；《洛書》數九，九者流
行以致其用，故爲變也」。〔註25〕

　　在《啓蒙》的基礎上，蔡元定之子蔡沈〔註26〕更提出了以象與數、《周易》
與《洪範》的不同，說明《河圖》與《洛書》的差異。對此，蔡氏於《洪範
皇極》中分析云：

> 《河圖》體圓而用方，聖人以之而畫卦。《洛書》體方而用圓，聖人
> 以之而敘疇。卦者陰陽之象也，疇者五行之數也。象非偶不立，數
> 非奇不行。奇偶之分，象數之始也。陰陽五行，固非二體；八卦九
> 疇，亦非二致。理一用殊，非深于造化者，孰能識之？〔註27〕

此是說，聖人分別依據《河圖》創制八卦，依《洛書》闡發九疇之理。此種以
圓與方、《周易》與《洪範》區分河洛的觀點，原自於邵子所謂「蓋圓者《河圖》
之數，方者《洛書》之文，故羲文因之而造《易》，禹箕敘之而作《範》也」。

〔註23〕〔清〕李光地纂，《周易折中》，頁1059。
〔註24〕〔清〕李光地纂，《周易折中》，頁1061。
〔註25〕〔宋〕胡方平著，《易學啓蒙通釋》，頁43。
〔註26〕蔡沈（1167～1230），字仲默，南宋人，蔡元定之子，師事朱子，隱居於九
　　　　峰，故學者稱九峰先生。潛心研習數十年，撰成《書經集傳》與《洪範皇極》，
　　　　進一步闡發父師數理之學。詳細說明請參見參見呂紹綱主編，《易學辭典》
　　　　（臺北：漢藝色研文化事業有限公司，2001年9月初版），〈乾坤父母說〉，
　　　　頁549。
〔註27〕引自〔宋〕胡方平著，《易學啓蒙通釋》，頁44。

〔註28〕九峰認為，八卦在於闡明天地之間陰陽變合之象，而九疇則在發揮五行生剋運行之數，陰陽之象為偶，五行之數為奇，故謂「象非偶不立，數非奇不行」。故象與數的差異，則是偶與奇之差別，也就是《周易》與《洪範》的不同，換言之，亦即《河圖》與《洛書》根本的差異。然而陰陽與五行、八卦與九疇，無非皆在闡明天地生成變化之道理，因此，兩者並無根本的差異，只是表述方式有所不同罷了，此亦究竟地說，兩者相為表裡、相為經緯之意。

而《河圖》與《洛書》除了常與變、體與用等差異之外，尚有相生與相勝的不同。因為就順序來看，《河圖》《洛書》亦有明顯的不同，對此中差異，胡玉齋析論云：

> 《河圖》生出生成之序與《洛書》奇偶次序，皆錯雜取義，雖運行次序，《河圖》則左旋相生，《洛書》則右轉相克，一六為水，二七為火，三八為木，四九為金，五十為土，《河圖》則水生木，木生火，火生土，土生金，左旋一周，而金復生水也。《洛書》則水克火，火克金，金克木，木克土，右轉一周，而土復克水也。〔註29〕

此是說，圖書之數與五行相配屬，則一與六為水，二與七為火，三與八為木，四與九為金，五與十則為土。以《河圖》的運行順序來看，則自北一之水開始，由北而至東木，自東而南火，再從南到中之土，繼而由中到西金，最後則由西到北，左旋一周，依序分別是水生木，木生火，火生土，土生金，金生水。而《洛書》則從北一與西北六之水開始，由北而西北，而至西七與西南二之火，繼而到南九與東南四之金，繼而再到東三與東南八之木，接著再到中五之土，再由中而北，右旋一周，依次則分別為水克火，火克金，金克木，木克土。故與五行之數相配，則《河圖》展現生成之次序，而《洛書》則展示了相剋的次序。

以上大抵是對於《河圖》《洛書》差異的分析，以下則就其所衍生之相關問題，作更進一步的解析。

三、衍生之問題

如前所述，《繫辭傳》「河出圖，洛出書，聖人則之」一語，乃是圖書之

〔註28〕 〔宋〕邵雍著，張行成注，《皇極經世書》（河南：海南出版社，1993 年 9 月第 1 版），頁 291。

〔註29〕 〔宋〕胡方平著，《易學啟蒙通釋》，頁 51。

學興起的重要依憑，然而，環繞此語，亦衍生出不少問題。在這當中，最根本的問題在於聖人如何則之以畫卦？雖然有易學家認爲，所謂取則於《河圖》者，重點在與《河圖》所展現的天理相符契，而不在於點畫與方位的相配，此所謂「聖人所謂則之者，爲其理之符契耳，豈必規規于點畫方位而求密合哉！」之意。〔註 30〕然而，此一說法，無疑並無法說明八卦與《河圖》之間的差異，因此，無法令人滿意。針對此類似的看法，江愼修批判云：

> 夫圖以點，而卦以畫，圖數有十，而卦只八，二者甚不相侔，何以言則？既曰則之，則必有確然不易之理數與之妙合無間，然後可謂則圖作易。今以卦之方位，視圖之方位，若方底而圓蓋，圓鑿而方柄，齟齬不能相入。若曰則之以意，不在形跡，則虛遁之辭也。若但以虛位比擬，可彼可此，牽強紐合，可東可西，則亦不見聖人之神智矣。〔註 31〕

此是說，《河圖》以黑白點圖所構成，而八卦則是以陰陽爻畫的型態呈現；而且卦之總數有八，而《河圖》一至十則共有十個數。因此，兩者不僅在表現方式上差異甚大，以數目相配屬，亦難以相合。既言「則之」，則聖人在創制八卦的過程中，必有取法於《河圖》者在，因此，八卦與《河圖》之間，其理數必定妙合無間。由此看來，則謂八卦與《河圖》所展現的天理相符契，而不在具體方位相配之說詞，只不過是逃避的說法，但另一方面，如果以爲《河圖》所揭示的方位並無定準，可任意比配，則這樣的說法亦無法顯示出聖人創制八卦之神明睿智，因此，都是說不通的。

而針對聖人如何則《河圖》以畫八卦的問題，朱子在《啓蒙》中，乃是透過畫卦的過程來說明的。對此，朱子曰：

> 《河圖》之虛五與十者，太極也，奇數二十，偶數二十者，兩儀也，
> 以一二三四爲六七八九者，四象也，析四方之合，以爲乾坤離坎，
> 補四隅之空，以爲兌震巽艮者，八卦也。〔註 32〕

此是說，《河圖》中間的五與十象徵太極，而圖數十除中五與中十則爲八，二者在數目上，並無不合，較諸批判最力的江愼修的說法，顯然更具合理性。〔註 33〕

〔註 30〕 〔清〕李光地纂，《周易折中》，頁 1064。李光地案語。

〔註 31〕 〔清〕江愼修著，《河洛精蘊》（臺北：文翔圖書股份有限公司，1996 年 6 月第 1 版），頁 10。

〔註 32〕 〔清〕李光地纂，《周易折中》，頁 1063。

〔註 33〕 江愼修乃是透過五行的比配，對於《圖》數十而卦數八的原因予以說明。對

而奇數與隅數總合各爲二十，則分別象徵陰陽兩儀，以生數一加五爲六，二加五得七，三加五爲八，四加五得九，可得老陰、少陽、少陰、老陽之數，則分別代表四象。一與六爲坤卦居北方，二與七爲乾卦居南方，三與八爲離卦居東方，四與九爲坎卦居西方。由北方分出艮卦，由南方分出兌卦，由東方分出震卦，由西方分出巽卦，此乃是由四方析出的角度來說明八卦方位，即所謂「析四方之合，以爲乾坤離坎，補四隅之空，以爲兌震巽艮者」之意，總合此八方之卦，即爲八卦。因此，所謂「易有太極，是生兩儀，兩儀生四象，四象生八卦」的過程與理則，無不含具於《河圖》之中。而《洛書》與八卦的關係，大抵亦相同。〔註34〕然而，以畫卦過程來說明，亦衍生出一問題，即朱子在《易學啓蒙・原卦畫第二》中解釋畫卦與《河圖》的關係時云：

> 「兩儀」之上，各生一奇一隅，而爲二畫者四，是謂「四象」，其位則太陽一；少陰二；少陽三；太陰四。其數則太陽九；少陰八；少陽七；太陰六。以《河圖》言之，則六者一而得于五者也，七者二而得于五者也，八者三而得于五者也，九者四而得于五者也。〔註35〕

此是說，太極分化成一陽一陰，謂之「兩儀」，在「兩儀」之上，分別生出一陽一陰，則二畫共有陽陽、陽陰、陰陽、陰陰四種組合，是爲太陽、少陰、少陽、太陰，此謂之「四象」。然以位置言，則太陽爲一，少陰爲二，少陽爲三，太陰爲四，四者分居北、南、東、西四方。但以數言，則太陽之數爲九，少陰之數爲八，少陽之數爲七，太陰之數則爲六。此種說法所衍生的問題，引發了後世的批評，而批評的重點則在於，此種把位置與數目區分爲二的說法，將導致理論上的矛盾。對其中的矛盾，江愼修析論曰：

> 舊說一二三四爲四象之位，六七八九爲四象之數，二老位於西北，

此，江氏云：「《河圖》本先天八卦之本，而水北、火南、木東、金西，已含後天之位，則《河圖》又爲後天之本，但五行有變化耳。五行，論其常，水、火、木、金本各二；論其變，則水火各一，而木金土各二。何也？水火以精氣爲用，故專於一；木金土以形質爲用，故分爲二。惟其然，故《圖》有十而卦有八也。」見〔清〕江愼修著，《河洛精蘊》，頁50。此以水火爲一，而木金土則各有二，五行相合爲八，進而與八卦之數相協的說法，無疑更爲不自然。

〔註34〕對此，《易學啓蒙》析論曰：「洛書而虛其中，則亦太極也，奇偶各居二十，則亦兩儀也，一二三四而含九八七六，縱橫十五而互爲七八九六，則亦四象也，四方之正，以爲乾坤離坎，四隅之偏，以爲兌震巽艮，則亦八卦也。」見〔清〕李光地纂，《周易折中》，頁1063～1064。

〔註35〕〔清〕李光地纂，《周易折中》，頁1068。

二少位於東南，其數則各以其類交錯於外，判位與數爲二途，則同
類者不同方，推之卦畫，必不能相符矣。〔註36〕

此是說，根據將一、二、三、四當作四象方位，六、七、八、九視爲四象之數
的看法，則就內層之位言，則西方與北方分別爲老陰與老陽，東方與南方則分
別爲少陽與少陰，故謂「二老位於西北，二少位於東南」，而六、七、八、九等
數則錯落居於外層。而以《河圖》之圖示言，則太陽一就方位言居北，就數目
爲九位西，少陰二就位置言居於南方，就數目言則爲八而居東；少陽三就位置
言居東，就數目言則爲七而居南；而太陰四就位置言位西，就數言則爲六而居
北。一爲老陽，六爲老陰，兩者同居北方而不同類；二爲少陰，七爲少陽，兩
者同位南方而亦不同類，此之謂「同類者不同方」。此種將位與數判然二分的觀
點，與八卦必無法相符合，因此，以往的解釋，是無法成立的。

在說明了《河》、《洛》的理論以及衍生的問題之後，下一章即自相關的
看法切入，對方孔炤的看法作一番探究。

〔註36〕〔清〕江愼修著，《河洛精蘊》，頁 17。

第七章　論河洛（下）

在上一章中，筆者已就河洛之學的相關意涵，以及兩圖式所引發之問題予以探討，本章則自方孔炤對於相關問題的看法切入，說明他如何透過太極分化的角度，以「密衍」與「互藏」等主張解決此中的問題。

第一節　方孔炤對河洛問題之看法

一、圖書皆易道

如第二章所述，方孔炤認為，一有天地之後，天地之間無非皆為象數所充塞，其大無外、其細無間的萬事萬物，皆可以作為此一至理的驗證。故站在其「虛空皆象數」的基本主張之上，他強烈地反對蔡沈以象、數區分《河圖》與《洛書》的看法，對此，方孔炤析論云：

> 九峰以《易》為象，《範》為數，故漳浦因之，其寔《易》何非數，而《範》何非象？詎以八八之卦，七七之衍，非數乎？《易》以範圍而藏天于地，即洛書亦環八，而中五本藏也，圖書一也，貴中一之不可分也（《幾表·洪範蔡疇》，頁 457）。

此是說，蔡沈所言《周易》專講陰陽卦爻之象，而《洪範》則專敘五行之數的看法，連黃石齋亦不免受其影響。但是，方孔炤認為，《周易》當中太極、兩儀、四象、八卦，乃至六十四卦，以及著數之推演，無非皆有數的關係存在；同樣地，《洪範》當中所言的種種道理，亦可透過卦爻的象徵系統予以概括性的說明。因此，以其「虛空皆象數」的基本主張衡之，方孔炤認為，九峰以象與數作為《周易》與《洪範》系統的區分，無疑是不適切的。

　　對於《河》、《洛》圖示雖異，但卻互爲表裡、相爲經緯的關係，大抵可謂象數易學家之共識，方孔炤於此亦不例外。對此，方孔炤分析曰：

> 《圖》《書》一理，皆易道也，九疇應《書》，九宮又何嘗非《圖》之中五四運乎？理藏于象，象歷爲數，易以睹聞傳不睹聞，非待馬龜而具，特因馬龜而觸其微耳，羲時並見，而禹時重見龜文，未可知也？（《幾表‧河圖洛書舊解集》，頁84）

方孔炤認爲，《周易》一書實會聚了幽微難見的理，以及可見可聞的象與數，故可謂通貫費隱之書。因此，作爲象數表法之《河》、《洛》，與不可睹聞的理一樣，皆是易道的呈現，皆爲擬準天地的《周易》所涵括。《洪範》九疇與《洛書》相應，實則《洛書》的九宮圖又何嘗不是《河圖》中五運行四方的另一種表達方式呢？不可睹聞的理即藏於卦爻象之中，而萬物在繁衍之後，自然產生各種數的排列以及關係。易以可見可聞的卦爻象涵藏不可聞見之理，而此不可聞見之理並非先有龍馬、龜背之文而後始具，只不過是因爲馬龜背上的圖式而特別呈顯出來罷了。因此，或有可能兩者是在伏羲時一同出現，而在夏禹時又再次出現龜背之文，致使後世產生先後、體用之分，亦未可知？實則方孔炤認爲，此兩圖式皆不外是易道的展現。此其所謂「但曰《書》不必專屬之《範》，《範》具《圖》理，以《書》之即《圖》理也，易用《圖》于《書》者也，就其已成之數，列而分之，理則何嘗分乎？」（《幾表‧洪範九疇諸解》，頁134～135）之意。對此意見，方孔炤進一步申論云：

> 舊說《圖》法天，故五行順序，《書》法地，故五行逆施，寔則天因地偶以立體，而地以天奇而致用，《圖》又法地，《書》又法天也（《幾表‧河圖洛書舊解集》，頁88）。

此是說，以往皆認爲，《河圖》取法於天道左旋，故以運行次序言，則《河圖》的運行，自北方而東而南，展現生成之序，《洛書》取法於地道右遷，故其運行次序始於北而西南而西，則展示了相剋的次序。但是方孔炤認爲，《河圖》與《洛書》，生剋雖異，且一法天，一法地。然就天地之關係言，則天無形體，而以地爲體，地有形體，而以天爲用。故《河圖》亦有取法於地之道，而《洛書》亦兼有取法於天之道者在。因此，《河圖》並非孤離的「體」，而《洛書》亦非孤離的「用」。此可謂體非孤體，體中涵用；用非孤用，用中藏體。究言之，實可謂天地互藏、體用互藏。而就其具體落實在圖書之數的分合排列上，方孔炤分析云：

> 《河》源遠，故爲《圖》之體，《洛》源近，故爲《書》之用，⋯⋯
> 《繫傳》舉五十有五，人以爲《河圖》也，豈知除十爲《洛書》，何
> 嘗不具《洛書》之用乎？乘除圓方，不出一二三四五六七八九十而
> 已矣（《幾表・河圖洛書舊解集》，頁 85）。

此是說，《繫辭傳》所謂「凡天地之數，五十有五，此所以成變化而行鬼神也」
一段文字，人皆以爲專指《河圖》而言，然而《河圖》數減十即成《洛書》
之數，因此，《河圖》亦未嘗不具備《洛書》之用。兩個圖式，不論是數的加
減乘除，亦或是圖形圓與方的差別，皆不外是數一至數十的排列與關係罷了。
是故方孔炤除了反對蔡沈以象數作爲區分《河圖》、《洛書》的依據外，他更
強烈反對歷來以時間先後或是體用關係來區分《河》、《洛》的看法。而此實
與他一再申論《河圖》亦具《洛書》之用的觀點相同，無非是站在其「時用」
易學的角度，再次強調沒有脫離的「應用」、孤立的「本體」存在。此外，他
更進一步透過易之準來說明《河》、《洛》所闡發之道理。

二、易之準

　　如前所述，方孔炤認爲，《河》、《洛》兩圖式皆不外是易道的展現，其所謂
「兩間物物皆河洛也」（《凡例》，頁 60）、「天眼觀之，兩間何者非馬龜，非河洛
乎？」（《幾表・河圖洛書舊解集》，頁 84），即指此而言。故《河圖》與《洛書》
可謂天地生成變化之表法，其所謂「中五用三藏一旋四，此易之準也」（《凡例》，
頁 57）之語，正是對其準擬天地生成變化理則之說明。所謂「中五」，即指河洛
中五，源於朱子《易學啓蒙》之說。而「旋四」，則指使四方轉動之意。而「藏
一用三」，則本諸邵子「體四用三」看法而來。故方孔炤此見，並非其獨創，大
抵上乃是融攝邵、朱之見而成。首先，對於「體四用三」之意涵，邵子分析云：

> 天數五，地數五，合而爲十，數之全也。天以一而變四，地以一而變
> 四，四者有體也，而其一者無體也，是謂有無之極也。天之體數四而
> 用者三，不用者一也；地之體數四而用者三，不用者一也。是以無體
> 之一以況自然也，不用之一以況道也，用之者三以況天地人也。〔註1〕

此是說，天數奇，地數偶，故一、三、五、七、九，共五奇數，即所謂「天
數五」，而二、四、六、八、十，共五偶數，則爲「地數五」，兩者相合，則

〔註1〕　〔宋〕邵雍著，張行成注，《皇極經世書》，頁 219。

爲數之全。此乃邵子對於《繫辭傳》「天一地二，天三地四，天五地六，天七地八，天九地十。天數五，地數五，五位相得而各有合」一語之解釋。天生乎動，分而爲太陽、太陰、少陽、少陰四者；地生乎靜，分而爲太剛、太柔、少剛、少柔四者，〔註2〕此即「天以一而變四，地以一而變四」之意，而其中所謂的「一」，指太極分化後之陽與陰，「而其一者無體也」之「一」，則指太極尙未分化之自然。一爲後天，一則爲先天，兩者不可混淆。分而言之，則太陽爲日，太陰爲月，少陽爲星，少陰爲辰，四者以成天之四體。太柔爲水，太剛爲火，少柔爲土，少剛爲石，四者以成地之四體。此所謂「四者有體也」，即已落入分化之後的現象，此乃有之極，而太極尙未分化之前，則爲無之極，合而言之，是謂「有無之極」。〔註3〕而對於所謂「天之體數四而用者三，不用者一也；地之體數四而用者三，不用者一也」一句，乃是根據邵子所謂「天以剛爲德，故柔者不見。地以柔爲體，故剛者不生。是以震，天之陰也。巽，地之陽也」〔註4〕的說法而來，意即將少陰震，於象爲辰，視爲天之不用者，而將少剛巽，於象爲石，視爲地之不用者。此原本諸伏羲八卦次序圖而來，在此圖中，乾、兌、離、震，即爲天之四卦，而巽、坎、艮、坤，則爲地之四卦。在此區分之下，天之四卦中，只有震卦陰多而陽少，故爲天之陰，而地之四卦中，則只有巽卦陽多而陰少，故爲地之陽。是故「天不用震，以震陰柔，在天爲辰，隱而不見也。地不用巽，以巽剛爲石，不生物也」。〔註5〕以此不用之一比擬道，而其餘所用之三則比擬天地人三極。分而言之，則以天來說，一年有春、夏、秋、多四時，唯多天斂藏而不生物；以地言之，地有東、南、四、北四方，唯北方荒漠之地不產物用；以人來說，人之觀物，只見前方及左右，背後則不可見。故總括而言，則天地人皆可以「體四而用

〔註2〕 對此，邵子云：「天生于動者也，地生于靜者也。一動一靜交而天地之道盡之矣。動之始則陽生焉，動之極則陰生焉。一陰一陽交而天之用盡之矣。靜之始則柔生焉，靜之極則剛生焉。一剛一柔交而地之用盡之矣。動之大者謂之太陽，動之小者謂之少陽，靜之大者謂之太陰，靜之小者謂之少陰。太陽爲日，太陰爲月，少陽爲星，少陰爲辰，日月星辰交而天之體盡之矣。太柔爲水，太剛爲火，少柔爲土，少剛爲石，水火土石交而地之體盡之矣。」見〔宋〕邵雍著，張行成注，《皇極經世書》，頁163。

〔註3〕 此一「有無之極」的說法，恐爲方孔炤「有極」、「無極」概念之所從來。參見前面有關「三極」之說明。

〔註4〕 〔宋〕邵雍著，張行成注，《皇極經世書》，頁318。

〔註5〕 〔清〕何夢瑤著，《皇極經世易知》（臺北：廣文書局有限公司，1994年8月初版），下冊，卷七，頁4。

三」予以涵括。〔註6〕

　　而所謂「中五」之說，則是指就位置言，「五」皆居於《河圖》、《洛書》圖式之中。而對於《河圖》、《洛書》皆以五居中所要表達的意義，朱子與蔡元定於《易學啓蒙》中分析曰：

　　　凡數之始，一陰一陽而已矣。陽之象圓，圓者徑一而圍三，陰之象方，方者徑一而圍四，圍三者以一爲一，故參其一陽而爲三。圍四者以二爲一，故兩其一陰而爲二，是所謂「參天兩地」者也。三二之合，則爲五矣，此《河圖》《洛書》之數，所以皆以五爲中也。〔註7〕

此是說，陽數奇，屬於天，性健動，其象則爲圓；陰數偶，屬於地，性靜斂，其象爲方。以圓而言，若直徑一，則橫圍爲三；以方而言，若直徑一，則其橫圍爲四，陽之數奇，以一爲一，圍三者參其一陽而成；地之數偶，以二爲一，圍四者兩其一陰而成，此即《說卦》「參天兩地」之意。而五即爲此參與兩之合數，此乃《河圖》、《洛書》皆以五居中的原因所在。除了參兩之合以外，歷來許多易學家多自數的角度，對於「五」居《圖》、《書》之中的意義，予以進一步地發揮，如李光地即謂「三二之合，五也，一四之合，亦五也，一一二二之積，又五也，三三四四之積，又五之積也，此五所以爲數之會而位之中與？」。〔註8〕而方孔炤對於「五」居《河》、《洛》圖式之中間位置的意義，卻有不同的見解，以下即就其易學對於河洛中五之意義，予以深究。

第二節　方孔炤河洛之說

一、方孔炤對中五意涵之分析

　　如前所言，前人大多以位置或數的角度論述「中五」之意義。但方孔炤

〔註6〕　對於邵子「體四而用三」之見，高懷民先生認爲，此不唯作爲計數之用，更是邵子一生的處世之原則。但是他強調：「邵子這種論證並不精確，使人感覺多於主觀假定，但卻可以說明他對於『體四用三』說的堅信。而事實上他這種主張是由『觀物』而來，就事物之大體而言是可以的，夫物芸芸，事態無計，也只可以說就大體而言是體四用三，不可以事事物物認眞計較。」見高懷民著，《邵子先天易哲學》（臺北：自印本，1997 年 3 月初版），頁 183～185。

〔註7〕　〔清〕李光地纂，《周易折中》（成都：巴蜀書社，1998 年 4 月第 1 版），頁 1060。

〔註8〕　〔清〕李光地纂，《周易折中》，頁 1060～1061。

強調，「中五」之意涵，實指太極，然而此太極並非一般觀念之太極，而是其易學意義下之太極。方孔炤在解釋《繫辭》「天一地二天三地四天五地六天七地八天九地十」一語時即云：

> 聖人舉十字示人，易簡極矣。吾十五年而乃豁然於象數之塞虛空也，必以睹聞表不睹聞，而象之分合即數也，動賾至於京垓秭溝，而不出此十也，十止是五，五藏四中，四用半爲二，二即藏三，三即一也，十不用而金火易爲《洛書》，故但言五之圓而八方在矣（《合編·繫傳上》，頁 1454）。

此是說，從幽深難見以及事物運動的細微處，以至於無數事物的變化，皆可以此一至十數予以盡括無餘，而聖人即以此十數展示易道之平易與簡約。而根據朱伯崑先生的說法，此十個數乃是合五個天數與五個地數而成，故謂「十止是五」，而就《河圖》言，一二三四與六七八九分別居於四方，而五居中宮，此謂之「五藏四中」。而四方之數，皆可歸納爲陽奇陰隅之數，是爲「四用半爲二」，而陽奇爲一，陰偶爲二，合即成三，此爲「二即藏三」。然此所謂「三」，亦即一陰一陽，亦無非大一，亦即太極所分化，故謂「三即一也」。〔註9〕對此解釋，筆者並不全完同意，因爲徵諸方孔炤之言，則十而五，五而四，四而二，二而三，三而一，可謂結構緊密，環環相扣。然依朱氏之解釋，「十止是五」與「五藏四中」二句中的「五」則有異解，完全不合乎方孔炤敘述之秩序與結構。此外，「十止是五」的「五」必須解作五天數與五地數，無疑亦過於牽強。以是之故，於理難通。筆者認爲，此正是方孔炤易學之關鍵處，此所謂「五」，與下句「五藏四中」之「五」，皆指中宮之五，意謂此十個數，皆由「中五」，亦即太極所分化而成。方孔炤「所謂藏五于四，即藏一于四也」（《合編·繫傳上》，頁 1465）之意，即指此而言。而所謂「五之圓」意指《河圖》，「八方」則指《洛書》而言。此是說，以五行配屬的位置言，則《河圖》除卻中十不用，金火位置互易，即成《洛書》，是故在《河圖》圖式中即涵蘊了《洛書》，因此，「但言五之圓，而八方在矣」。〔註10〕又其論《河圖》之中五與中十時云：

〔註9〕 詳細的解釋，請參見朱伯崑著，《易學哲學史》（臺北：藍燈出版社，1991 年 9 月第 1 版），第三冊，頁 436。

〔註10〕 是故方氏云：「邵子曰《圖》圓而《書》方，以《圖》始四布而未立隅也，《書》則八方矣」（《幾表·河圖洛書舊解集》，頁 86）。此乃以太極分化的邏輯次序言，詳見以下《密衍》之說明。

此中五與十者，天地之中終也，十統于五，大一之樞也，無實無虛
之至用也，合爲十五，乃三五也，生數也，近周圍一二三四，乃二
五也，而統于中之一五，外周圍六七八九，乃六五也，合統于中之
三五，此三五之本論也。天以地立方體，而以圓用之，故舉二即藏
參矣，布四即藏五矣。約而稱之，六七八九，皆一二三四，得五而
成者也，言一言五而二四在中，參兩在中矣，故曰三五以變，錯綜
其數。（《幾表・唐志大衍曆議約》，頁 357）。

如前所言，《啓蒙》雖以《河圖》之虛五與十，指稱太極，然重點乃在說明聖
人如何則《河圖》以畫卦。方孔炤則進一步從太極與四方之數的關係著眼，
對其意涵予以析論。他認爲，《河圖》，內層之一二三四，合而爲十，即二五，
統之於中宮之五，外圍六七八九，合爲三十，亦即六五，統之於中間十與五，
而中間之數十，又統之於中宮之五，故總體而言，全圖之數，皆統攝於「中
五」，此乃是相關問題最爲根本的主張。此「中五」實即大一之樞，也就是太
極，然此太極，乃是方孔炤易學意義下之太極，非有實體可執，亦非虛無一
物，而是通貫有無而又具備大用者也。所謂「天以地立方體，而以圓用之」，
意指天無形體而以地爲體，地有形體而以天爲用，天參地二，故曰「舉二即
藏參」，圖布四方，然四方無非中五太極所分化，故曰「布四即藏五」。

簡要地說，則外圍六七八九之數，皆內層一二三四之數得中五而成，是
故言大一，言中五，即已包含了奇偶、四方，以及天三地兩等等的數在內，
而此即《說卦傳》「三五以變，錯綜其數」之實指。

根據以上的探討，「中五旋四」，意指「中五」使四方旋轉，「中五藏四」
則意指其藏於分化後的四方之中。是故就其觀點看，方孔炤認爲「中五」兼
有此兩層意涵，故實可謂「旋四而藏四」。〔註11〕就「旋四」一面言，則「中
五」可謂所以然，而四方則可謂當然，此其所云「一切卦象森羅，皆四旁之
四十所爲，而中之十五，若不用焉，乃所以用也」（《幾表・密衍》，頁 109）

〔註11〕對此，學者分析云：「居于河圖、洛書中央的『五』除了作爲《易》數生、成
　　　　數的樞紐以外，就其所對的宇宙論內容而言實指元氣化生萬物所以可能的關
　　　　鍵，這個關鍵是使陰陽和合成爲可能；若就理氣相即的觀點來看，則先有此
　　　　理然後有是氣，這就使天道隱含在『五』之中，從而使『五』具備了兩層存
　　　　有論的內容，即天道與氣化生物的德性。揭開河圖、洛書所蘊含的宇宙論意
　　　　義，便發現這實在是元氣化生萬物的最抽象的揭示，亦是對五行生剋意義最
　　　　深入的理解。」鄧立光著，〈河圖洛書含蘊之宇宙論意義〉，收錄於朱伯崑主
　　　　編，《國際易學研究》（北京：華夏出版社，1998 年 5 月第 1 版），頁 282。

之意；而就「藏四」一面言，則方孔炤強調，所以然即在當然之中，故其云
「太極無在無不在，而以中象之」（《幾表‧洪範蔡疇》，頁 458）。

　　由此可見，方孔炤有關《河圖》、《洛書》之主張，實與其太極分化之觀
點有密切的關聯。此即方以智所謂「本以太極為體，圖書為用，究以圖書立
體，而以太極為用，止有善用，即用此圖書卦爻倫常時位之體用也」（《幾表‧
河圖洛書舊解集》，頁 94）之意。而誠如筆者所言，方孔炤的太極觀點，實為
瞭解其時用易學鎖鑰之意，從上述的分析，無疑可以獲得證明。而以其獨特
的太極觀為基石，結合他對《河》《洛》的看法，透過《密衍》之說，將世界
從無形無象到萬象紛然的歷程，予以統合性地說明。

二、密　衍

　　對於此一理論的淵源，方以智解釋，乃是源自邵子與其師王宣，此其所謂
「理寓象數，衍而歷之，易之燎然耳，故因邵子小衍，以虛舟子法衍之曰密衍」
（《幾表‧密衍》，頁 107）之意。但方氏一再強調，此皆指點的說法，所謂「故
作冒示、密衍、極倚、諸圖，依然辟喻耳，在研幾者自得之」（《幾表‧方以智
序》，頁 71）。密衍總見下圖（見圖一），〔註12〕以下即分別予以析論。

圖一：密衍諸圖

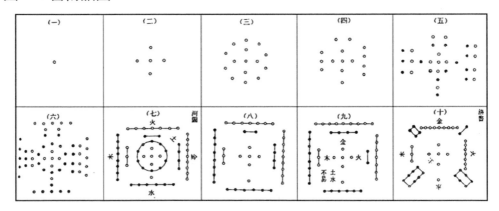

　　在密衍諸圖之前，方以智特立一圖，名之曰「前衍無極即有極圖」，〔註13〕

〔註12〕朱伯崑先生將此圖予以重新繪製，較原圖遠為清晰，故予以採用，特此註明。
　　　　見其所著，《易學哲學史》，第三冊書末之附圖 4。
〔註13〕針對此圖，方氏說明曰：「朱子曰：『已形已見者，可以言知，未形未見者，
　　　　不可以名求。』故權立前衍，使人逆而窮之，順而理之，開眼者河洛卦策，
　　　　處處彌綸，有何虛空非象數，象數非虛空乎？」（《幾表‧密衍》，頁 107）

說明未著形象之狀態，特別強調在太極尚未分化、未著形象之前，即已涵具萬象之意涵，此其所謂「未生之先，三極具矣」（《時論・繫傳上》，頁 1405）之意。繼而以一圓象○表示太極分化之初，從無形無象之無極到著於形象之有極，然方孔炤強調，此所謂「有極」，即已涵蘊了未著形象之無極，所謂「無極即在有極中」（《幾表・太極圖說冒示》，頁 75）也。故將此名之曰「有極即無極圖」，對於此圖，方以智說明曰：

> 北即太陽，東即少陽，南即少陰，西即太陰，隨處一星，即有中五
> 四破，而八卦九宮十二盤三百六十皆具矣，可信象即無象，名即無
> 名，天下理得，成位乎中（《幾表・密衍》，頁 107）。

此是說，任何一個微小事物，皆有其東南西北四方，而四方合此物即為五，故可視為由中五破析成四方，此乃「隨處一星，即有中五四破」之實指。以此圓象表示，則其北方即為太陽之位，東方即少陽之位，南方即是少陰之位，西方則屬太陰之位，而《河圖》、《洛書》等象數之理即已蘊涵其中，故著於形象，有所稱名的具體事物，即具無形之理則，而此即可說明《繫辭》所謂「天下之理得，而成位乎中」的易簡之理。圖（二）為邵子「小衍」圖式。對此圖之意涵，方以智分析云：

> 中五即中一也，可以藏一而旋四用三矣，可用三于一矣。或縱或衡
> 即參矣，或四用半即兩矣。有此，無此，亦兩也，有無與不落有無，
> 亦參矣，萬法明矣（《幾表・密衍》，頁 107）。

所謂「邵子小衍」，此本諸邵子所謂「五者蓍之小衍，故五十為大衍也。八者卦之小成，則六十四為大成也」[註14]之說法而來。此是說，此中五乃由中一擴衍分化而來，故曰「中五即中一」，此中五不論縱橫皆成三，藏中一則為四，而縱橫即成二，即所謂「或縱或衡即參矣，或四用半即兩矣」之意，有此中五之象，無此中五之象，亦兩也，而有、無，以及不落有無，則成參矣。

　　此「中五」之圖式，即已充份地說明有、無之兩，以及有、無、不落有無之參，若能洞徹此一至理，則可明瞭天地生成變化之種種法則，而此正是五為參兩之合的深刻意蘊所在。

　　圖（三）則為道家所謂的「古河圖」。對此圖之意涵，方以智申論云：

> 天地之數，盡于十五，以五乘十，十乘五，皆大衍也，故全圖皆太

[註14] 〔宋〕邵雍著，張行成注，《皇極經世書》，頁 271。

極，而不礙以中之十五爲極，又以中五爲極，又以中五之一爲極，
一又有旋毛之中，則圈圈皆有太極之正中明矣（《幾表‧密衍》，頁
107）。

如前所言，小衍、大衍之區分，來自邵子，而五十相乘爲大衍之說，則來自
朱子所謂「大衍之數五十，蓋以《河圖》中宮天五乘地十而得之」。〔註15〕圖
（三）說明，天數與地數，皆爲太極之五與十所分化，故云「天地之數，盡
於十五」，因此，全圖皆太極所分化，與中宮之十五爲太極之說，並不相妨礙。
十統於五，故又可以中五爲極，中五又是由中一所擴衍分化而來，故曰「又
以中五之一爲極」。以此觀之，則此圖中所有圈圈，亦即各個獨立的「一」，
皆有太極蘊涵於其中的道理，也就明晰可見了。〔註16〕

　圖式（四）則表示，中五居中不動，中十則分化成一、二、三、四，分
列四方，太陽、少陽、少陰、太陰等四象之位，也就清楚具體的呈現出來了，
此四數合中五則爲五行之生數，故謂「二五分之，即五行生數，中一五，原
不動而四行，乃二五所分也，四象顯矣」（《幾表‧密衍》，頁108）者是。

　（五）之圖則說明，在天地之中，陰陽必相伴而生，而在天地尚未分化
之前，陰陽相混而不可辨，已分之後，則區分成清晰可辨之陰陽，故云「有
陽即有陰，微固交汁，而顯亦各分也」（《幾表‧密衍》，頁108）。北方之一，
時序爲多，東方之三，於時則爲春，兩者皆爲陰而居於外；南方之二，時序
爲夏，西方之四，於時則爲秋，兩者皆爲陽而居於外層，故謂「多春陰在外，
陽在內，夏秋陽在外，陰在內」（《幾表‧密衍》，頁108）。圖（六）則表示，
五行生數，各加中宮之五，即成五行成數，所謂「陰陽既配，各以中五加之，
即各具五行之成數」（《幾表‧密衍》，頁108）者是。

　圖（七）爲《河圖》之圖式，圖（十）則爲《洛書》之圖式。〔註17〕而
中介之圖（八）與圖（九），則是《河圖》如何轉化成爲《洛書》之說明，此
即其所謂「十不用而金火易位爲《洛書》」（《時論‧繫傳上》，頁154）之主張。

〔註15〕〔宋〕朱熹著，《周易本義》（臺北：世界書局，1991年10月第11版），頁
　　　　60。

〔註16〕方孔炤於《諸家冒示》中有一圖式，可稱之爲「旋毛太極圖」。並謂「全書所
　　　　載，旋毛中有中脊焉，鄭漁仲已言之，蔡元定得于蜀山隱者。」（《幾表‧諸
　　　　家冒示集表》，頁79），可視爲對此說之註解。

〔註17〕對河洛圖形之差異，方孔炤云：「中五之一爲中心，中五連心之四爲第一層，
　　　　隨中五之地十爲第二層，一二三四爲第三層，六七八九爲第四層，合中一謂
　　　　之五層可也，猶四方合中爲五方也，書則三層」（《幾表‧密衍》，頁108）

圖（八）所謂「天下之數盡于十，而十不用，以九極則十復爲一也」（《幾表・密衍》，頁108），正是「十不用」之說明。〔註18〕而圖（九）則表示「金火易位」，此所謂「水木土不易，而火金易者，用先陰也，五行惟金火以陰用陽」（《幾表・密衍》，頁108）者是。其原因在於唯有金火易位，方能符合左旋相克之順序，其引王虛舟所云「苟非金火易位，何能左旋相克耶？」（《幾表・密衍》，頁113），正是此意。〔註19〕對此，方氏進一步析論曰：

> 一水三木五土，皆陽，二火四金爲陰，《啓蒙》所謂「陽不易位而陰易位，成數雖陽，蓋亦生之陰也」，于是以陽居四正位，以陰居四偶位，而成洛書矣。陰易位而隅置者，聖人扶陽抑陰，即所以用陰，此千古不易之道也，自朱子、劉長民、胡雙湖亦言金火易位矣，而《河圖》《洛書》之演，使人豁然，則自虛舟王子始，今從而廣之（《幾表・密衍》，頁111）。

方氏此見，本諸《啓蒙》所云「其數與位，皆三同而二異，蓋陽不可易而陰可易，成數雖陽，固亦生之陰也」〔註20〕之說而來，意指從數的角度看，則《河圖》之數自一至十，《洛書》之數則自一至九，而自排列位置看，則東西南北中央之位，皆三同而二異，《河》、《洛》兩圖式之一與六皆在北方，三與八皆在東方，五則皆在中央，此三者之位與數皆同，《河圖》之二七在南方，而《洛書》之二七則在西方，《河圖》之四九在西方，而《洛書》之四九則在南方，此二者之位與數皆相異。此所謂「其數與位，皆三同而二異」之實指。「陽不可易」，指一、三、五言，「陰可易」，則是指二七、四九而言。以陽奇陰偶言，則二與四爲陰。而成數七與九，於數言本屬陽，然以生數陽、成數陰來區分，則七與九爲陰，故謂「成數陽，固亦生之陰也」。〔註21〕

〔註18〕朱伯崑先生指出，方孔炤所謂河圖之數轉化成洛書之數的見解，即數之用以九爲極限，故十又復爲一的看法，乃是受到珠算進位法則的影響。詳細說明，請參見其所著，《易學哲學史》，第三冊，頁443。

〔註19〕方孔炤云：「天下之道，必相制乃可用，制殺之道，先起金方，金火不易位，則永不相制矣，所以但易金火者，正陽以用陰也，五行惟金火之性獨烈，水木不變而金火通變，蓋金入于火，不別于火，火能煉金，乃別其金，妙哉！火用煖光，金主聲氣，人用之最先者也。」（《幾表・密衍》，頁113）可見方孔炤亦持此見。

〔註20〕〔清〕李光地纂，《周易折中》，頁1061。

〔註21〕對此，胡方平析論云：「成數雖陽，指七九，固亦生之陰，指七爲二生數之陰，九爲四生數之陰也，二四以生數言，雖屬陽，然以偶數言，則屬陰，不得謂之陽矣，故可易，七九以奇數言，雖屬陽，然以成數言，只可謂之陰矣，故

　　而在「金火易位」後，依據《易學啓蒙》主客、君臣之關係予以排列，則成圖「十」之《洛書》，此其所謂「陽居四正，陰居四隅，八方九宮，洛書建極，朱子所云中主外客，正君側臣，聖人扶陽抑陰之道，非有一毫造作也」（《幾表・密衍》，頁 108）者是。方氏明言，其「金火易位」之說乃直承劉牧、朱子、胡一桂〔註 22〕、王虛舟而來。在分別析論之後，方以智總論「密衍」之意涵云：

> 邵子言小衍者，示五而萬備矣，愚者言前衍者，舉一而五具矣，一亦不舉而伍亦具矣，萬亦具矣，知之則全圖皆太極也，知全圖之皆太極，又當知中之十五爲極，十五以中五爲極，中五以中一爲極，一又有其所以然者，則兩間之星星仳仳，皆有太極之正中焉，歷歷常明矣（《幾表・密衍》，頁 109～110）。

此是說，邵子所謂「小衍」之說，乃是以「五」表達天地萬有普遍的情形，而方氏認爲，他在邵子小衍圖示之前的「有極即無極圖」，即說明了任何細微之物，皆含「中五四破」之理，此所謂「舉一而五具矣」。而在此之前的「前衍無極即有極圖」，則說明了即在未著形象之前的無極狀態中，即已涵具萬有，故云「一亦不舉而伍亦具矣，萬亦具矣」。能夠明白此一道理，則能體悟全圖皆不過是太極之大一所分化。此外，又應當理解此圖之中五與中十乃爲全圖分化之根源，而十又統攝於中五、以中五爲其根源，而中五又是由中一所分化而來，故又以中一爲其根源，而此中一又含具所以然者在內，是則天地之間的事事物物，皆由太極所分化，而且皆具太極所以然之理的易簡道理，即可豁然明瞭了。扣緊其太極觀來說，則所謂「全圖皆太極」，乃就存在層次言，個別的事物之間、太極與萬物之間，皆「不得二之」之意；而層層統攝的關係，則說明在思維的層次上，所以然與當然「不得混之」。在太極分化的「密衍」觀點下，方孔炤進一步透過「互藏」的主張解決易學史上的四象問題。

可易，其曰成數雖陽，固亦生之陰，不曰生數雖陰，固亦成之陽者，蓋但主陰可易而言也。」〔宋〕胡方平著，《易學啓蒙通釋》（臺北：武陵出版社，1990年 3 月第 1 版），頁 47～48。

〔註 22〕 胡一桂，字庭芳，號雙湖，江西婺源人，學者稱「雙湖先生」，乃《易學啓蒙通釋》作者胡方平之子。著有《易本義附錄纂疏》以及《易學啓蒙翼傳》。詳細說明請參見呂紹綱主編，《易學辭典》（臺北：漢藝色研文化事業有限公司，2001 年 9 月初版），頁 564。

三、互藏與四象問題

根據上一章的分析，諸多易學家質疑，《啓蒙》以一、二、三、四爲四象之位，六、七、八、九爲四象之數的看法，將造成太陽一就方位言居北，就數目言則爲九位西，即所謂「同類者不同方」的情況。而此種位與數判然二分的觀點，必將導致種種矛盾。對此質疑，方氏分析云：

> 九太陽之數也，居西，四爲太陰之位，亦居西，九自西退至南則七也，而少陰之二，亦在南，是九以太陽居太陰之位，七以少陽居少陰之位也，六太陰之數也，居北，一爲太陽之位，亦居北，自北進至東則八也，而少陽之三亦在東，是六以太陰居太陽之位，八以少陰居少陽之位也。太與太，少與少，相連者，方以類聚，太不與少，少不與太者，物以群分也（《幾表・河圖洛書舊解集》，頁 96～97）。

此是說，以位而言，則一爲太陽，二爲少陰，三爲少陽，四爲太陰；而以數言，則九爲老陽，八爲少陰，七爲少陽，六爲老陰。依照此一說法，則九於數言爲太陽而居於太陰之位，七於數爲少陽而居於少陰之位；六就數言爲太陰而居於太陽之位，八於數言爲少陰而居於少陽之位。方氏認爲，此種太陽一與太陰六居於北，少陰二與少陽七位於南、少陽三與少陰八居於東、太陰四與太陽九位於西，皆爲少與少、老與老同處一方的情形，恰好是對《繫辭》所云「方以類聚」最好的說明。另一方面，則一六與四九、三八與二七、一六與三八、二七與四九之間，則呈現了少與太分居不同方位的情形，而此亦正好是對於《繫辭》所謂「物以群分」的最佳解釋。從這個角度言，則無所謂同類不同方的問題。此外，方孔炤於《周易時論合編》中，更進而以「互藏」的觀點，解決四象數與位不一的問題。首先，他透過其太極分化的相關主張，說明一至十之數，與太極分化之關係。對此，方氏云：

> 一在二中，二即是一。析言，則用七九處皆用三五，即用一也；統言，則一二三四五六七八九十，總用一也（《幾表・五合相藏說》，頁 678）。

此是說，太極之「一」，即存在於大兩，亦即一奇一隅當中。而此大兩，亦無非皆大一所分化。而就其展開地、分解的角度看，則五個天數，皆爲奇而屬陽，五個地數，皆爲偶而屬陰，故謂「析言，則用七九處皆用三五，即用一也」，此「一」乃指「陽之一」。而就其總括而言，則天數五與地數五，十個數皆爲太極之開展，故云「總用一也」，此「一」則是指太極之「一」。在其

太極觀下，方氏在《五合相藏說》中透過九十藏、八九藏、七八藏、六七藏、五六藏、四五藏、三四藏、二三藏、一二藏等等的分析，說明其互藏的觀點。對此，方以智總括地申論曰：

> 用此即藏彼，故作互藏説，舒而萬億，縮而一二，即此而已，一六，三八，二七，四九，皆互藏也，一九，二八，三七，四六，皆互藏也，一十，二九，三八，四七，五六，皆互藏也（《幾表・五合相藏説》，頁 675）。

此是說，一六，三八，二七，四九，指《河圖》中生數與成數，彼此互藏，一與九，分指四象內層與外層之老陽；二與八，指四象內層與外層之少陰；三與七，指四象內層與外層之少陽；而四與六，則分指四象內層與外層之老陰，彼此互藏，一十，二九，三八，四七，五六，則以一至十之數，以數之初與數之終的配屬關係，彼此亦互藏。展開而言，即爲萬事萬物，凝縮地說，則不過是一奇一隅，也就是一陰一陽更迭相續的作用。而此一陰一陽，又彼此互藏。故總括而論，萬物皆處於彼此互藏的關係之中。而針對在五之前的一、二、三、四，以及五之後的六、七、八、九，皆謂之四象。然而，一爲位，一則爲數，所造成的兩者不相合的情形，方氏分析云：

> 蓋以五居中，象太極，太極動而生陽，靜而生陰，兩儀具矣，于陽儀上初加一奇爲太陽，次加一偶爲少陰，次于陰儀上加一奇爲少陽，又次加一偶爲太陰，四象之位，以所得之先後言也。七九陽也，陽主進，自七進九，九爲老陽，七則少矣，六八陰也，陰主退，自八退六，六爲老陰，八其少矣，七八九六之數，以所得之多寡言也。四位太陰，所連者六，數與位，豈有一毫相悖哉？（《幾表・河圖洛書舊解集》，頁 92～93）

此是說，以《河圖》言，則中宮之五象太極，繼而分化成健動之陽與靜斂之陰，即成兩儀，陽儀之上加畫一奇成太陽，次加一偶則成少陰；接著在陰儀之上加畫一奇則成少陰，次加一偶則成太陰，故此四象之位，是以畫卦先後次序而言。而七九屬陽，陽之性健動，自七進九，九爲陽數之極，故以九爲老陽，七則爲少陽；六八屬陰，陰之性退斂，自八退六，六爲陰數之極，故以六爲老陰，八則爲少陰，故此四象之數，正是透過所得多寡的不同，用以顯示陽進陰退之特性。然而，四爲太陰位西，而與北方之老陰相連，故此四象之位與數的關係，實不相悖。對此相合而不悖的關係，方氏進一步透過四

象卦位與卦數之圖示（見圖一）《幾表・四象卦數舊說》，頁 119）予以說明：

圖二：四象卦數舊說圖

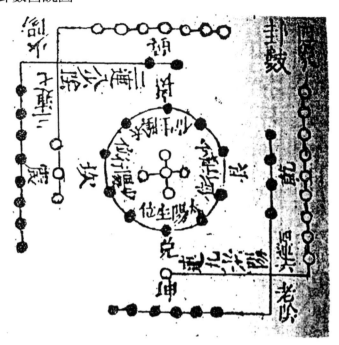

　　針對此一關係，方孔炤解釋，前人以中宮之五與十象太極，以四周奇數二十與偶數二十象兩儀，中五四旋，北方爲太陽生位，即陽氣所從而生之處，東方爲少陽行位，南方爲太陰生位，即陰氣所從而生之處，而西方則爲少陰行位，此皆本諸先天圓圖所謂「陽生于子中，極於午中，陰生于午中，極於子中」之意而來，故謂四象之本位。以此觀之，則南北方太陽太陰正相對，而東西方則少陽少陰正相對。

　　細予分析，則一、二、三、四爲四象之用位，一爲老陽，二爲少陰，三爲少陽，四則爲老陰；而六、七、八、九則爲四象之用數，六爲老陰，七爲少陽，八爲少陰，九爲老陽。表面觀之，確實有所不同，然而，他透過「互藏」的觀點，對此分析曰：

> 在《圖》則一六共宗，而太陽又居北一，連西九矣，二七爲朋，而
> 少陰又居南二，連東八矣，三八同道，而少陽又居東三，連南七矣，
> 四九爲友，而太陰又居西四，連北六矣，所謂二老二少，互藏其宅
> 也，用位與本位，亦互藏也，冬春合歲限，夏秋合歲中，與東南合
> 氣辟，西北合氣翕，亦互藏也（《幾表・四象卦數舊說》，頁 119～

120）。

此是說，以《河圖》言，北一為老陽，西九亦老陽，兩者相連，其數為十，北六為老陰，西四亦為老陰，兩者相連亦為十，西北成二老相連之勢；南二為少陰，東八為少陰，兩者相連，其數為十，南七少陽，東三亦少陽，兩者相連，其數亦十，東南則成二少相連之勢。合而言之，西與北為老陽與老陰互藏，東與南則為少陰與少陽互藏，故云「二老二少，互藏其宅」，〔註23〕本位與用位亦然。就方位言，則東南與西北互藏，而從四時流轉、時序更迭的角度來看，則冬與春之間為一年的盡頭，而夏與秋之間則為一年之半，兩者亦互藏也，再與四方相配屬，則東方與南方，時序為春夏，乃萬物生長發展之時，西方與北方，時序為秋冬，則是萬物收斂含藏之時，故彼此之間亦為互藏關係。此外，方孔炤以「河洛析說」圖式（見圖三）（《幾表·河洛析說》，頁138），透過時序變化與《河》、《洛》之關係，予以說明。

圖三：河洛析說諸圖

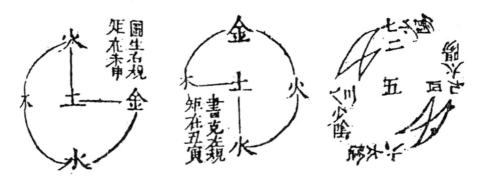

方孔炤解釋此圖式曰：

　　《圖》生右旋規之，矩在未申，《書》克左旋規之，矩在丑寅，規生于矩，折中四直，所以挈也。《圖》內一四合五，二三合五，外一九為十，四六為十，六九為十五，俱西北合，二八為十，三七為十，七八為十五，俱東南合，二太二少亦因之，可知春夏為陽用，秋冬為陰用，而夏季與歲限，有交篕焉，矩曲之用，天地自然之徵乎？

　　（《幾表·河洛析說》，頁138）

〔註23〕方孔炤引其祖方學漸之言云：「大氐渾而四分，不過以一二三四為四象，而或以合十之餘配之，或以相得之數配之，亦何不可通，皆自然也。」（《幾表·四象舊說》，頁120～121）

此是說，與五行以及十二支相配屬，則《河圖》右旋依序爲金生水，水生木，木生火，火生土，土又生金，呈現相生關係，而火—土—金之間，呈直角之形，故謂「《圖》生右規，矩在未申」。而相對者，則呈現金克木、水克火之相剋關係，此即「密衍」所云「環生對克，矩在西南」（《幾表・密衍》，頁 108）之意。以《洛書》言，則左旋依序爲水克火，火克金，金克木，木克土，土又克水，而木—土—水之間，亦呈現直角之形，此之謂「《書》克左規，矩在丑寅」。此外，相對位置則呈現木生火、金生水之相生關係，此即「密衍」所云「環克對生，矩在歲限」（《幾表・密衍》，頁 108）之意。然就數言，則《河圖》之內層，北一與西四合而爲五，內層北一與外層西九合而爲十，內層西四與外層北六，其合亦十，而外層北六與外層西九，其合則爲十五，此皆爲西北之合；而內層東三與南二之合爲五，內層南二與外層東八合而爲十，內層東三與外層南七相合亦十，外層東八與外層南七，其合則爲十五，此則皆爲東南之合。而東與南爲少，西與北則爲太，故云「二太二少亦因之」。由此可知，以四時之序而言，則春夏爲萬物滋長之時，故爲陽之用，秋冬爲萬物斂藏之時，故爲陰之用，因此，夏與冬之關係，亦即陽與陰之關係，乃是互藏互根之關係，是故《河圖》與《洛書》，皆爲天地自然生成變化之證驗。

方孔炤所謂「互藏」之說，原本諸朱子《啓蒙》而來，〔註 24〕然而《易學啓蒙》乃是從數的觀點說明陰陽老少互藏，而方孔炤則自天地之間，無非皆陽與陰相互更迭作用之結果來解說互藏，將天地變化歸結爲陰與陽之相互遞遭，正合乎《繫辭》所云「一陰一陽之謂道」之意。是故較諸《易學啓蒙》的看法，更爲精闢、更爲合理。而在說明方孔炤的河洛之學後，以下即就其先天後天之理論，進一步予以探究。

〔註24〕《啓蒙》曰：「《河圖》六七八九，既附于生數之外矣，此陰陽老少進退饒乏之正也，其九者，生數一三五之積也，故自北而東，自東而西，以成于四之外。其六者，生數二四之積也，故自南而西，自西而北，以成于一之外。七則九之自西而南者也，八則六之自北而東者也，此又陰陽老少、互藏其宅之變也。」見〔清〕李光地纂，《周易折中》，頁 1062。

第八章 論先後天（上）

　　自北宋邵子提出先天易學，再經朱熹大力表彰，並在《周易本義》將先天易圖與後天易圖列於卷首之後，先天易是否符合聖人作《易》之本意，以及先天易與後天易之關係等等問題，在易學史上即成爲眾易學家爭論不休的重要問題。本章共分爲兩節，首先要闡述先天易學與後天易學之內容；其次則要就兩者的差異及其關係，予以進一步探究。

第一節　先天之學與後天之學

一、後天易學

　　「先天」或「後天」兩詞，源出《文言傳》「夫大人者，與天地合其德，與日月合其明，與四時合其序，與鬼神合其吉凶。先天而天弗違，後天而奉天時」。意指《乾卦》九五所指之大人，能夠冥契於天道，故先於天時而行事，天不違背他；後於天時而處事，也能遵循天道變化之律則。

　　然則在宋代以前，並無透過圖式表述「先天」與「後天」之意義者，直至北宋邵雍出，乃有所謂先天易學與後天易學之分。他根據《說卦傳》第五章所言各卦的相對位置，排列出一個方位圖式，[註1]並定名爲「文王八卦方

〔註1〕　《說卦傳》第五章云：「帝出乎震，齊乎巽，相見乎離，致役乎坤，說言乎兌，戰乎乾，勞乎坎，成言乎艮。萬物出乎震，震，東方也，齊乎巽，巽，東南也，齊也者，言萬物之潔齊也，離也者，明也，萬物皆相見，南方之卦也，聖人南面而聽天下，嚮明而治，蓋取諸此也，坤也者，地也，萬物皆致養焉，故曰致役乎坤，兌，正秋也，萬物之所說也，故曰說言乎兌，戰乎乾，乾，西北之卦

－125－

位圖」（見圖一）。〔註2〕

圖一：《本義》收載之文王八卦次序與方位圖

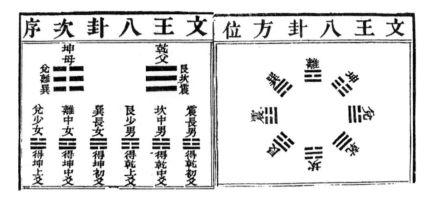

此外，他又依據《說卦傳》第十章「乾，天也，故稱乎父，坤，地也，故稱乎母。震一索而得男，故謂之長男，巽一索而得女，故謂之長女。坎再索而得男，故謂之中男，離再索而得女，故謂之中女。艮三索而得男，故謂之少男，兌三索而得女，故謂之少女」之文，亦排列出一個次序圖，名之爲「文王八卦次序圖」。實則此段文字，原本是要說明八卦中，乾坤兩卦與其它六卦之間的關係。以乾坤爲父母，六卦爲父母所生，得乾之陽者以爲男，得坤之陰者以爲女，體現了《繫辭》「乾道成男，坤道成女」之意涵〔註3〕（並見圖一）。對此圖之意涵，邵雍曾分析曰：

> 乾坤合而生六子，三男皆陽也，三女皆陰也。兌分一陰以與艮，坎分一陽以奉陰，震巽以二相易，合而言之，陰陽各半。是以水火相生而相剋，然後既成萬物也。〔註4〕

此是說，兌卦乃是由乾之三陽分出一陽與艮所成，而艮卦則將坤之三陰分出

也，言陰陽相薄也，坎者，水也，正北方之卦也，勞卦也，萬物之所歸也，故曰勞乎坎，艮，東北之卦也，萬物之所成終而所成始也，故曰成言乎艮。」根據此章，則其具體的配置順序爲：正南方爲離卦，正北方爲坎，正東方屬震，正西方屬兌，東南爲巽卦，西北則屬乾卦，西南屬坤卦，東北則屬艮卦。

〔註2〕 摘錄於〔宋〕朱熹著，《周易本義》（臺北：世界書局，1991年10月第11版），頁8。

〔註3〕 從易卦體系來看，此種說法指出，六十四卦皆不外是由乾卦與坤卦的相互錯雜所產生，此與《繫辭》「乾坤其易之門邪」、「乾坤其易之蘊邪」之思想相符合。詳細說明請參見參見呂紹綱主編，《易學辭典》（臺北：漢藝色研文化事業有限公司，2001年9月初版），〈乾坤父母說〉，頁415～416。

〔註4〕 〔宋〕邵雍著，張行成注，《皇極經世書》，頁296。

一陰以與兌而成。坎卦是由坤之三陰分出一陰與離而成，而離卦則是將乾之三陽分出一陽以與坎所成。而震卦與巽卦，則是由乾分出二陽，由坤分出二陰，繼而相易而成，由此可見，八卦皆不外是由乾坤相互交合而成的。所謂「合而言之陰陽各半」，意指一父三男，陰陽之爻各得十二，而一母三女，陰陽之爻亦各得十二，而萬物即在此陰陽相生相剋中交合而成。

　　邵雍將上述「文王八卦方位圖」以及「文王八卦次序圖」，稱之為「後天之學」，他並且指出，後天之學乃是在「先天之學」的基礎上推衍所致。因此，兩者相較，先天之學更為根本、更形重要。實則邵雍所謂文王八卦方位與文王八卦次序，皆為《說卦傳》本有，而其特別予以標舉，並制圖以為說，其目的只不過要將兩者予以區分，藉此以突顯其所謂的「先天之學」。〔註5〕

　　而根據朱子的看法，就理論而言，邵子先天易學的基本內容，大抵可概括為為伏羲八卦次序圖、伏羲八卦方位圖、伏羲六十四卦次序圖，以及伏羲六十四卦方位圖等四個圖式。〔註6〕而究其內容，則不外卦序圖以及方位圖兩類。因此，以下即分別以先天易卦序及先天易卦位予以析論。

二、先天易卦序與卦位

　　以卦序而言，則邵雍乃是依據《繫辭》「易有太極，是生兩儀，兩儀生四象，四象生八卦」之文字，推衍聖人畫卦之次序，他並且透過其「一分為二」的理論予以解析。對此，邵雍云：

> 太極既分，兩儀立矣。陽下交於陰，陰上交於陽，四象生矣。陽交於陰，陰交於陽，而生天之四象。剛交於柔，柔交於剛，而生地之四象，於是八卦成矣。八卦相錯，然後萬物生焉。是故一分為二，二分為四，四分為八，八分為十六，十六分為三十二，三十二分為六十四，故曰「分陰分陽，迭用剛柔。故《易》六位而成章」也。

〔註5〕　以文王八卦次序圖而言，即有學者認為「此《說卦》本文甚為明白，原毋需為之圖，邵子作之，繫之文王，以為後天之學，欲與其所謂先天之學別之耳」參見劉瀚平著，《宋象數易學研究》（臺北：五南出版社，1994年2月第1版），頁190。

〔註6〕　根據朱伯崑先生的研究，從宋明以降各家對於邵子易學的研究來看，可以確定先天易學的圖式並非只有朱熹《周易本義》卷首所載的四個圖式，但由於其所歸納的四個圖式，在理論上已經含括了先天易學的基本內容，因此有非常大的影響。詳細說明請參見朱伯崑著，《易學哲學史》（臺北：藍燈出版社，1991年9月第1版），第二冊，頁135。

十分爲百，百分爲千，千分爲萬，猶根之有幹，幹之有枝，枝之有
葉，愈大則愈少，愈細則愈繁，合之斯爲一，衍之斯爲萬。〔註7〕

此是說，在太極分化之後，陽者浮動而趨上，形成天之儀，陰者沈靜而就下，
形成地之儀，天地兩儀相交，則產生太陽、太陰、少陽、少陰等所謂天之四
象，以及太剛、太柔、少剛、少柔等所謂地之四象，〔註8〕於是就形成了八卦。
邵雍將之以圖式的形式表出，則成「伏羲八卦次序圖」，其序爲「乾一，兌二，
離三，震四，巽五，坎六，艮七，坤八」（見圖二）。〔註9〕而透過「一分爲二」
的六次變化，即成六十四卦，以圖式方式來說明，則成「伏羲六十四卦次序
圖」。邵子藉此解釋《說卦傳》「分陰分陽，迭用剛柔，故《易》六位而成章」
之說。意謂天地萬物之分化，就如同樹根發爲樹枝，繼而由樹枝發爲樹葉一
般，愈往根源處，數目愈少，愈分化，則愈來愈細、數目亦愈來愈多。聚合
起來，總爲太極之一，太極分化之後，即成萬物，是故即以易卦的畫卦次序，
象徵天地萬物分化之情形。〔註10〕以及

圖二：《本義》收載之伏羲八卦次序與方位圖

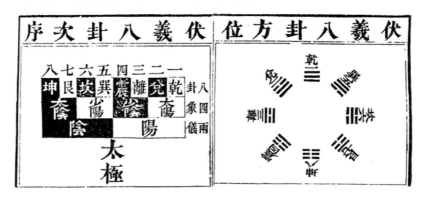

〔註7〕　〔宋〕邵雍著，張行成注，《皇極經世書》，頁292。

〔註8〕　邵雍《觀物內篇》云：「天之大，陰陽盡之矣；地之大，剛柔盡之矣」、「本乎
天者，分陰分陽之謂也。本乎地者，分柔分剛之謂也」參見〔宋〕邵雍著，
張行成注，《皇極經世書》，頁162、210。此皆本諸《說卦傳》「立天之道，曰
陰與陽；立地之道，曰柔與剛」而來。

〔註9〕　摘錄於〔宋〕朱熹著，《周易本義》，頁7。

〔註10〕對此，朱子云：「前『八卦次序圖』，即《繫辭傳》所謂『「八卦陳列」者。此
圖即其所謂『因而重之』者也。故下三畫即前圖之八卦，上三畫則各以其序
重之，而下卦因亦各衍爲八也。若逐爻漸生，則邵子所謂『八分爲十六，十
六分爲三十二，三十二分爲六十四』者，尤見法象自然之妙也。』見〔宋〕
朱熹著，《周易本義》，頁7。

　　而以方位論，則邵子乃根據《說卦傳》所謂「天地定位，山澤通氣，雷風相薄，水火不相射。八卦相錯，數往者順，知來者逆」一節，〔註11〕創制出一種新的方位配置方式，此一具體的排列方式則爲乾南坤北、離東兌西，震居東北，兌位東南，巽處西南，而艮則居於西北（並見圖二）。對此方位排列，邵子在其《皇極經世‧觀物外篇》中解說云：

> 「天地定位」一節，明伏羲八卦也。八卦相錯者，明交相錯而成六
> 十四卦也。數往者順，若順天而行，是左旋也，皆已生之卦也，故
> 云數往也。知來者逆，若逆天而行，是右行也，皆未生之卦也，故
> 云知來也。夫《易》之數，由逆而成矣。此一節直解圖意，若逆知
> 四時之謂也。〔註12〕

朱子認爲，此是說，若從橫圖來看，則其順序乃是由右方乾一至左方坤八依次而生。而自圓圖配合四時來看，則左下震初是冬至，離兌之中爲春分，而乾末則已交夏至。圓圖之左方，從震一陽之卦始，陽漸長，進至乾三陽之卦，故乾一到震四，皆是已生之卦，因此，就如同由今日回溯地推算昨日一樣，故可謂順推已往之事。而圓圖之右方，則巽初爲夏至，坎艮之中爲秋分，而到坤末則已交冬至，從巽一陰之卦開始，則陰漸長，進至坤八三陰之卦，則進入冬至，故從巽五到坤八，皆是未生之卦，因此，就如同從今日預先推想明日一樣，故可謂逆料未來之事。〔註13〕

三、方圓合一圖

　　除了上述的橫圖與圓圖之外，邵子還提出了方圖。究其內涵，實並未超出橫圖與圓圖，只不過以不同方式予以表達罷了。此圖式乃是以伏羲六十四卦次序圖予以分割，自右方之乾開始，每八卦成一組，共分成八組，再將其自下而上堆疊排列，而成爲一由內而外共四層的圖式，是故宋元學案又將此

〔註11〕張行成註曰：「『天地定位』者，乾與坤對。『山澤通氣』者，兌與艮對。『雷風相薄』者，震與巽對。『水火不相射』者，坎與離對。此先天八卦圖之次，即伏羲八卦也。」〔宋〕邵雍著，張行成注，《皇極經世書》，頁345。

〔註12〕〔宋〕邵雍著，張行成注，《皇極經世書》，頁345。

〔註13〕朱子解釋「數往者順，知來者逆，是故易逆數也」謂：「起震而歷離兌以至於乾，數已生之卦也，自巽而歷坎艮以至於坤，推未生之卦也。易之生卦，則以乾兌離震巽坎艮坤爲次，故皆逆數也」〔宋〕朱熹著，《周易本義》，頁70。

稱之爲「方圖四分四層圖」（並見圖三）。〔註14〕對此，邵子解釋云：

> 方圖中起，震巽之一陰一陽，然後有坎離艮兌之二陰二陽，後成乾
> 坤之三陽三陰，其序皆自內而外，內四卦四震四巽相配而近，有風
> 雷相薄之象。震巽之外十二卦縱橫，坎離有水火不相射之象，坎離
> 之外二十卦縱橫，艮兌有山澤通氣之象。艮兌之外二十八卦縱橫，
> 乾坤有定位之象。四而十二，而二十，而二十八，皆有隔八相生之
> 妙，以交股言，則乾坤、否泰也，兌艮，咸損也，坎離既未濟也，
> 震巽，恆益也，爲四層之四隅。〔註15〕

此是說，就結構來看，方圖自內而外，從中間含有震巽的一陽一陰之卦，到中
間兩層含有坎離艮兌的二陰二陽之卦，以至最外層含有乾坤的三陰三陽之卦。
而最內層的四卦，分別由四震四巽相配而成，彼此相互迫近，故呈現了風雷相
薄之象；第二層十二卦爲內含坎離之卦，因此，有水火不相射之象；第三層的
二十卦皆爲內含艮兌之卦，故呈現山澤通氣之象；而最外一層共有二十八卦，
皆爲內含乾坤之卦，因此，有天地定位之象。此亦邵子對於《說卦傳》「天地定
位，山澤通氣，水火不相射，八卦相錯」一章所作的詮釋。〔註16〕而此方圖由
內及外，每一層增加八卦，成爲一等差級數之排列，此其所謂「隔八相生之妙」。
而從對角線來看，則乾坤否泰四卦，分居最外層四角，由此向內，分別是兌艮
咸損、坎離既濟未濟、震巽恆益，分居四隅。而將此四分四層之圖置於大圓圖
中，即成一方圓合一圖（見圖三）。

〔註14〕 摘錄於〔宋〕朱熹著，《周易本義》，頁8。
〔註15〕 〔清〕黃宗羲撰，全祖望補訂《增補宋元學案》，共六冊，（臺北：臺灣中華
　　　　書局，1984年10月臺3版），第一冊，卷十，《百源學案（下）》，頁9。
〔註16〕 邵子《大易吟》亦解釋云：「天地定位，否泰反類。山澤通氣，損咸見。雷風
　　　　相薄，恆益起意。水火相射，既濟未濟。四象相交，成十六事。八卦相蕩，
　　　　爲六十四。」（《繫壤集》）

圖三：《本義》收載之方圓合一圖

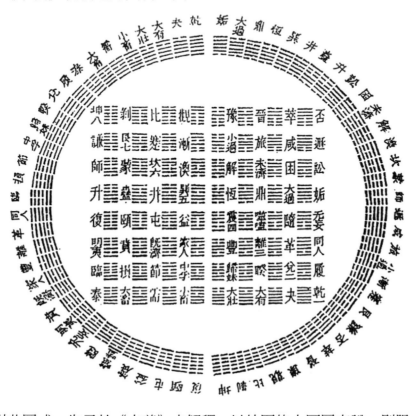

　　對此圖式，朱子於《本義》中解釋，以外圍的大圓圖來說，則陽氣始生
於子中，盛極於午中；陰氣則生於午中，盛極於子中，可謂陽氣在南方，而
陰氣居於北方。以內層的方圖來看，則《乾》始於西北方，而《坤》則處於
東南方，則可謂陽氣居北，陰氣處南。而以方圓圖整體來看，則外面的圓圖
為陽，而中間的方圖為陰。圓圖象徵天，其特性健而動；方圖則象徵地，其
性順而靜。〔註17〕是故一表「流行中有對待」，另一則表「定位中有對待」。
〔註18〕

<hr />

〔註17〕〔宋〕朱熹著，《周易本義》，頁8。
〔註18〕對此差異，朱子分析云：「圓圖象天，一順一逆，流行中有對待，如震八卦對
　　　　巽八卦之類；方圖象地，有逆無順，定位中有對待，四角相對，如乾八卦對
　　　　坤八卦之類，此則方圓圖之辨也之意。」見〔清〕黃宗羲撰，全祖望補訂《增
　　　　補宋元學案》，第一冊，卷十，《百源學案（下）》，頁9。又朱子曰：「陰陽有
　　　　個流行，有個定位的。一動一靜，互為其根，便是流行底，寒暑往來是也。
　　　　分陰分陽，兩儀立焉，便是定位底，天地上下四方是也。」語見〔宋〕黎德

因此，分而論之，則可謂方圖表空間定位，圓圖則表時間流行，合而言之，則方圓合一圖即是時間與空間合一的展示，此即李光地所謂「大圓圖中自方圖，又所以象天地之相函也」。〔註 19〕於此不難窺見先天易學之妙。而在說明了先天易學與後天易學之後，接下來，要說明其意涵以及相關的問題。

第二節　先後天易學之差別及其關係

一、先天易學之評價

對於先天易的批評，自邵子以後，在易學史上即未曾間斷，然因朱子的高度評價，使得先天易學的地位難以動搖，直至明末清初，對其展開全面性的批判後，才致使先天易哲學的地位受到打擊。如黃宗羲對於先天易學所云「乾坤縱而六子橫，《易》之本也」以及後天易學所謂「震兌橫而六卦縱，《易》之用也」的排列方位，提出非難。對此中所含之矛盾，黃氏析論曰：

> 由前之說，則後自坎離以外皆橫也；由後之說，則前自坎離以外皆縱也。圖同而說異，不自知其遷就與？是故離南坎北之位，本無可疑，自康節以爲從先天改出，牽前曳後，始不勝其支離，朱子求其所以改之之故而不可得遂，至不信經文，吁！可怪也。〔註 20〕

此是說，依據前一種說法，則後天八卦方位除了坎離南北縱對之外，其餘皆可謂橫列相對；相反地，若依後一種說法，則先天八卦方位除了坎離東西橫對外，其餘六卦皆成二二縱對之勢。圖式的方位相同，但是說法卻縱橫相異，兩種說法標準不一，顯見其中必有矛盾。黃氏認爲，離南坎北的後天方位，原爲典籍所有，然自邵康節提出先天後天之說，並以後天乃自先天方位改易而成的主張後，後世許多易學家即爲此巧爲彌縫，即連朱子亦陷入此一泥沼，乃至不信典籍之記載，汲汲於想爲此說尋求一理論上之依據，無奈終因矛盾而不可得。

然而，從上述的探討中，可以發現，邵子的先天易哲學，確有其精妙處。

靖編，《朱子語類》，共八冊，（北京：中華書局，1994 年 3 月第 1 版），第四冊，卷六十五，頁 1062。

〔註 19〕〔清〕李光地纂，《周易折中》（成都：巴蜀書社，1998 年 4 月第 1 版），頁 1080。

〔註 20〕〔明〕黃宗羲著，《易學象數論》（臺北：廣文書局，1998 年 9 月再版），頁 43～44。

以下即以先天八卦方位圖爲例，再予以說明。針對此圖，邵子析論云：

> 震始交陰而陽生，巽始消陽而陰生。兌陽長也，艮陰長也。震兌在
> 天之陰也，巽艮在地之陽也。天以始生言之，故陰上而陽下，交泰
> 之義也。地以既成言之，故陽上而陰下，尊卑之位也。乾坤定上下
> 之位，離坎列左右之門，天地之所闔闢，日月之所出入。是以春夏
> 秋冬，晦朔弦望，晝夜長短，行度盈縮，莫不由乎此矣。〔註21〕

此是說，震卦爲一陽生，表陰消而陽生。巽則爲一陰之卦，表陽消而陰生；
兌爲二陽之卦，表示陽繼續發展；艮爲二陰之卦，則表示陰繼續發展。「以左
右言之，則乾、兌、離、震爲天，巽、坎、艮、坤爲地」，〔註22〕故少陰之震
卦與太陰之兌卦，即爲在天之陰，而少剛之巽卦與太剛之艮卦，則爲在地之
陽。左半圈爲天，以始生萬物言之，則陰在上而陽在下，顯示天地交泰之義，
故震兌二卦皆陰上陽下；左半圈爲地，以既成萬物言之，則陽在上而陰在下，
顯示尊卑高低之位，故巽艮兩卦皆陽上陰下。此圖乾坤分置上下，坎離分列
左右，陽表動而進，陰表退而斂，故圖之左半圈由震而乾，陽氣漸長，陰氣
漸消，表示天地展開了生成的歷程，即所謂「闢」；而圖之右半由巽而坤，陰
氣漸長，陽氣漸消，則表示天地斂藏萬物，此即所謂「闔」。天地一闢一闔之
間，即形成一年春夏秋冬的變化。

　　細言之，震初爲冬至，離、兌之間表春分，乾末巽初爲夏至，而坎、艮
之間則表秋分，如此從冬至到春分，由春分而夏至，再由夏至到秋分，繼而
由秋分而冬至，春、夏、秋、冬，年復一年，循環不已。

　　而配合月體納甲之說，則震爲一陽生於下之象，時值初三，月初生。兌
爲二陽生之象，時值初八，乃爲月上弦之時。乾乃全陽之卦，時值十五日，
表月望之時。繼而由盈轉虧，則爲巽一陰生於下之象，時值十八日，表月始
虧之時。艮爲二陰生之象，時值二十三日，爲月下弦之時，坤則爲全陰之卦，
表月晦之時。

　　再以一日言之，則離卦象日，居於東方，表早晨太陽昇起於東方，歷兌
而乾，陽氣最旺，時值正午，再由乾歷巽而坎，表太陽落於西方，時值黃昏。
而以八卦來分，則圖上方之離、兌、乾、巽四卦爲白天，而圖下方之坎、艮、
坤、震四卦，則爲太陽隱沒之後的黑夜。細分之，則離、乾、坎、坤四卦，

〔註21〕〔宋〕邵雍著，張行成注，《皇極經世書》，頁298～299。
〔註22〕張行成註語，見〔宋〕邵雍著，張行成注，《皇極經世書》，頁299。

分別代表了一日當中的早晨、正午、黃昏、子夜。

　　從以上的分析可以看出，先天八卦方位圖不但可以表示一日之間由白晝到黑夜的變化；亦可表示一月之間晦、朔、弦、望的變化過程；還可以用來表示一年之間春、夏、秋、冬的週期循環。可以說小至一日，大至一月，乃至一年，皆爲先天八卦方位圖所涵攝。

　　經由以上的分析，筆者認爲，黃宗羲等人根據考據的角度否定先天易學的價值，在歷史層次上無可厚非，然而，先天易哲學在理論層面上，的確有其精妙之處，否則單憑其依託於伏羲之名，恐亦無法風行數百年。〔註23〕故綜合而言，則筆者認爲，胡渭的說法，顯得較爲中肯。對於邵子的先天易學，胡氏評論云：

> 易道之大，無所不包，執一家之學，而以爲伏羲之精義全在於此，豈理也哉？朱子於先天方位得養生之要，於加一倍法見數學之精，篤信季通，意固有在，吾何敢輕議？但不當列諸經首，以爲伏羲之易耳。……故吾以爲，邵子之易與聖人之易，離之則雙美，合之則兩傷，學者不可以不審也。〔註24〕

此是說，易道廣大，涵攝天、地、人三才之道，故可謂無所不包，但執守邵子一家之學即能括盡伏羲易學精義之看法，顯然是不合理的。然而，就理論層次而言，胡氏亦不否認，先天易學確有其精妙處，此點誠無可置疑，但朱子隨順邵子之言，乃將其先天易學視爲伏羲之易，並置其於《本義》之首的作法，則無疑將使邵子先天易學與伏羲之易混爲一談，造成混淆。實則邵子先天易學乃其一家之學，是故若能釐清此一關係，則能將伏羲還諸伏羲，將邵子還歸邵子，而不致於相互混淆，兩相貽誤。

　　在說明了先天易學的評價後，接下來即對於邵子先天之學與後天之學的意涵，以及兩者之間的區別，分別予以探討。

二、先後天易學之意涵和區別

　　有關先天易學與後天易學之間的差別，自邵子以降，即爲眾易學家探究

〔註23〕　朱伯崑先生對此亦有類似的看法。他認爲從黃宗羲的種種批判中，可以看出
　　　　　「黃氏只看到圖書先天之學，有背于經傳本義，不肯承認其易學在理論思維
　　　　　方面的成果，這正是考據學派研究經學的弱點之一。」見朱伯崑著，《易學哲
　　　　　學史》，第四冊，頁274。

〔註24〕　〔清〕胡渭著，《易圖明辨》（臺北：鼎文書局，1975年4月初版），頁111。

的焦點所在，而在眾多的論述之中，朱子的意見，最為世人所接受，是以筆者即以其見解展開探討。朱子在其《答袁機仲》第二書中，即透過畫卦的過程，對於先天與後天的內涵以及兩者之間的差異予以說明曰：

> 自初未有畫時，說到六畫滿處者，邵子所謂先天之學也。卦成之後，各因一義推說，邵子所謂後天之學也。今來喻所引《繫辭》《說卦》三才六位之說，即所謂後天者也。〔註25〕

朱子認為，從尚未落于有形的卦象，一直到六爻畫成的過程，即是邵子所謂的先天易學。畫卦完成後，依據各卦所指之事，做個別的推衍申論，比如《訟》卦指的人與人之間爭訟的衝突過程，以及如何止訟免爭的道理；《師》卦則是闡明戰爭時用兵的規律等，這些則是邵子所謂的後天之學。

　　而針對學者將伏羲之《易》與文王之《易》相混淆所產生的弊端及其根源。朱子在《答袁機仲》的書信中提到：

> 推邵氏說，先天者伏羲所畫之易也。後天者文王所演之易也。伏羲之易，初無文字，只有一圖以寓其象數，而天地萬物之理，陰陽始終之變具焉。文王之易即今之《周易》，而孔子所為作傳者是也。孔子既因文王之易以作傳，則其所論固當專以文王之易為主，然不推本伏羲作易畫卦之所由，則學者必將誤認文王所演之《易》，便為伏羲始畫之《易》，只從中半說起，不識向上根原矣。〔註26〕

此是說，推原邵子本人的說法，所謂先天指的是伏羲畫卦的部份；而後天指的則是文王重卦演易的部份。伏羲之時，由於尚無文字，因此他只能藉由圖象符號表達其哲思。但縱令如此，其圖象符號實亦含括了天地萬物生成變化以及陰陽清長的規律。而文王易也就是現今流傳的《周易》，孔子的《十翼》則是闡發文王之《易》的，但倘若學者不深入研究伏羲畫八卦的深刻內涵，則將誤認文王之《易》為伏羲之《易》。此種混淆實皆導因於只研究《周易》經傳，不能窮究伏羲畫卦的根源所致。是故朱子認為，在《十翼》當中，諸如《繫辭傳》所言「八卦成列，象在其中矣。因而重之，爻在其中矣」、「易有太極，是生兩儀，兩儀生四象，四象生八卦」等，以及《說卦傳》所謂「天地定位，山澤通氣，雷風相薄，水火不相射」之類，皆本諸於伏羲畫卦之意而來；因此他在《易學啟蒙》中的《原卦畫》一篇，亦將伏羲與文王之易分

〔註25〕郭齊、尹波點校，《朱熹集》，第三冊，卷三十八，頁1681。
〔註26〕郭齊、尹波點校，《朱熹集》，第三冊，卷三十八，頁1683。

置前後，俾使學者知所先後。若學者只想瞭解今本《周易》書中之文義，則只須明白文王六十四卦爻與孔子《易傳》的內容也就足夠了。但如果學者要進一步瞭解聖人作《易》之本，則必須深入考究伏羲畫卦之義理內涵。

是故「兩者初不相妨，而亦不可以相雜」，〔註27〕可謂朱子對此先天與後天之學的基本態度，影響所及，使得後世易學家大抵皆採取此種說法。以下即針對兩者之間的關係，予以探究。

三、先後天關係之析論

根據邵子本人的看法，先天易學與後天易學之間，乃是一種本體與應用的關係，此其所謂「乾坤縱而六子橫，《易》之本也。震兌橫而六卦縱，《易》之用也」之意。〔註28〕此是說，從卦位排列的方式，先天八卦圓圖，乾南坤北為縱，而離東坎西，震東北與巽西南，兌東南與艮西北，兩兩相對，其象為橫；而後天八卦方位，震東兌西為橫，其餘離南坎北，艮東北與巽東南，坤西南與乾西北，其象則為縱。對此關係，胡玉齋解釋云：

> 先後天縱橫不齊者，蓋先天對待，以立其本，而所重在乾坤，後天流行，以致其用，而所重在震兌，先天有乾坤之縱，以定南北之位，然後六子之橫，布列於東西者，倚之以為主，是相為對待以立本也，後天有震兌之橫，以當春秋之分，然後六卦之縱，其成全於冬夏者，資之以為始，是迭為流行以致用也，本立用行，先後天所以可相有而不可相無也。〔註29〕

此是說，先後天方位之所以不同，乃是因為先天以對待為主，以確立其根本，

〔註27〕 郭齊、尹波點校，《朱熹集》，第三冊，卷三十八，頁 1683。
〔註28〕 〔宋〕邵雍著，張行成注，《皇極經世書》，頁 325。對此，張行成註曰：「乾坤縱而六子橫，伏羲先天之卦也。故曰《易》之本。震兌橫而六子縱，文王後天之卦也。故曰《易》之用。經縱而緯橫，經以立體，緯以致用，經常而緯變也。六子橫者，用六子也。震兌橫者，用震兌也。『天地定位』，體也。『山澤通氣，雷風相薄，水火不相射』，皆用也。後天獨用震兌者，地上之《易》也。」見該書頁 325～326。何夢瑤則云：先天圖乾南坤北為縱，其餘為橫，縱橫皆相對，此定位也，本體如是。震東兌西，橫也，餘皆縱，本以乾坤為主，用以長男少女為主。」見〔清〕何夢瑤著，《皇極經世易知》，共二冊，（臺北：廣文書局，1994 年 8 月初版），卷七，頁 43。
〔註29〕 〔宋〕胡方平著，《易學啓蒙通釋》（臺北：武陵出版社，1990 年 3 月第 1 版），頁 113。

故以乾坤爲主；而後天以流行爲主，以達成其用，故著重於震兌。先天以乾坤父母卦分居南北，以定天地之位，然後六子卦分列東西，水火、山澤、雷風皆相對，以確立其根本。根據《說卦》「帝出乎震」一章，則後天八卦以震兌分居東西，時當春秋之分，而其餘六卦，則分值其它季節，更迭輪流以達成生化萬物之功用。　本體確立之後才能發揮作用，因此，先天與後天，兩者可以相有，不可以相無。

　　此種體用關係，無非在強調兩者之間不能相互分離。此外，雖然一爲本體，一爲運用，但邵子則進一步強調，後天八卦方位實乃本諸於先天八卦方位而來。對此，他解釋曰：

　　　　至哉！文王之作《易》也，其得天地之用乎？故《乾》、《坤》交而爲《泰》，《坎》、《離》交而爲《既濟》也。《乾》生於子，《坤》生於午，《坎》終於寅，《離》終於申，以應天之時也。置《乾》於西北，退《坤》於西南，長子用事而長女代母，《坎》、《離》得位，《兌》、《艮》爲偶，以應地之方也。王者之法其盡於是矣。〔註30〕

此段文字乃在說明文王改易伏羲卦圖之意旨所在。自先天《乾》南、《坤》北相交，則成《乾》北《坤》南之《泰》卦；而自先天《離》東《坎》西相交，則成《離》西《坎》東之《既濟》卦。《乾》本位於午，因相交而返回於其所由生之子；而《坤》本位於子，因相交而返回於其所由生之午。《坎》本位於西方之申，因相交而歷經酉、戌、亥、子、丑，而終於東方之寅；《離》則本位於東方之寅，因相交而歷經卯、辰、巳、午、未，而終於西方之申。以應春、夏、秋、多之天時。先天南方《乾》卦，一變而由南至北，再變則由北而退至西北；先天北方《坤》卦，一變而由北至南，再變則由南而退至西南。此乃因《乾》、《坤》二老不用，分別由長子《震》卦代父之《乾》卦，由長女《巽》卦代母之《坤》卦，此正可解釋《說卦傳》所謂「出乎震，齊乎巽」之意。先天《乾》退則《離》得原先之位而居南；《坤》退則由《坎》得原先之位而居北，而《兌》位居西方，表物之成；《艮》居於東北方，表物之終。符合八方生、長、養、成等生物之週期，故天地生化萬物之大用，可謂盡萃於此圖矣。此亦方孔炤所謂「邵子以交《泰》《既濟》，歎先天後天也，微哉！交者變化之幾也」（《幾表・中天四坎四離變衍》，頁269）之意。

　　邵子文王卦圖乃改易伏羲卦圖而來，也就是「後天本諸先天」的看法，

―――――――――――――――――――――
〔註30〕〔宋〕邵雍著，張行成注，《皇極經世書》，頁322。

〔註31〕成為宋代以降，易學家的普遍看法。而此一看法所產生的深刻影響，致使後世的象數派易學家，無不殫精竭慮地要將此予以說通，及至近代，此一情形依然未變。如尚秉和先生即主張，雖然每一卦分別在先天八卦與後天八卦中有其不同的方位，究其實，則八卦後天方位，乃是源自於先天方位。對此，尚氏論析云：

> 蓋易之道一動一靜，互為其根。先天方位，乾南坤北，離東坎西，一陰一陽，相偶相對，乃天地自然之法象，靜而無為。惟陰陽相對必相交，坤南交乾，則南方成離；乾北交坤，則北方成坎。先天方位，遂變為後天，由靜而動矣，《周易》所用者是也。然《周易》雖用後天，後天實由先天禪代而來，不能相離。故《說卦》首以「天地定位，山澤通氣」演先天卦位之義，再明指後天。誠以經中如《坤》卦《蹇》卦，以坤為西南，從後天位；而《既濟》九五，則以離為東，坎為西，從先天位，《說卦》不得不兼釋也。〔註32〕

此是說，天地萬物的生成變化，無非乃是一陽一陰，也就是一動一靜，彼此更迭，錯雜作用所產生的結果，此即《繫辭》「一陰一陽之謂道」的意涵。而在先天方位中，乾坤分居南北，離坎各列東西，八卦的排列，正好是陰與陽比鄰且相對，故可謂天地自然法則之象徵。此表先天定體，是故靜而無為，而在陰陽相對相交之下，則南方的坤與北方的乾相交，形成南方的離卦；而北方的乾與南方的坤相交，形成北方的坎，於是先天八卦方位，就轉變成後天八卦的方位了，而此正顯示由靜而動的情形，《周易》所謂的後天之用，也就是天地萬物相交生化之大用，即指此而言。然而，《周易》之用雖屬後天，然而此後天八卦方位實是由先天八卦方位所轉化更迭而來的，因此，兩者實不能相互割離，所謂「易之道一動一靜，互為其根」正是此意。是故《說卦傳》先以「天地定位」一章推演先天方位的意涵，然後再說明後天方位的意義。此一安排，實是因為在《周易》當中，本即已存在著此二種方位之說，舉例來說，《周易》中的《坤卦》的「西南得朋，東北喪朋」以及《蹇卦》的「利西南，不利東北」，皆以坤為西南，此乃是從後天八卦方位來解釋；而《既濟》卦九五所謂的「東鄰殺牛，

〔註31〕張行成詮釋邵子此一見解云：「大抵體必有用，用必有體，天地一理，聖人一心，是故先天者，後天之所自出也。」見〔宋〕邵雍著，張行成注，《皇極經世書》，頁323。

〔註32〕尚秉和著，《周易尚氏學》（北京：中華書局，1980年5月第1版），頁9。

不如西鄰之禴祭」中的東西方位，則是以離東坎西的先天方位來解釋的，因此，《說卦傳》不得不同時作出兩種方位的說明。

　　尚氏此一分析，乃是依據動靜互為其根的觀點來解釋後天八卦方位源自先天方位之說，此一觀點亦證明了《說卦傳》的兩種方位排列，皆有其經典上的根據，皆本諸《周易》經文而來，因此，對於黃宗羲的批評言，可謂一強有力的反駁。

　　在說明了先天易學與後天易學的內容，以及兩者的區別與關係之後，下章即就方孔炤之見解，予以進一步的闡釋。

第九章　論先後天（下）

　　在上章中，筆者已經對於先天易學與後天易學之內容，以及兩者之間的差異與關係，分別予以析論，本章則進一步闡釋方孔炤對於相關問題的看法，以及其先天蘊於後天之見解。

第一節　方孔炤對於先後天易學之態度

一、方孔炤對於先天易學之態度

　　方孔炤認為，先天易哲學本自北宋邵子提出，而經由朱子載于其《周易本義》卷首予以大力表彰後，對於先天易學實有推波助瀾之功。對於邵子先天易哲學的價值以及朱子的推廣和提倡，乃至先天易學所闡明的義理，他析論云：

> 百原之宗，善於微質，朱子表章之功大哉！然五百餘年，罕有知其微者，永叔不耐研極，故不信諸圖，並不信《文言》《繫辭》矣，穆姜所引，左氏附會填入者也，且夾漈考證，左非丘明，乃三晉之文士也，顧以後來之竊拾，而疑聖人之言乎？……近有信後天圖而不信先天圖者，豈知一切生成，處處皆此圖耶？（《凡例》，頁 56～57）

方孔炤認為，邵子易學擅長於闡明易學的本質，因此他對於朱熹表彰邵子易學甚為稱許，然而自邵子提出先天易哲學以來，五百多年間，知道其中精微者，可謂寥寥可數。而「研極」，即《繫辭》所謂「極深而研幾」，意謂「窮究《易》之深奧，研求《易》之幾微」。〔註1〕這是指北宋易學家歐陽修由於

〔註1〕　高亨著，《周易大傳今注》（濟南：齊魯出版社，1998 年 4 月第 1 版），頁 401。

自身無法對此做一深入研究，致使其非但不信各種易圖，且連帶對於《文言傳》和《繫辭傳》也產生質疑，並認爲這些皆非聖人所作。〔註2〕

然徵諸《左傳》，確有此一記載。穆姜在解釋《隨》卦卦辭「元亨利貞，無咎」一語時謂「元，體之長也，亨，嘉之會也，利，事之和也，貞，事之幹也，體仁足以長人，嘉德足以合禮，利物足以和義，貞固足以幹事，然故不可誣也，是以雖隨無咎。」〔註3〕然而，方孔炤認爲，穆姜所引，乃是左氏附會填入，而且根據鄭樵之考據，〔註4〕所謂左氏並非指左丘明，而是三晉時人。〔註5〕因此，類似的質疑，都只不過是以後來產生的不足爲信的錯誤依據爲憑，懷疑聖哲之言論罷了。近來同樣有人只相信後天圖，卻不相信先天圖，實則這些人都因爲「不耐研極」，以致無法瞭解先天圖實蘊涵了宇宙一切生成

〔註2〕 針對所謂「元、亨、利、貞」四德之說，歐陽修認爲「此魯穆姜之所道也，初，穆姜之筮也，遇艮之隨，而爲隨元亨利貞說也，在襄公之九年，後十有五年，而孔子始生，又數十年，而始贊《易》，然則四德非乾之德，《文言》不爲孔子之言也。」。對此，歐陽修透過與童子之問答，進一步予以申論，「童子曰：或謂左氏之傳春秋也，竊取孔子《文言》以上附穆姜之說，是左氏之過也，然乎？曰：不然，彼左氏者，胡爲而傳春秋，豈不欲其書之信于世也？乃以孔子晚，而所著之書爲孔子未生之前之說，此雖甚愚者之不爲也，蓋方左氏傳春秋時，世猶未以《文言》爲孔子作也，所以用之不疑，然則謂《文言》爲孔子作者，出于近世乎？」見〔清〕黃宗羲撰，全祖望補訂《增補宋元學案》，共六冊，（臺北：臺灣中華書局，1984年10月臺3版），第一冊，卷十，《廬陵學案》，頁11。

〔註3〕 〔清〕阮元校刻，《十三經注疏》，共二冊，（揚州：江蘇廣陵古籍刻印社，1995年10月第1版），下冊，頁1942。穆姜之說法，與《乾文言》所述大致相同，真正的差別在於首句「元，體之長也」與「元，善之長也」之不同。然此一改易，正顯示由單純的爲首的意涵，轉變爲具有「化生之始」的意義，詳細說明，請參見高懷民著，《先秦易學史》（臺北：作者自印本，1986年8月再版），頁257～258。

〔註4〕 鄭樵，字漁仲，號夾漈逸民，南宋史學家，因年輕時隱居夾漈山，不應科舉，沈潛著述三十年，故世稱其爲夾漈先生。詳細說明請參考方克立主編，《中國哲學大辭典》（北京：中國社會科學出版社，1994年5月第1版），頁480～481。

〔註5〕 關於《左傳》的作者、成書年代，乃至真偽的問題，歷來爭論甚多。根據史書的看法，則《史記》、《漢書》或肯定其爲魯左丘明所作，或認爲左丘明爲孔子弟子受經作傳。而自《論語》的記載爲憑，以孔子言及左丘明的語氣看，則左丘明似在孔子之前。唐代的趙匡更提出左氏不是丘明的看法，而宋人王石安、朱熹亦都持此見。詳細的說明，請參見方克立主編，《中國哲學大辭典》（北京：中國社會科學出版社，1994年5月第1版），頁192。因此看來，則方孔炤的說法，在考證上亦非無據。

變化的至理。〔註6〕相較於此，則方孔炤對於先天易學，可謂深信不疑。〔註7〕

　　方孔炤認爲，細究邵雍先天易四圖，可以看出，將大橫圖從中剖開後予以組合，即成爲大圓圖。而方圖則是將大橫圖，均分成八等分後，予以順序堆疊而成的。因此，不論是用以表示次序的橫圖，或是用以表示方位的圓圖以及方圖，三者在本源上相通的。對此，方氏云：

> 此邵子本圖，朱子分出而析論之，橫而參之，使人豁然于一本，規而圓之，使人豁然于無端，疊而方之，使人豁然于方之即圓也（《幾表・合方圓圖諸説》，頁 179）。

此是說，橫圖的表示方式，使人能夠瞭解萬物皆爲太極所分化，而圓圖的圖式，則能令人瞭解到易道周流循環，沒有起始，也沒有終點，而方圖的形式，則能讓人明白方圖與圓圖是相通的，因此，三種圖式其實是表達易道的不同形式。不僅如此，方孔炤更自太極分化的角度，進一步闡述方圓圖之同，以及先天與後天之間的關係。

二、太極分化與先後之分

　　首先，方孔炤乃自太極分化的角度，論證方圖圓圖以及卦爻系統，皆爲太極之分化，對此，方孔炤析論云：

> 半順半逆而陽逆陰中，陰逆陽中，已示全逆全順矣。就象數以爲徵，而至理森然，即其渾然，此張子所以歎天秩天敘乎？方圓卦爻，總一太極，總此秩敘，証知掃秩敘以言太極者，詖邪之偏詞也（《幾表・合方圓圖諸説》，頁 180）。

此所謂順行逆行的問題，本諸邵子「陽在陰中，陽逆行。陰在陽中，陰逆行。陽在陽中，陰在陰中，則皆順行。此眞至之理，案圖可見之矣」〔註8〕之意而來。意指圓圖左屬陽，右屬陰。坤爲無陽之卦，艮、坎則爲一陽之卦，巽爲

〔註6〕　方孔炤論大圓圖云：「太陰少陰，皆在北，太陽少陽，皆在南，南故陽多，北故陰多，一在二中，正神于折半相錯，爻爻交準，一毫不容人力，邵子發明之，朱子尊信之，而人猶不悟，總爲執一不肯深幾耳，如此畫出，從中而顯，陰陽交午，歷歷分明，有何疑乎？」（《幾表・大圓圖》，頁 173～174）。

〔註7〕　而就易學史的發展來看，正如前述，方孔炤身處於明末清初，尚未進入對於宋代圖書之學展開全面性的批判與考察之時，是故方孔炤之見，亦有其歷史性的因素存在。

〔註8〕　〔宋〕邵雍著，張行成注，《皇極經世書》，頁 329。

二陽之卦，故以右半圈而言，則爲陽在陰中逆行之象。乾爲無陰之卦，兌、離則爲一陰之卦，震爲二陰之卦，故以左半圈言之，則爲陰在陽中逆行之象。然以陽爻言之，則震爲一陽之卦，離、兌爲二陽之卦，乾則爲三陽之卦，故爲陽在陽中順行之象。以陰爻言之，則巽爲一陰之卦，坎、艮爲二陰之卦，坤爲三陰之卦，故爲陰在陰中順行之象。

然而，方孔炤認爲，以乾一，兌二，離三，震四，巽五，坎六，艮七，坤八之序而言，圓圖的右方，自上而下，以數序言爲五六七八，故爲順；圖之左方，由上而下，則爲四三二一，故爲逆。合而言之，則爲半順半逆。而橫圓則自右方乾一至左方坤八爲全順，自左方坤八至右方乾一則爲全逆，合以言之，則爲全順全逆。圓圖本自橫圖中剖後予以組合而成，是故從圓圖的半順半逆中，即以顯示了全順全逆的順序，此可以當中所呈顯的象數獲得證驗，與萬物混一而爲不可分的太極，即存在於天地生成分化的萬事萬物中，此乃至理也。

因此，不論是圓圖、方圖，乃至於卦爻，總括爲對於太極分化、生成萬物不同面向的表述，而總合這些太極生化萬物之次第，即是太極，而非在這些生化歷程之外，別有一太極。由此可以證明，除卻這些生成次第與歷程而單論一至高無上的太極，乃是偏頗不實之論。

從這個角度來看，則方孔炤雖然對於先天易學有高度的評價，然而，他並不贊同前人以伏羲文王區分先天易學與後天易學之主張。對此觀點，他析論云：

> 天地之理本自如此，先後並用，聖人隨時發明，其制度行事，自然符合，非可執何者爲何聖人之易也，文王發明後天之用，故以歸之耳。舊謂先天主《乾》稱君，所重在正南，後天主《震》稱帝，所重在正東。吾謂舉上下以立體，而用則木之生氣主之，明君尊臣卑之體，正所以爲統御安分之用，立仁與義之用，正所以享其陰陽剛柔之體，以統臨則謂之君，以主宰則謂之帝，可執分乎？（《幾表·後天八卦方位圖說》，頁 265～266）

此是說，天地萬物乃太極一體之分化展開，因此，不論是先天亦或後天，皆本諸此天地之理，而以應用的角度言，則先天後天同時並用，聖人默契此理，隨時之不同而有不同之闡發，其所創制的制度典範，即能自然符合此天地之理，因此，不可執著那一部份是何人之創制，實則這些聖哲所闡發的皆是理

一同源之易道，只因文王以人道思想爲主，對於後天之應用多所發揮，故將此後天之學歸之於文王。以往認爲，《說卦》所謂「乾以君之」一章，明指先天以乾稱爲君爲根本，故所重在南方；而《說卦》所云「帝出乎震」一章，則意指後天則以震稱帝爲根本，故所重在東方。然方孔炤則認爲，乾南坤北，重在以上下立體，而應用則以東方木之生氣爲主。然而，先天以乾南坤北之位，闡明君臣尊卑之本體，正是後天統御安份應用之根本；而後天仁與義之人用，正是使天道的陰與陽以及地道的剛與柔能夠各得其正、亨通暢達之根本所在。〔註 9〕是故從以尊臨卑，統領眾物的角度言，則稱爲「君」；從主宰一切的角度言，則稱之爲「帝」，實則此只是著重的角度不同，因此，方孔炤強調，切不可執著於此一區分。〔註 10〕

　　對於不可執著此一區分的箇中原故，則與方孔炤對於先天後天關係之看法，有密切不可分的關聯，以下即就此予以深究。

第二節　方孔炤對於先後天關係之析論

一、後天本於先天

　　在《圖象幾表》中，方孔炤在《元公黃氏衍京變》中提出了「四正四隅正對顛對合文王卦位」之圖式（見圖一）。〔註 11〕方孔炤此圖，即企圖透過以京房八宮卦，說明先天易學與文王後天易學之間的關係。徵諸易學史，四正四隅之區分，原本諸先天易學而來，而京房的「八宮卦」，則本於後天易學乾坤生六子之次序而來，故亦爲後天易學。摘錄其圖如下：

〔註 9〕　方孔炤此說，本諸於《說卦》所謂「立天之道曰陰與陽，立地之道曰剛與柔，立人之道曰仁與義」一語而來。

〔註 10〕　對於舊說以伏羲、文王分體用的看法，杭辛齋氏亦透過畫卦的角度批評曰：「蓋伏羲畫卦，體用一源，當然先後天並有，不能至文王而始有此八卦之用也」杭辛齋著，《易學筆談》（臺北：鼎巨書局，1985 年 8 月第 1 版），頁 260。可與方孔炤之見相互發明。

〔註 11〕　朱伯崑先生將此圖予以重新繪製，較原圖遠爲清晰，故予以採用，特此申明。見其所著，《易學哲學史》，共四冊，（臺北：藍燈出版社，1991 年 9 月第 1 版），第三冊，頁 383～384。

圖一：四正四隅正對顛對合文王卦位

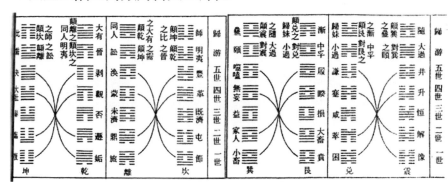

　　然而，筆者在此必須申明，此一圖式，並非方孔炤所獨創，而是將源自於明代易學家來知德的相關圖式，予以融攝而成。以下即透過與來氏易圖之比對，進一步說明方孔炤此圖式之含意。

　　首先，此一「四正四隅正對顛對合文王卦位」之圖式，即依據先天易學，分為四正卦與四隅卦兩組，四正卦的乾坤兩宮與坎離兩宮所統屬的各卦之間，如離宮之旅卦與坎宮之節卦；離宮之鼎卦與坎宮之屯卦；離宮之未濟卦與坎宮之既濟卦；乾宮之姤卦與坤宮之復卦；乾宮之剝卦與坤宮之夬卦；乾宮之否卦與坤宮之泰卦等等，皆存在著相反的關係，四隅卦則否。而此一相反的關係，方孔炤稱之為「正對」，實即是來知德所謂的「錯」。〔註12〕

　　再以一世卦到五世卦來說，則乾坤兩宮、坎離兩宮、艮巽兩宮、震兌兩宮之間，其一世卦到五世卦之間，卦象存在著相互顛倒的關係。以坎離兩宮言，則坎宮一世之節卦與離宮五世之渙卦；坎宮二世之屯卦與離宮四世之蒙卦，以及坎宮三世之既濟卦與離宮三世之未濟卦，彼此之間即呈現卦象顛倒的關係。再以震兌兩宮言，則震宮一世之豫卦與兌宮五世之謙卦；震宮二世之解卦與兌宮四世之蹇卦，以及震宮三世之恆卦與兌宮三世之咸卦，彼此亦呈卦象顛倒之關係。方孔炤將此關係稱之為「顛對」，實則此即來知德所謂文王卦序中的「正綜」。〔註13〕此一關係，來氏特以「文王序卦正綜圖」〔註14〕

〔註12〕所謂「錯」之意涵，來氏解釋云「錯者，陰與陽相對也」頁139、「相錯，一左一右謂之錯」頁27。四正卦的此一相錯關係，來氏亦以八卦相錯圖予以解釋，請參見〔明〕來知德著，《來註易經圖解》頁37。
〔註13〕所謂「綜」之意涵，來氏解釋云「綜字之義，即織布帛之綜，或上或下，顛之倒之者也」頁139、「相綜，一上一下謂之綜」頁27。
〔註14〕〔明〕來知德著，《來註易經圖解》（臺北：武陵出版社，1997年5月第2版），

予以表示，說明八純卦相綜，八純卦分別統屬的一世卦到五世卦亦相綜。摘錄其圖式如下（見圖二）。而方孔炤上述圖式中一世卦到五世卦之關係，即本諸此圖而來。

圖二：文王序卦正綜圖

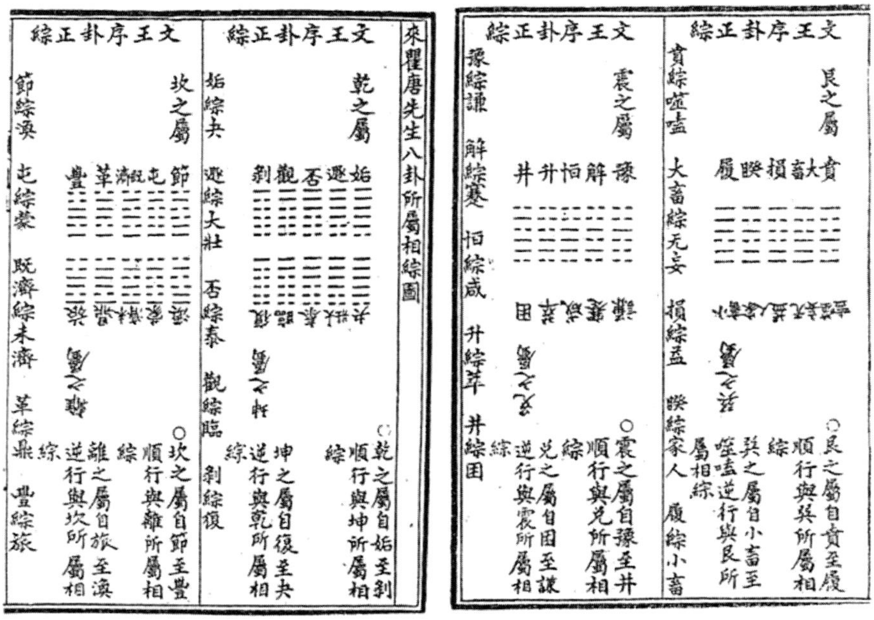

其次，再以各宮的游魂卦與歸魂卦來說，四正卦各宮之中的各個卦爻之間，則呈現彼此顛對的情形，如坤宮之游魂卦需與離宮之游魂卦訟相顛對；乾宮之游魂卦晉與坎宮之游魂卦明夷亦相顛對。而離宮之歸魂卦同人與乾宮之歸魂卦大有相顛對；坎宮之歸魂卦師與坤宮之歸魂卦比亦顛對。四隅卦之情形則不盡相同。歸魂卦的部份與四正卦一樣，仍然呈現顛對的關係。而游魂卦的情形，則呈現相錯的情形。如巽宮之游魂頤卦與震宮之游魂卦大過相錯，艮宮游魂卦中孚則與兌宮之游魂卦小過相錯。實則方孔炤所謂的「顛對」，即是來知德所謂文王卦序中的「雜綜」。對此，來氏有「文王序卦雜綜圖」〔註15〕予以表示，以說明游魂卦與歸魂卦之間，彼此交叉相綜的關係。摘錄其圖式如下（見圖三）。

頁 39～40。
〔註15〕　〔明〕來知德著，《來註易經圖解》，頁 41。

圖三：文王序卦雜綜圖

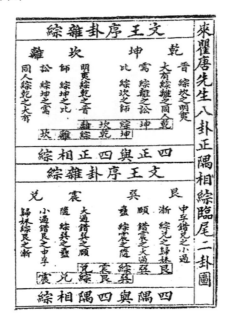

此外，以四正四隅之區分來看，則四正之卦的游魂與歸魂，不外是乾坤與坎離之間相交而成。以坎、離兩宮為例，離宮之游魂訟卦為乾上坎下，坎宮游魂則為坤上離下之明夷卦，而離宮歸魂同人為乾上離下，坎宮歸魂則為坤上坎下之師卦。相對於此，則四隅之卦的游魂與歸魂，則是巽艮與震兌之間互交而成。以巽、兌兩宮為例，巽宮之游魂頤卦為艮上震下，艮宮游魂則為巽上兌下之中孚卦，而巽宮歸魂蠱卦為艮上巽下，艮宮歸魂則為巽上艮下之漸卦。此關係即其所謂「四正四隅各自為對，而歸游之卦則乾坤與坎離相交，震兌與艮巽互交」（《幾表・元公黃氏衍京變》，頁303）之意。

總括而論，方孔炤指出，上述種種諸如正對、顛對等等關係，無疑可以說明後天卦序乃是本諸先天易理而來。是故，皆可視為其對於「可見周易後天八卦，寔本羲易先天而設也」（《幾表・八盪雙顛圖》，頁309）觀點之論證。

二、對待與流行

如前所述，就方位排列言，則伏羲先天方位為體，主對待；而文王後天方位為用，主流行。而方孔炤則進一步提出，文王後天易學雖主流行，然其中亦含對待之義。針對此一觀點，方孔炤在《圖象幾表》中，特別提出「先後天三一縱橫說」予以闡釋（見圖四）（《幾表・先天三一縱橫說》，頁267）之意。

圖四：先天後天三縱一橫圖

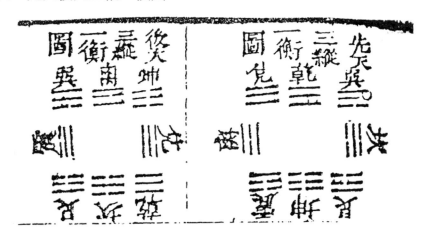

　　此圖顯示，不論是先天八卦方位或是後天八卦方位，其卦畫皆可以三縱一橫之排列予以表示，方孔炤此一說法，無疑亦對於先天易學與後天易學縱橫排列有所矛盾的質疑，提供了一強有力的回應。且以卦畫之對待看，則在此圖式之下，先後天皆呈現了乾三陽與坤三陰相對，坎中陽與離中陰相對，震初陽與兌末陰相對，以及艮末陽與巽初陰相對之對待關係，以乾坤生六子來看，則先後天的對待關係，不僅呈現了陰陽相對，長少相對之情形，而且此一對待關係，乃為先天後天所同。

　　實則方孔炤此一有關對待與流行的看法，同樣受到來知德的深刻影響。來氏反對以先天為對待、後天為流行的傳統區分。對此原因，來氏析論云：

> 先儒不知對待流行，而倡為先天後天之說，所以《本義》于此一節，皆云未詳。殊不知二圖分不得先後，譬如天之與地，對待也；二氣交感，生萬物者，流行也，天地豈先後哉？男之與女，對待也；二氣交感，生成男女者，流行也，男女豈先後哉？所以伏羲文王之圖，不可廢一。孔子所以發二聖千載之秘者，此也。〔註16〕

此乃否定邵子以伏羲八卦圓圖為先天易學，而以文王八卦圓圖為後天易學之觀點。來氏認為，此二圖，雖然一講對待，一言流行，兩者不可偏廢，然而究竟地說，二圖究竟不可以先後分。以天地而言，則天與地乃是一對待關係，然而天地二氣交感生化萬物，即為流行，而天地又豈能有先後之分？再以男女來說，兩者亦為對待關係，然而男女二氣交感而生成子女，即可謂流行，

〔註16〕〔明〕來知德著，《來註易經圖解》頁489～490。

而男女又豈能以先後來區分呢？先天後天二圖式，一言對待，一言流行，兩者皆不可偏廢，此即孔子在《說卦傳》以兩種圖式闡發伏羲文王之秘意所在。

以往皆認為，先天圖表示對待以立體，後天圖則表示流行以致用，實則先天與後天，皆為對待中有流行，邵子之說，只是概括性的說法，因為就天地流行變化的角度看，並非可以嚴予區分者，此即方孔炤所謂「先天定體，後天交用，邵子縱橫舉概耳，俱不相礙也」（《幾表·先天三一縱橫說》，頁267）之意。

筆者在此必須強調，雖然方孔炤之圖源自於來知德的相關圖式，但是方孔炤利用此一圖式，並非單純只是要說明各卦之間的錯綜關係。而是要藉此為其時用易學之先天即蘊涵於後天之見解，尋求一理論上的根據，以闡發其其獨特的易學觀點。而除了從流行對待的角度來論證外，他更進一步自卦序與卦性的層次，說明先天與後天之關係。

三、自卦序與卦性論先後天關係

方孔炤認為，從卦序的角度來看，可以看出，《序卦傳》的後天卦序與先天八卦方位之間，實有著密切的關係。對此，他析論云：

> 上篇首《乾》《坤》，天地定位也。下篇首《咸》《恆》，山澤通氣，雷風相薄也。俱以《坎》《離》終，水火不相射也。後天之序，其昉于先天乎！（《幾表·元公黃氏卦序演》，頁391）

此是說，以《周易》六十四卦的次序言，上《經》以《乾》、《坤》兩卦為首，即與先天易首言「天地定位」相合。而下《經》以《咸》、《恆》兩卦為首，亦是對先天易所謂「山澤通氣」、「雷風相薄」之闡明。而不論上《經》的《坎》、《離》兩卦，或是下《經》的《既濟》、《未濟》兩卦，都合於先天易「水火不相射」的說法。由此可見，後天卦序的排列，完全合於先天易「天地定位」一章之順序。不惟如此，即以文王卦序中不易之八卦，即乾、坤、坎、離、中孚、小過、頤、大過八卦言，其中亦含有先天八卦之順序。〔註17〕凡此不僅說明了「文王分卦，亦本先天圖」（《幾表·序卦說》，頁385），更可謂在後天文王卦序之中，即涵有先天伏羲易學之序。

〔註17〕 方孔炤引呂中石之言曰：「乾坤之變，天地所以定位也。中孚小過之變，山澤所以通氣也。頤大過之變，雷風所以相薄也。坎離互變，水火所以不相悖也。」（《幾表·八盪雙顛圖》，頁312）

　　此外，方孔炤更自《說卦傳》所謂「乾，健也；坤，順也；震，動也；巽，入也；坎，陷也；離，麗也；艮，止也；兌，說也」，即八卦卦性的角度，說明先後天之關係。對此，他析論云：

> 塞乎兩間，止此健順之理，健中有動陷止之理，順中有入麗悅之理，合而言之，習明自易簡也，以習明爲易簡，自不任其苟且而托言荒忽，本易簡而習明，自不惑于詖僻而滯于紛紜，萬幾萬變，約以先後天之八德，交用而畢矣。譬之鏡焉，兩鏡相照，彼中有此，此中有彼，彼此復有彼此，窮極幻眇，不可殫見，況八鏡先後因重乎？然雖以無萬數之鏡，光光相攝，同時不相礙也（《幾表・十六卦環中交用說》，頁 284）。

此是說，自八卦之性質著眼，則充塞於天地之間，無非皆是乾健坤順之理，以乾坤生六子言，則陽卦皆含有乾健動之性質，而陰卦則皆含有坤柔順之性質，故謂健中有震之動、坎之陷、艮之止之理，而順之中則有巽之入、離之麗、兌之悅之理。〔註18〕而所謂「習明」，指的是後天坎卦之「習坎」以及離卦之「繼明」而言，本諸於其《大象傳》。坎卦《大象傳》曰「水洊至，習坎，君子以常德行，習教事」，意指君子觀看水疊連流至之象，從而能夠常保其令德美行，反復學習，熟習各項政教事務；而離卦《大象傳》則云「明兩作，離，大人以繼明照于四方」，意指大人觀察到光明接連升起之象，從而能夠惕勵自己以相繼不已之光明，臨照於四方。而能夠一方面常保自身之明德，熟習教事，又能以此嘉惠百姓，則自然能將先天易簡之理，充份實現於人間，是故在後天習明的實踐中，自然即蘊涵先天易簡之理，故云「合而言之，習明自易簡也」。

　　方孔炤更指出，能夠將先天之易簡落實於上述的習坎繼明之中，自可免除托言空疏無著的形上玄理而導致其行爲放蕩隨便；反之，習坎與繼明若能植基於先天易簡之上，則能不受偏頗邪僻之言所惑，而沈滯於紛雜的現象世界之中。天下間的萬事萬物及其變化，皆可以先後天之八種性質的交相運用而賅盡無遺。先天與後天就如同兩面對立的鏡子一樣，在相照之下，將會產生此中有彼、彼中有此，彼此之中又復有彼此影像的情形，在此層層的相照

〔註18〕對此，朱子析論云：「以通神明之德，以類萬物之情，盡于八卦，而震巽坎離艮兌，又總于乾坤，曰『動』曰『陷』曰『止』，皆健底意思，曰『入』曰『麗』曰『說』，皆順底意思，聖人下此八字，極狀得八卦性情盡。」引自〔清〕李光地纂，《周易折中》（成都：巴蜀書社，1998 年 4 月第 1 版），頁 1021。

相映之下，終至於無止盡而不可見。兩鏡相照尚且如此，更何況先後天八鏡相互依靠相照呢？而他強調，雖然各鏡皆處在相照相攝的關係之中，但於此同時，卻不妨礙各鏡依然保有其獨立的個體與性質。

　　方孔炤此說，乃是爲了說明先天之體中即涵後天之用，後天之用中即涵先天之體，換言之，先後天相互涵攝爲一，而非分離之二。相較於一般易學家所謂「先天後天可相有而不行相無」的看法，此一說法相當能夠突顯方孔炤獨特的易學觀點。然而，方孔炤易學並不停留於此，他更透過其「時用」的觀點，進一步解釋先天與後天之間的關係，以闡發其「先天蘊於後天」之獨到見解，將其易學的重點，徹底落實於後天「時用」之上。

第三節　方孔炤先天蘊於後天之見解

一、先天不能不後天

　　如太極章所述，方孔炤認爲，天地萬物皆不外是太極一體之分化與展開，所謂「易故自碎其太極以爲物物之卦爻，一貫者，即一是多，即多是一也」(《凡例》，頁 59)、「自儀象八卦以至四千九十六，皆大二也，大二即大一也」(《時論・繫傳上》，頁 1502)，皆指此而言。而對於大一不得不分化成天地萬物的情形，方以智在《繫辭提綱》的註語中闡釋曰：

> 虛空不得不卦，卦不得不辭，猶大一之不得不天地也，不得不貴賤
> 剛柔，不得不類聚群分，猶無在無不在者，不得不成象成形而在也。
> 貴象即隱無象，貴形即隱無形，因知不落有無之太極，而太極即踐
> 卦爻之形矣（《合編・繫辭提綱》，頁 1391）。

所謂的「貴賤剛柔」、「類聚群分」等句乃是從《繫辭》首章「天尊地卑，乾坤定矣。卑高以陳，貴賤位矣。動靜有常，剛柔斷矣。方以類聚，物以群分，吉凶生矣。在天成象，在地成形，變化現矣」一段而來。意謂太極不得不分化成天地萬物，而在分化之後，由於天尊而高、地卑而低，使得乾坤的位置也就確立了。在天尊地卑的層次確定之後，則可進一步使得顯貴與微賤的各種事物能夠各居其位。由於乾動坤靜有其恆常不變的規律，因而陽剛陰柔的性質也就判然分明了。基於萬物稟性各異的緣故，於是人也就各以品性差異而產生聚合，物類亦各依品種不同而產生族群的分別，而在這聚合與分別的

過程當中也就產生了吉凶等境遇的差別。〔註19〕就好比無處不在的、無形無象的道，不得不分化成天上的日月星辰，乃至地上的各種物類等形態各異的具體事物。也就在此「大一」不得不分化展開而形成離散的事事物物之情況下，致使伏羲、文王等聖哲不得不通過八卦的創制以及演易繫辭的方式，透過「上以象道，下以象物」的方式，徵合天地萬物，以闡明易道。此其所謂「虛空不得不卦，卦不得不辭」之意。

　　而從先天後天的角度來看，方孔炤進一步強調，先天不是先於此一現實世界，孤離地存在的至上理則。對此觀點，他在解釋《繫辭》「八卦以象告，爻象以情言，剛柔雜居，而吉凶可見矣」時云：

> 先天不能不後天，純不能不雜居，此吉凶同患者，所以神明乎天道
> 民故也。純在雜中，譬之水焉，水之味甘，水彌此盂，甘亦彌此盂
> 也，必知其甘之所在而水味得矣，因凝而冰，冰亦彌此盂水也，因
> 加溫焉，溫亦此彌此盂也（《合編・繫傳下》，頁 1626～1627。

此是說，先天之易道不能孤離地存在，勢必分化展開，即如同純一之理則不得不形成現實事物而混然同處一樣，而一但分化展開，即已落入後天的範疇。以水與甘的關係為例，純在雜中的意涵，就如同水味的甘甜，即存在於水之中一樣，而當水注滿裝水的容器時，水的甘甜滋味亦隨水充滿於整個容器之中。人必定在嚐到了水的甘甜時，才能說嚐到了水的滋味。而不管在水凝結成冰時，或是在水加溫時，冰冷與溫熱亦同樣充滿著整個容器。凡此皆說明了水的甘甜滋味，無法離開水而獨自存在。

　　此乃以太極分化的角度言，若自聖哲創制卦爻系統的意義言，則方孔炤強調落一畫後，即屬於後天，而此看法，實與朱子對於先天與後天的區分之見解大異其趣。

〔註19〕歷來的易學家，對此句的「方」字解法不一。如李鼎祚解為「道」，意謂使得「萬物各聚其所」之道。見〔唐〕李鼎祚輯：《周易集解》（臺北：臺灣商務印書館，1968 年 12 月臺一版），頁 311。孔穎達則註曰「方謂法術性行」。見〔唐〕孔穎達著，李學勤主編：《十三經注疏・周義正義》（北京：北京大學出版社，1999 年 12 月第一版），頁 258；而朱子在《周易本義》中則解作「事情所向」，意謂「事物善惡，各以類分」，見〔宋〕朱熹著，《周易本義》（臺北：世界書局，1991 年 10 月第 11 版），頁 56。而高亨則認為，此一「方」當作「人」字。乃由象文形似而產生誤解。詳細說明請參見其所著，《周易大傳今注》，頁 381。此句與下句「在天成象，在地成形，變化現矣」形式相同，故以人與物對舉，與此句天與地並舉相同，此解釋似較前人之講解更為通順，故今乃從之。

二、落一畫後即屬後天

　　方孔炤認爲，《說卦傳》的三、四兩章，以及五、六兩章，分別是對先天易學與後天易學之闡釋。然而，此皆從八卦方位的角度而有所區別。對於先天與後天之意義，方孔炤亦透過畫卦的過程予以闡述：

> 三四章皆言先天，五六章皆言後天，此因卦位而分指之也，其實落一畫後，即後天矣，其行于先天後天之中者，所謂神也，神即謂之先天可也，究竟無先無後，惟有此時，六經妙字，獨見于此（《合編・說卦》，頁 1665）。

此是說，朱子認爲，從畫卦的角度來看，先天易乃是指從未畫之前，一直到六卦畫成之過程，針對此一說法，方孔炤透過「時」的觀點予以否定。他認爲，落一畫後，即進入後天易學的範疇。而所謂「神」，即此章所謂「神也者，妙萬物而爲言者也」之「神」，意謂大自然妙育天地萬物的神奇莫測之功能，[註20] 此一「能變化既成萬物」的神妙化育功能，即運行於先天與後天之中者，而將此視爲一般所言的「先天」亦無不可，然而，並無可以相互割離，強予區分的神與萬物、本體與應用的先天與後天，因爲究極地說，惟有現今之時，此其所謂「無先無後，惟有此時」之意。而此正是「妙」字所指之眞正意涵。而所謂「先天」的意涵，誠如高懷民先生所析論：

> 邵子的「先天」，乃指不落於天地萬物已生前的自然；天地萬物未生之前，宇宙雖是一派自然，卻是自然中已有「道」、已有「道」之理則，先天易即是言「道之理則」之學。[註21]

此是說，先天的根本意涵，乃是指天地尚未分化之前，先天地而存在之理則。而從這個角度看，則方孔炤「時用」易學強調，沒有截然二分的道之理則與現實事物，因爲落一畫後，道之理則，即已存在於現實世界的萬事萬物之中，而不再是孤離地、超越地存在於世界之外。此其所云「自天地未分而今時矣，今時之天地，即未分時之天地也，是有極即無極也」（《凡例》，頁 55）之意。其祖方學漸亦有類似看法，[註22] 而其子方以智亦謂「先天爲一，今時爲多，

〔註20〕針對此一「神」字之意涵，韓伯康解釋云：「於此言『神』者，明八卦運動、變化、推移莫有使之然者。神，則無物；妙萬物而爲言也，則雷疾風行，火炎水潤，莫不自然相與爲變化，物萬物既成也。」見〔唐〕孔穎達著，李學勤主編：《十三經注疏・周義正義》，頁 328～329。

〔註21〕高懷民著，《邵子先天易哲學》（臺北：自印本，1997 年 3 月初版），頁 12。

〔註22〕方學漸解釋《文言傳》乾卦九五爻辭即云：「夫人心通天地之先，而用必後天。

舍多無一，舍今時安有先天耶？」（《合編・大畜》，頁 613）。可見此乃其家傳易學的一貫觀點，在方氏易學中甚爲重要。

在闡明其「落一畫後即屬後天」，而且先天即已蘊含於後天的觀點後，方孔炤進一步邏輯地提出了「止盡後天即是先天」的獨特看法，藉以說明其「時用」易學以後天爲重之主張。

三、止盡後天即是先天

方孔炤認爲，《繫辭傳》上下兩篇，四次標舉「易簡」，分別是上篇首言「易簡而天下之理得矣」，次言「易簡之善配至德」；下篇則言「夫乾，確然示人易矣，夫坤，隤然示人簡矣」，以及最末章所言「夫乾，天下之至健也，德行恆易以知險；夫坤，天下之至順也，德行恆簡以知阻」。可見「易簡」在易學之中的地位。而方孔炤在註解《繫辭傳》下篇末章時即云：

> 要惟天下之理得，則動頤象數皆易簡也。研極精入，正所以易簡也，上下《傳》兩收德行，貴在乾坤之純，惟至惟恆，則用六子六十四卦之雜而皆純矣。本自易知簡能者，先天也，善用其知能者，後天也，先在後中，止有善用，故《易》示人善用之方，即是貞一，而易之所以爲易，即在其中，豈憂缺少哉？（《合編・繫傳下》，頁 1620～1621）

此是說，窮究幽深的事理而能細察事變之機兆，精研事物之義理，達致神妙之境界，才能掌握乾坤之平易與簡約，懂得天下之至理後，才能遵循天地自然之規律而行爲適中合宜。《繫辭傳》上下兩篇分別以「默而成之，不言而信，存乎德行」以及「德行恆易以知險，德行恆簡以知阻」作爲結尾，即在崇尚乾坤兩德性之純粹，而只要能夠發揮乾坤至健至順，恆易恆簡之德性，則乾坤用六子卦，乃至落入畫卦完成後，依據各卦所指之事，做個別的推衍申論的後天之用，也就是象徵萬事萬物的現實世界之六十四卦中，依然能夠保持其先天之精妙純粹。乾坤生化萬物的平易簡約之德性，可謂之「先天」，而人能善用其易知簡能，則屬於「後天」的範疇，然而究竟地說，先天並非孤離而超越於現實世界之上，而是存在於後天之時用中，因此，惟有在後天善用

事起先地之後，而智必先天。非行衔一先天之名于後天之上，別立一宗也。深徹幾先，則無先後矣。四與字中，即造造化，豈從聽之造化已耶？」（《合編・周易上經・乾卦》，頁 62）

《周易》所揭櫫之道理，才能落實先天之道。而《周易》教示人的方法，即是「貞一」，而《易》之所以爲《易》之根據，即已含藏於此貞一的易簡之理中而毫無虛欠。此處所謂的「貞一」，即《繫辭傳》所言「天下之動，貞夫一者也」。對此意涵，高懷民先生析論云：

> 句中「天下之動」，指宇宙萬物的生滅變化；「一」，傳統讀作數目之「一」，實即太極之「一」；關鍵落在中間的「貞」字上，故「貞」字爲重要字。「貞」之義爲「正」，在此作動詞用，爲「取正於」，也就是「取法於」的意思，這句話如譯成現代語言，便是：宇宙萬物的一切變動乃取正於太極之「一」。〔註23〕

此即方孔炤所云「人生不能不動，標貞一以善天下之動」（《合編·繫辭提綱》，頁55）之意。然而，誠如筆者在太極章所分析，方孔炤主張，此太極之「一」，即蘊涵在此紛然雜呈的現象之「二」中，此其所謂「一在二中」者是。是故方孔炤極力反對將道與器相互割離的觀點。職是之故，他對蘇東坡有關形上之道與形下之器關係的看法，提出了嚴厲的批判。蘇氏在闡述其相關主張時云：

> 陰陽之未交，廓然無一物而不可謂之無有，此眞道之似也，陰陽交而生物，道與物接而生善，物生而陰陽隱，善立而道不見矣。故曰繼之者善也，成之者性也。……善者道之繼，而指以爲道則不可，今不識其人而識其子，因之以見其人則可，以爲其人則不可，故曰繼之者善也。〔註24〕

東坡認爲，陰陽尚未交合之前，毫無事物存在之狀態，可說與眞實的道體相似。而在陰陽交合生化萬物之後，道與物相接合而產生善。然而，就如同在萬物生成之後，陰陽隨行隱匿一樣，在善產生之後，道亦隨即隱沒不見。從這個角度來看，則善可謂是道之承繼者，然而不能因此即指稱善即是道。舉例來說，就如同今天不認識某人而認識某人之子，透過其子之引介而認識他，卻不可因此即將兩人等同視之，故善與道畢竟不同。東坡強調，此乃「繼之者善也」的眞正意涵。針對此一看法，方孔炤批評云：

> 東坡自有而推之于無，遂驚絕頂爲奇，豈知頂不住頂乎？夫道即在繼善成性中矣，且以不可名之先天，欲稱其德而不以人間之善名名之，

〔註23〕 高懷民著，《大易哲學論》（臺北：自印本，1988年7月再版），頁127。
〔註24〕 〔宋〕蘇軾著，《蘇氏易傳》（臺北：廣文書局有限公司，1998年7月再版），頁454。

將錮天乎？言繼善以明主宰，正所以傳萬古之心以凝德，就成性以明
各正，乃所以化萬古之才以載道，此聖人作《易》體天以宰天之權也。
即我固有之，非由外鑠者也。孟於《易》深，蘇公愛深而反淺，並充
類盡盡之後，必須推倒虛空，還處適行，以揚過正辭前用也，偏者匿
掩二之一以自魚鳥耳（《合編·繫傳上》，頁1523～1424）。

此是說，東坡從現象世界向上追溯，以致入於無物之境界，進而以超絕的至上
玄理爲眞實。此乃錯將道視爲一至高而超越之形上實體所致，而不瞭解道即存
在於繼善成性之中。所謂「繼善成性」本於《繫辭傳》「一陰一陽之謂道，繼之
者善也，成之者性也」而來，原指順承一陰一陽之道，發揮陽健動之性以開創
萬物者，即是善；而發揮陰靜斂之性以孕育成就萬物者，即是性。〔註25〕

　　然方孔炤認爲，陰陽與物、善與道，皆不可遽然二分，因爲這種將先天視
爲廓然無一物的、不可名狀的理則之看法，無疑是將所謂的先天之道禁錮封閉
於一至上的形上概念中，成爲一虛玄而無用之空概念，無法下濟於民，此乃與
《周易》之本旨不合。〔註26〕相較於此，則方孔炤乃是落實於人道上以言繼善
成性，強調人承繼天地生物之大德，能夠透過人道之努力以成就萬物性命，使
其能各得其正而言。是故方孔炤認爲，「繼善」之「繼」字所表達的天人承接之
意蘊，不但說明人了自作主宰之能力，更闡明了性善之根據，〔註27〕而「成性」
正以說明透過人道的努力，使萬物各得其正，乃能助成天道之化育，使其無虧，

〔註25〕朱子云：「道具於陰而行乎陽。繼，言其發也；善，謂化育之功，陽之事也。
　　　　成，言其具也；性，謂物之所受，言物生則有性，而各具是道也，陰之事也。」
　　　　〔宋〕朱熹著，《周易本義》，頁58。此乃以陰、陽之性質來解釋「繼善成性」。
〔註26〕吳怡先生解釋「知周乎萬物，而道濟天下」一句時云：「單有知是不夠的，因
　　　　爲即使你能知幽明，知生死，知鬼神，仍然只是偏於一邊，所以必須輔之以
　　　　行，而『道濟天下』一句，正是本節講功能的重點。而『不過』兩字就是指
　　　　出『知周萬物』之後，如果不能『道濟天下』，則此知性便會太形而上化，變
　　　　成了能上不能下的空虛概念。」參見吳怡著，《易經繫辭傳解義》（臺北：三
　　　　民圖書股份有限公司，1991年4月第1版），頁49。吳氏此言，適可作爲方
　　　　孔炤之見的最佳註腳。
〔註27〕針對此「繼」字，李光地解釋云：「聖人用『繼』字極精確，不可忽過此『繼』
　　　　字，猶人子所謂繼體，所謂繼志。蓋人者，天地之子也。天地之理，全付于
　　　　人而人受之，猶《孝經》所謂身體髮膚，受之父母者是也，但謂之付，則主
　　　　于天地而言，謂之受則主于人而言，唯謂之繼，則見得天人承接之意，而付
　　　　與受兩義皆在其中矣。天付于人而人受之，其理既無不善，則人之所以爲性
　　　　者，亦豈有不善哉？故孟子之道性善者本此也。」見〔清〕李光地纂，《周易
　　　　折中》，頁854。

〔註 28〕凡此皆以凝德載道者也。而此體悟天道，繼而落實於人間，即以理天之權衡，使萬物各得其性之正，正是聖哲創作《周易》之目的。而此皆吾所本有，而非依靠外力鍛鍊塑造而成，〔註 29〕由此可見，孟子的主張充份顯示出他對於《周易》具有深刻的體悟，相較之下，則蘇東坡看似高玄，實則淺薄，而在踐形盡性之餘，必須推翻世界為虛幻的看法，回歸到現實世界中，通過遏止奸邪、揚舉賢善，以及端正言辭等方法，〔註 30〕以引導百姓趨吉避凶。凡是遮蔽隱匿二中之一以談論《周易》者，皆不過是一偏之見罷了。〔註 31〕

　　而在層層說明之後，方孔炤提出了「後天之學固後天，先天之學亦後天也，止盡後天，即是先天，無先無後，無容辭矣」（《合編‧繫傳下》，頁 1634）的主張。由於「落一畫後即屬後天」，而此後天又已涵蘊了先天之理，故云「後天之學固後天，先天之學亦後天也」，而自「應用」的角度看，方孔炤透過人照鏡子為例予以說明。他認為，先天之易如同能照之本體，也就是鏡子，而後天之易如同人照鏡子之功用，然而究極地說，則照與用無法分離，必定同時。是故脫離了照物作用獨自存在的鏡子本身，即與其它事物一般無二，也就是說，鏡子之為鏡子，只在照物作用中，才能彰顯其鏡子的存在本身，此其所云「易固如鏡，照用同時者也」（《合編‧繫傳下》，頁 1626～1627）之意。因此，就「用」的角度看，並無先後可言，故云「無先無後，無容辭矣」。〔註 32〕而透過其時用易學的角度，方孔炤最後提出了「止盡後天，即是先天」的主張，作為其易學之總結，亦是對其基源問題之回應。

〔註 28〕此即楊時所謂「『繼之者善』，無間也，『成之者性』，無虧也」之意。引自〔清〕李光地纂，《周易折中》，頁 853。

〔註 29〕此孟子云：「惻隱之心，人皆有之；羞惡之心，人皆有之；恭敬之心，人皆有之；是非之心，人皆有之。惻隱之心，仁也；羞惡之心，義也；恭敬之心，禮也；是非之心，智也。仁、義、禮、智，非由外鑠我也，我固有之也，弗思耳。故曰，求則得之，舍則失之。」見〔宋〕朱熹著，《四書集註》（臺北：世界書局，1997 年 3 月初版），頁 265。

〔註 30〕此所謂「揚過」與「正辭」，分別出自《大有》卦《大象傳》所言之「火在天上，大有，君子以遏惡揚善，順天休命」，以及《繫辭傳》所言「理財正辭，禁民為非曰義」。

〔註 31〕方孔炤云：「一在二中，錯綜格踐，交用交泯，其象如此，聖人隨卦舉之而皆得也，易前民用，惟在中其時宜之節，發即未發之中，適當無過不及之中，一陰一陽之道，繼善成性而已矣。」（《幾表‧十六卦環中交用說》，頁 284）

〔註 32〕此其方孔炤所謂「先天後天之理得，則用先後無先後之理得矣。」（《合編‧繫傳下》，頁 1622）之意。

第十章　結　論

壹

　　由於方以智在思想史上的影響較大，一般而言，習慣將《周易時論合編》歸諸於方以智，並依據時間順序，視其為後期之著作。如學者即將《周易時論合編》一書置於其所謂「披緇天界，潛心體道期」，並謂方以智「因受其父《周易時論》之影響，於是乃會通全均兩端之說而成三教歸易之論，並以此為思想根柢而著《周易時論合編》與《藥地炮莊》，逐步建立地其三教合一之學」。〔註1〕這樣的看法，無疑是將《周易時論合編》與《藥地炮莊》等同，視為一融合三教之著作。對於此一分判，筆者並不贊同，原因在於，以時序為依據的區分，恰好忽略了《周易時論合編》一書的特殊性，而在本文的研究中，可以清楚地看到，方以智大抵依據其父之主張，予以申論或補充，並且刻意避免以其後期三教合一的觀點竄入《周易時論合編》。究其原因，筆者認為，除了在主觀立場上，表達對其父祖的尊重外，更為根本的因素，乃是方以智深刻的體認到，在根本的觀點上，兩人的立場有異，且其父之易學實已卓然成家，因此不敢將其成就掩蓋所致。而經由本文的研究，不但有助於釐清此一問題，亦對《周易時論合編》在方以智學思歷程中之特殊地位，能夠有所瞭解。

〔註1〕　詳細的說明請參見劉浩洋著，《方以智《東西均》思想研究》（政治大學中國文學研究所碩士論文，1997年6月），頁42～43。

貳

而就方孔炤易學歸趨的問題言，張永堂先生分析云：

> 所謂「循康節而遵考亭」，便是「合編」的根本立場，也就是「闡邵
> 申朱，著成《時論》」之意。換言之，方孔炤之《合編》是以邵雍、
> 朱熹易學爲基本立場，而不是毫無宗旨之大雜匯。〔註2〕

此是說，方孔炤易學的歸趨在於朱、邵，所謂「闡邵申朱」者是，然而這樣
的說法，對於相關問題的說明稍顯籠統，因此，筆者並不全完贊同張氏此一
說法，而根據本文之研究，方孔炤在諸如經傳參合、《周易》本質、太極觀、
先天後天之分等等重要的觀點上，皆與朱子之意見相左，因此，必須予以辨
明的是，方孔炤所謂「申朱」者，實重在闡發朱子承繼自邵子象數學一脈而
言。〔註3〕對此，方孔炤亦云：

> 邵子悟知一在二中，其可言者，皆方體適值者也，故一切物，且以
> 四破言之，其寔三之，皆可三也，五之，皆可五也，六之皆可六也，
> 研幾必知適值之象數，乃可通推彌綸，但顢頇曰，皆有皆無，此何
> 待説（《幾表・邵約》，頁439）。

由此可以看出，方孔炤亦自認其時用易學「一在二中」的看法，乃是對於邵
子先天易哲學最爲易簡的繼承與闡發。是故方孔炤易學的眞正歸趨在於邵
子，此以方孔炤顏其書齋曰「環中」亦可獲得明證。〔註4〕

〔註2〕 方孔炤云：「……此時（按：指明亡之後）死不足以塞責，仰而自殊，亦復何
益，猶有先人之壁在焉。天下之無人也不講實學，不達時變。詭隨藉高談以
恣其冤賢縱盜之口，故教日以衰。平居不愼獨，不究深志幾務之故。出則逐
利，高者徇名。群居譏娸，以爭席雄長。否則公然苟且，以爲率性。病在願
力不眞，必無驕妬鄙吝之我，而各附其黨，比爲題目，不恕難喻，安得包荒
馮河，使天下享其備萬休休之福乎？學術榛蕪，世道交喪，悼亡在此，傷化
在此。吾爲此懼。以報天下，以報祖宗，三徑十年眞家傳之易，而以庚辰圜
中與石齋黃公墓據者，闡邵申朱，著成《時論》」。見鄭三俊著，〈方貞述先生
墓誌銘〉。轉引自張永堂著〈方孔炤〔周易時論和編〕一書的主要思想〉，收
錄於《成大歷史學報》，第十二期，頁182。

〔註3〕 誠如學者的分析，朱子易學的淵源有二，一爲遙接王弼、孔穎達，近承程頤
等人，以理學詮釋《周易》哲學的主流；另一則是遠紹漢代象數易，近承宋
代陳摶，而以邵子爲代表的圖書派象數易學。詳細的説明請參見曾春海著，《晦
庵易學探微》（臺北：輔仁大學出版社，1983年5月初版），頁14。以此而論，
則方孔炤易學乃是偏重繼承其象數易學一支。

〔註4〕 方孔炤書齋「環中」之名，來自於邵子所謂「先天圖者，環中也」。見〔宋〕
邵雍著，張行成注，《皇極經世書》，頁343。

　　而朱伯崑先生則指出，方孔炤所云「止盡後天，即是先天」的觀點，「實際上是對邵雍先天易學的一種揚棄」。〔註5〕徵諸邵子之書，其確實曾有「若問先天一事無，後天方要著功夫。拔山蓋世稱才力，到此分毫施得乎？」（《擊壤集》，卷五）之言。然而，對於朱氏此一看法，筆者並不認同。

　　因爲從先秦易學史的發展角度來看，自伏羲創制八卦的符號易時期，到文王演易、重卦與作卦爻辭的筮術易時期，乃至孔子透過《十翼》贊易的儒門易時期。易學整體的演變趨勢乃是依順著天道思想、神道思想、人道思想的方向發展。其側重層面亦從純粹的哲學性符號，進至與人道發生關聯的神道思想階段，逐漸進入到用世之學的行列，乃至完全由人道思想爲主流的易學思想。〔註6〕相較於文王、孔子兩位聖哲，將易道步步向人道思想落實；而邵子的先天易哲學，則是上契伏羲八卦哲學的形上之道，亦即較著重於天地自然之道的層面運思。〔註7〕從這個角度來觀察，相較於邵子先天易哲學發揮易形上學的特色，則方孔炤毌寧是落實於人道層次的運思，故其所重者在於後天，而非先天。此亦其側重「悟盡萬世之用，總歸一時之用」（《時論・小過》，頁1324）的時用易學立場所致，因此，兩者之間的差異在於，邵子的先天易哲學，往無極、前衍之處探索，重形上、先天；方孔炤的時用易哲學，則往有極、現實之處運思，重形下、後天。且徵詢文獻，邵子本人亦云：

　　　　先天事業有誰爲？爲者如何告者誰？若謂先天言可告，君臣父子外
　　　　何歸？眼前伎倆人皆曉，心上功大世莫知。天地與身皆易地，己身
　　　　殊不易庖犧（《擊壤集》，卷六）。

此詩明言，離卻後天的君臣父子等等關係，亦無先天之理可以宣說。是故方孔炤「一在二中」、「止盡後天即是先天」的闡發，應爲邵子先天易哲學所涵攝。職是之故，筆者認爲，方孔炤此一見解，乃是先天易哲學落在人生之「時用」上，必然的發展與歸宿，而非揚棄。

　　不僅如此，方孔炤此一觀點，亦應爲陽明所應許，證諸其在巡按江西期間所作《別諸生》一詩中即云：

　　　　綿綿聖學已千年，兩字良知是口傳。欲識渾淪無斧鑿，須從規矩出

〔註5〕　請參見朱伯崑著，《易學哲學史》，第三冊，頁429～430。

〔註6〕　有關先秦易學史演變的詳細說明，請參考高懷民著，《先秦易學史》（臺北：自印本，1986年8月再版），頁36～47。

〔註7〕　有關邵子先天易哲學特色的詳細說明，請參見高懷民著，《偉大的孕育》（臺北：自印本，1999年2月初版），頁300～306。

方圓。不離日用常行內，直造先天未畫前。握手臨歧更何語？殷勤莫愧別離筵！〔註8〕

所謂「不離日用常行內，直造先天未畫前」，無非是說，脫離了後天的日用常行，亦無先天未畫之理可得。此乃就學習上，說明藉由後天之研習，自然能夠通達先天之理。由此可見，方孔炤之發揮，亦與陽明之說相合。〔註9〕

參

根據筆者研究，方孔炤對於易學史上的重要問題，有其不可抹滅的貢獻。其中，就攪擾多時的太極問題言，方氏通過三極之分，將太極不落有無而又通貫有無的觀點，清楚揭示，並透過「一在二中」、「寂歷同時」等觀念，解決歷來的爭論。其次，就河洛之學而言，則方孔炤通過天地之間無非皆陽與陰相互更迭作用之結果來解說互藏，將天地變化歸結為一陰一陽之間的相互遞邅，對於歷來認為《河圖》與《洛書》，兩者圖異而理同的看法，提供了更合理的論證。再者，其「落一畫後即屬後天」的看法，無疑為明代王陽明後學有關先後天之辯的爭論，提供了一個新的視角，並為著重後天修習的學說，提出了一個強有力的理論基礎。〔註10〕這些都是方孔炤易學的貢獻。

〔註8〕 吳光、錢明等編校，《王陽明全集》，共二冊，（上海：上海古籍出版社，1992年8月第1版），上冊，卷二十，頁791。

〔註9〕 此外，門生問所謂「上達工夫」。陽明答曰：「後儒教人纔涉精微，便謂上達未當學，且說下學。是分下學、上達而二也。夫目可得見，耳可得聞，心可得思者，皆下學也；目不可得見，耳不可得聞，口不可得言，心不可得思者，上達也。……故凡可用功可告語者皆下學，上達只在下學裡。凡聖人所說雖極精微，俱是下學。學者只從下學裡用功，自然上達去，不必別尋個上達工夫。」見吳光、錢明等編校，《王陽明全集》，上冊，卷一，頁12～13。由此說法，更能證明筆者之觀點。

〔註10〕 然以其有關先天後天之觀點為例，則其內涵包羅廣泛，誠如學者之分析，方孔炤先天與後天之意涵，實具有多義的性質對此，朱伯崑先生析論曰：「就哲學範疇說，方氏對先後二天的理解，內涵不一。或指本原的東西為先天，派生的東西為後天。或指自然賦與的，即本性的東西為先天；以後來形成的東西為後天。或以本來就有的為先天，人為的東西為後天。或指內在的本質為先天，外部的表現為後天。或指無形象者為先天，有形象者為後天。或指經驗以外者為先天，經驗為後天；或以不學而能者為先天，以學問為後天。這些涵意，並非方氏所自創，乃沿用宋元明以來諸家的說法。但方氏認為，無論那種涵義，作為先天的東西即在後天之中，先天不脫離後天而孤立存在。」朱伯崑著，《易學哲學史》，第三冊，頁424～425。

　　然就思想史而言，無可諱言的，方孔炤易學本身，亦有其侷限性，以下即分成二點予以說明。首先是他在考據上的錯誤。根據筆者的研究，方孔炤除了經傳參合問題上的小瑕疵外，由於他在理論上對於《河圖》、《洛書》、先天易圖學之肯定，致使他看不到歷史的事實，而此不但產生將邵子先天易與伏羲易混為一談的弊病，對於《河圖》、《洛書》、先天易學之權威性，亦無法作出正確合理的批判。因此，就考據而言，方孔炤易學的缺失是顯而易見的。

　　其次則是方孔炤對於現實世界的價值，雖採極為肯定的態度，但對於現實世界分殊之理的探究，在內容、方法等許多面向上依舊停留在傳統的、形而上的思辨層次。因此，就理論建構言，方孔炤易學有其獨特的貢獻，然就實際層次的開展上，則稍嫌不足。當然，筆者認為，方孔炤本人雖然亦體認到這個方向，〔註 11〕但要到其子方以智的《通雅》與《物理小識》等書，才真正展開對現實世界分殊之理的探究。〔註 12〕

肆

　　而就其評價言，則誠如高懷民先生之分析，在易學的歷史長河中，人物眾多，在這當中，除了少數具有創造力的大易學家外，其他或為經傳訓注者，或為撿拾前人唾餘以自炫者，更有在主觀上認識不清卻又偏執錯見者，凡此種種，可謂不一而足。因此，在易學史的撰作上不能沒有標準地一概而論，而評定高低成就的標準，則完全取決於哲學思想的創發性。〔註 13〕就易學史

〔註 11〕　其中最明顯的莫過於他在《圖象幾表·兩間質約》部份，透過問答的方式之說明，其內容包括了問天地之實形？問海？問水之下方是否全為土？問海水為何是鹹的？問潮汐的成因？問山泉的成因？問冰雹的成因？等等的問題，明顯可以看出方孔炤本人亦體認到此一方向。切實地面對現實世界的物理性，然而其回答與研究的方法，依然是比較傳統的、思辨性的。參見頁 627～649。

〔註 12〕　《通雅》共五十二卷，該書落實了對於現實世界分殊之理的探究，內容含括了天文、月令、農時、地理、刑法、官制、器用、飲食、田賦等等，可謂自草木鳥獸，到國家的典章制度，凡現實世界的事物，幾乎無所不包，而且不但注重古今會通，在考據上亦十分精詳。而在稍後的《物理小識》十二卷中，方以智不但分別對於天類、地類、人類、曆類、醫藥類、等十五門現實世界的知識，細予探究，更提出了「通幾寓于質測」、「盈天地間皆物也」的命題，充份展開了其父的理論。兩書的詳細說明，請參見方克立主編：《中國哲學大辭典》（北京：中國社會科學出版社，1994 年 5 月第一版），頁 443、602。

〔註 13〕　詳細說明，請參考高懷民著，《宋元明易學史》（臺北：自印本，1994 年 12月初版），〈自序〉頁 2～3。

的角度言，筆者對此評騭之標準深表贊同。以此標準言，則在易學體例的創發上，方孔炤當然無法與虞翻、王弼、邵子、船山等諸大家相提並論，甚至與來知德相比，恐怕亦有所不及。然而依據 1957 年所發表的一篇名爲〈關於中國哲學遺產的繼承問題〉的文章中，馮友蘭先生提出後來被稱之爲「抽象繼承法」的觀點，他主張將中國哲學史中的哲學觀點之意義，區分成二類，即與其時代性相關的「具體的意義」；以及超越時代限制的所謂「抽象的意義」。馮氏強調，透過這樣的區分即可看出，哲學史中還是有許多值得繼承的思想存在。〔註 14〕

此一主張說明了吾人在面對一個思想家時，除了要留意其時代性之外，亦要留意其超越時空的永恆性以及開創性，任何忽略其中一面的看法，都將導致偏頗與貧乏。且唯有兼及這兩個兩面，才能對一個思想家的價值，作出正確的評斷。〔註 15〕對此看法，筆者亦十分認同，以此衡之，則就「具體的意義」一面言，則方孔炤易學源起於對時代弊病以及亡國之痛的反省，方孔炤將其歸因於所謂源自於儒家的「四無之弊」以及釋氏的「黃葉之弊」。而儒者又因被釋氏所詆，因此，總結而言，「黃葉之弊」實爲當時最爲根本的弊病。而此儒佛之辯，落實於面對現實世界之態度，則成「化成世界」與「捨離世界」之辯。〔註 16〕而方孔炤認爲，「黃葉之弊」，一言以蔽之，即是對於現實世界價值之忽略。

與此相反，儒者對於現實世界的價值，則持積極肯定之態度。然而，就理論邏輯而言，則要化成世界，必須先肯定現實之價值。而方孔炤時用易學

〔註 14〕 對此，馮氏云：「如果過重於在具體意義方面看，那麼可繼承的東西就很少了。必須兩方面都加以適當的注意，適當的照顧。這樣，我們就可以對古代哲學思想有全面的了解。」請參見馮友蘭著，《三松堂自序》《三松堂全集》（鄭州市：河南人民出版社，2000 年 12 月第 2 版），第一冊，頁二三九～二四〇。

〔註15〕 而透過歷史角度的省察，李弘祺先生亦曰：「把一個哲學家的哲學思維和無比的努力當作只是一場對時局的感受和反映而已，自然是不健全的，哲學家苦心孤詣的營求和劬勞，乃是在於如何從他的際遇中謀求一種恆久不變的超脫和解放，因此哲學史家有責任批判地探求哲學思維中永恆而美好的部份，將他們放進哲學理路發展的脈絡中，以求取智慧上的啟示。」參見其所著，〈試論思想史的歷史研究〉，收錄於韋政通編，《中國思想史方法論文選集》（臺北：水牛圖書出版事業股份有限公司，1993 年 5 月第 2 版），頁二五〇。

〔註16〕 這一對名辭，借用自勞思光先生。詳細的說明請參見其所著，《新編中國哲學史》，共三卷，（臺北市：三民書局股份有限公司，1990 年 11 月增訂 6 版），卷一，頁 242～244。

之建構，即在透過易學中諸如周易本質、太極、河洛、先天後天等等內涵之思辨，充份在理論上爲肯定世界價值，尋求根據，藉此說明此世價值之所在，進而引導人們重視現實世界。

　　勞思光先生指出，哲學思考在文化活動的世界中，以功能來說，可將哲學區分爲認知功能的哲學以及引導功能的哲學兩大類。認知性哲學所要解答的是「這是什麼」的題材；而引導性哲學所要處理的則是「我們應往何處去」的問題。若從功能著眼，則吾人可以說，中國哲學的關懷並非認知性的，而是「引導性」〔註17〕的。從這個角度看，則方孔炤透過「一在二中」、「寂歷同時」的主張，發掘「虛空皆象數」的精微理論，力拒釋氏以現實世界爲虛幻的看法，乃是要引導人們能夠認識到，現實世界即是價值的全部，離開此現實人生，亦無價值可言。明乎此，則能讓人都能安於現實世界之價值，而不爲種種高玄不實的說法所炫惑，此實可謂其易學形上學理論的眞正樞要，亦是時用易學運思之核心所在。而這樣的意涵，則是超越當時，而具有「抽象的意義」。誠如徐復觀先生所云「人對於形上的把握，實際是由人的精神投射出去的價值判斷」。〔註18〕方孔炤從現實世界出發，向形上理論層次探索，無非是要在理論上，將現實世界之價值推向極致，以此爲儒者化成世界之態度，提供一個強而有力的根據。是故必須放在孔子之後的儒門易脈絡中來看，才能彰顯時用易學之價值。以此衡之，則時用易學之價值，實不在元代大家吳澄，或是明代來知德之下。

〔註17〕見勞思光著，〈對於如何理解中國哲學之探討及建議〉，頁 17～19，頁三五，收錄於《思辯錄──思光近作集》，（臺北：東大圖書股份有限公司，1996 年 1 月初版）。

〔註18〕徐復觀著，《兩漢思想史》（臺北：臺灣學生書局，1979 年 9 月再版），卷 2，頁 619。

參考書目

甲、方氏著述

1. 方孔炤著，方以智編：《周易時論合編》（臺北：文鏡文化事業公司，1983年）。

2. 方孔炤：《全邊略記》（臺北：廣文書局，1974年）。

3. 方以智：《物理小識》（臺北：臺灣商務印書館，1978年）。

4. 方以智：《通雅》，見侯外廬主編：《方以智全書》第一冊（上海：古籍出版社，1988年）。

5. 方以智：《藥地炮莊》（臺北：廣文書局，1975年）。

6. 方以智著，龐樸注釋：《東西均》（北京：中華書局，2001年）。

7. 方學漸：《心學宗》，見黃宗羲：《明儒學案》（臺北：河洛圖書出版社，1974年）。

8. 方學漸：《桐川語錄》，見黃宗羲：《明儒學案》（臺北：河洛圖書出版社，1974年）。

9. 方大鎮：《田居乙記》，收錄於《叢書集成新編》（臺北：新文豐出版公司，1985年）。

10. 方中德：《古事比》（臺北：德志出版社，1963年）。

11. 方中通：《數度衍》，收錄於《四庫全書·子部·天文算法類》（臺北：臺灣商務印書館，1986年）。

12. 方中履：《切字釋疑》，收錄於《叢書集成續編》（臺北：新文豐出版公司，1989年）。

乙、古典文獻

1. 東漢・鄭玄注，常秉義編：《易緯》（烏魯木齊：新疆人民出版社，2000年）。

2. 魏・王弼著，樓宇烈校釋：《王弼集校釋》（北京：中華書局，1980年）。

3. 北涼・曇無懺譯：《大般涅槃經》（臺北：新文峰出版股份有限公司，1983年）。

4. 唐・孔穎達著，李學勤主編：《十三經注疏・周義正義》（北京：北京大學出版社，1999年）。

5. 唐・李鼎祚輯：《周易集解》（臺北：臺灣商務印書館，1968年）。

6. 宋・劉牧：《易數鈎隱圖》（臺北：廣文書局，1998年）。

7. 宋・朱震：《漢上易傳》（臺北：廣文書局，1974年）。

8. 宋・邵雍著，張行成注：《皇極經世書》（河南：海南出版社，1993年）。

9. 宋・程顥、程頤：《二程集》（臺北：漢京文化事業有限公司，1983年）。

10. 宋・程頤：《易程傳》（臺北：泉源出版社，1993年）。

11. 宋・朱熹：《四書集註》（臺北：世界書局，1997年）。

12. 宋・朱熹：《周易本義》（臺北：世界書局，1991年）。

13. 宋・黎德靖編：《朱子語類》（北京：中華書局，1994年）。

14. 宋・郭齊、尹波點校：《朱熹集》（成都：四川教育出版社，1996年）。

15. 宋・楊家駱編：《陸象山全集》（臺北：世界書局，1990年）。

16. 宋・項安世：《周易玩辭》（臺北：廣文書局，1998年）。

17. 宋・蘇軾：《蘇氏易傳》（臺北：廣文書局有限公司，1998年）。

18. 宋・胡方平：《易學啓蒙通釋》（臺北：武陵出版社，1990年）。

19. 元・張理著，吳霖編：《易象圖說》（臺北：宋林出版社，1995年）。

20. 明・來知德：《來註易經圖解》（臺北：武陵出版社，1997年）。

21. 明・王守仁撰，吳光、錢明等編校：《王陽明全集》（上海：上海古籍出版社，1992年）。

22. 明・洪思等撰，侯眞平、妻曾泉校點：《黃道周年譜》，（福州：福建人民出版社，1999年）。

23. 明・顧炎武著，黃汝成集釋：《日知錄集釋》（長沙：岳麓書社，1994年）。

24. 明・黃宗羲撰，全祖望補訂《增補宋元學案》（臺北：臺灣中華書局，1984年）。

25. 明・黃宗羲：《明儒學案》（臺北，河洛圖書出版社，1974年）。

26. 明・黃宗羲：《易學象數論》（臺北：廣文書局，1998年）。

27. 清・胡渭：《易圖明辨》（臺北：鼎文書局，1975 年）。

28. 清・張廷玉等撰：《明史》（臺北：鼎文書局，1996 年）。

29. 清・阮元校刻：《十三經注疏》（揚州：江蘇廣陵古籍刻印社，1995 年）。

30. 清・李光地纂：《性理精義》（臺北：廣文書局，1982 年）。

31. 清・李光地纂：《周易折中》（成都：巴蜀書社，1998 年）。

32. 清・李光地：《周易觀象》（臺北：廣文書局，1991 年）。

33. 清・李光地：《周易通論》（臺北：廣文書局，1992 年）。

34. 清・江慎修：《河洛精蘊》（臺北：文翔圖書股份有限公司，1997 年）。

35. 清・何夢瑤：《皇極經世易知》（臺北：廣文書局有限公司，1994 年）。

36. 清・成蓉鏡：《周易釋爻例》（臺北：廣文書局有限公司，1992 年）。

37. 清・李道平：《周易集解纂疏》（北京：中華書局，1994 年）。

38. 清・郭慶藩輯，《莊子集釋》（臺北：河洛圖書出版社，1974 年）。

39. 清・紀大奎，《觀易外編》（臺北：老古出版社，1994 年）。

40. 清・紀大奎，《易問》（臺北：老古出版社，1994 年）。

41. 清・丁壽昌編著：《讀易會通》（臺南：大孚書局，1990 年）。

42. 清・朱駿聲：《六十四卦經解》（北京：中華書局，1958 年）。

43. 清・皮錫瑞：《經學通論》（北京：中華書局，1954 年）。

丙、近人著述 (按照作者筆劃數排列)。

1. 丁四新：《郭店楚墓竹簡思想研究》（北京：東方出版社，2000 年）。

2. 丁爲祥：《虛氣相即——張載哲學體系及其定位》（北京：人民出版社，2000 年）。

3. 王中江：《道家形而上學》（上海：上海文化出版社，2001 年）。

4. 王居恭：《周易漫談》（北京：中國書店，1997 年）。

5. 王居恭：《周易旁通》（北京：中國書店，1997 年）。

6. 王振復：《巫術——「周易」的文化智慧》（杭州：浙江古籍出版社，1990 年）。

7. 王國良：《明清時期儒學核心價值的轉換》（合肥：安徽大學出版社，2002 年）。

8. 王路平：《大乘佛學與終極關懷》（成都：巴蜀書社，2001 年）。

9. 王新春：《神妙的周易智慧》（北京：中國書店，2001 年）。

10. 方克立主編：《中國哲學大辭典》（北京：中國社會科學出版社，1994 年）。

11. 方東美：《中國人生哲學》（臺北：黎明文化事業股份有限公司，1980 年）。

12. 方東美:《中國大乘佛學》(臺北:黎明文化事業股份有限公司,1984 年)。

13. 方東美:《新儒家哲學十八講》(臺北:黎明文化事業股份有限公司,1985 年)。

14. 田浩:《朱熹的思維世界》(西安:陝西師範大學出版社,2002 年)。

15. 成中英主編:《本體與詮釋》(北京:三聯書店,2000 年)。

16. 向世陵:《善惡之上——胡宏·性學·理學》(北京:中國廣播電視出版社,2000 年)。

17. 朱伯崑:《易學哲學史》(臺北:藍燈出版社,1991 年)。

18. 朱伯崑主編:《周易知識通覽》(濟南:齊魯書社,1993 年)。

19. 朱伯崑主編:《易學基礎教程》(北京:九州出版社,2003 年)。

20. 朱維煥:《周易經傳象義闡釋》(臺北:臺灣學生書局,2000 年)。

21. 牟宗三:《智的直覺與中國哲學》(臺北:臺灣學生書局,1971 年)。

22. 牟宗三:《中國哲學十九講》(臺北:臺灣學生書局,1983 年)。

23. 牟宗三:《圓善論》(臺北:臺灣學生書局,1985 年)。

24. 牟宗三:《心體與性體》(臺北:正中書局,1991 年)。

25. 牟宗三:《周易的自然哲學與道德函義》(臺北:臺灣學生書局,1988 年)。

26. 牟宗三:《才性與玄理》(臺北:臺灣學生書局,1989 年)。

27. 牟宗三:《心體與性體》(臺北:正中書局,1991 年)。

28. 牟宗三:《中國哲學的特質》(臺北:臺灣學生書局,1994 年)。

29. 牟宗三:《政道與治道》(臺北:臺灣學生書局,1996 年)。

30. 牟宗三:《從陸象山到劉蕺山》(臺北:臺灣學生書局,1990 年)。

31. 牟宗三:《佛性與般若》(臺北:臺灣學生書局,1993 年)。

32. 牟宗三:《現象與物自身》(臺北:臺灣學生書局,1990 年)。

33. 牟宗三:《周易哲學演講錄》(臺北:聯經出版社,2003 年)。

34. 牟宗三:《宋明儒學的問題與發展》(臺北:聯經出版社,2003 年)。

35. 任俊華:《易學與儒學》(北京:中國書店,2001 年)。

36. 任道斌:《方以智年譜》(合肥:安徽教育出版社,1983 年)。

37. 任繼愈:《漢唐佛教思想論集》(北京:人民出版社,1994 年)。

38. 任繼愈主編:《中國佛教史》(北京:中國社會科學出版社,1988 年)。

39. 江國樑:《易學研究基礎與方法》(臺北:學易齋出版社,2000 年)。

40. 邢文:《帛書周易研究》(北京:北京人民出版社,1997 年)。

41. 宋天正註譯:《中庸今註今譯》(臺北:臺灣商務印書館股份有限公司,1982 年)。

42. 余敦康：《內聖外王的貫通——北宋易學的現代詮釋》（上海：學林出版社，1980 年）。

43. 汪顯超：《古易筮法研究》（合肥：黃山書社，2002 年）。

44. 吳光主編：《陽明學研究》（上海：上海古籍出版社，2000 年）。

45. 吳怡：《易經繫辭傳解義》（臺北：三民書局股份有限公司，1991 年）。

46. 吳康：《周易大綱》（臺北：臺灣商務印書館，1952 年臺一版）。

47. 吳龍輝：《原始儒家考述》（北京：中國社會科學出版社，1996 年）。

48. 余英時：《史學與傳統》（臺北：時報文化出版企業有限公司，1982 年）。

49. 余英時：《歷史與思想》（臺北：聯經出版事業公司，1976 年）。

50. 余英時：《中國思想傳統的現代詮釋》（臺北：聯經出版事業公司，1987 年）。

51. 呂思勉：《經子題解》（上海：華東師範大學出版社，1995 年）。

52. 呂思勉：《理學綱要》（北京：東方出版社，1996 年）。

53. 呂紹綱主編：《易學辭典》（臺北：漢藝色研文化事業有限公司，2001 年）。

54. 呂澂：《印度佛學源流略講》（上海：上海人民出版社，1979 年）。

55. 呂澂：《佛教研究法》（揚州：廣陵古籍刻印社，1991 年）。

56. 呂澂：《呂澂佛學名著》（臺北：考古文化事業公司，1991 年）。

57. 呂澂：《中國佛學源流略講》（北京：中華書局，1979 年）。

58. 何俊：《西學與晚明思想的裂變》（上海：上海人民出版社，1998 年）。

59. 何冠彪：《明末清初學術思想研究》（臺北：學生書局，1991 年）。

60. 杜文齊編著：《易學圖解》（臺北：旭屋文化，1997 年）。

61. 李申：《太極圖・通書全譯》（成都：巴蜀書社，1999 年）。

62. 李申：《周易十日談》（臺北：建宏出版社，2000 年）。

63. 李申：《易圖考》（北京：北京大學出版社，2001 年）。

64. 李申：《中國古代哲學和自然科學》（上海：上海人民出版社，2001 年）。

65. 李明友：《一本萬殊——黃宗羲的哲學與哲學史觀》（北京：人民出版社，1994 年）。

66. 李振綱：《證人之境——劉宗周哲學的宗旨》（北京：人民出版社，2000 年）。

67. 杭辛齋：《易學筆談》（臺北：蠡巨書局，1985 年）。

68. 范良光：《易傳道德的形上學》（臺北：臺灣商務印書館，1990 年）。

69. 屈萬里：《讀易三種》（臺北：聯經出版社，1983 年）。

70. 東方朔：《劉蕺山哲學研究》（上海：人民出版社，1997 年）。

71. 林繼平：《明學探微》（臺北：臺灣商務印書館，1984 年）。

72. 林聰舜：《明清之際儒家思想的變遷與發展》（臺北：學生書局，1990 年）。

73. 尚秉和：《周易尚氏學》（北京：中華書局，1980 年）。

74. 尚秉和：《周易古筮考通解》（太原：山西古籍出版社，1980 年）。

75. 金春峰：《朱熹哲學思想》（臺北：東大圖書股份有限公司，1998 年）。

76. 金景芳：《「周易‧繫辭傳」新編詳解》（瀋陽：遼海出版社，1998 年）。

77. 苗潤田：《中國儒學史——明清卷》（廣州：廣東教育出版社，1998 年）。

78. 周立升：《兩漢易學與道家思想》（上海：上海文化出版社，2001 年）。

79. 周止禮：《易經門窺——易經與中國文化》（北京：學苑出版社，1990 年）。

80. 俄‧舍爾巴茨基著，立人譯：《大乘佛學——佛教的涅槃概念》（北京：中國社會科學出版社，1994 年）。

81. 姜允明：《當代心性之學面面觀》（臺北：明文書局，1994 年）。

82. 胡京國：《古易玄空學新探》（廣州：花城出版社，1998 年）。

83. 胡道靜、戚文編著：《周易十講》（上海：上海人民出版社，2003 年）。

84. 胡適：《中國哲學史大綱》，（上海：上海古籍出版社，1997 年）。

85. 胡樸安：《周易古史觀》（臺北：新文豐出版社，1979 年）。

86. 侯外廬主編：《中國思想通史》，第四卷，（北京：人民出版社，1960 年）。

87. 侯外廬、邱漢生、張豈之主編：《宋明理學史》（北京：人民出版社，1984 年）。

88. 姜守鵬：《明清社會經濟結構》（長春：東北師範大學出版社，1992 年）。

89. 梁啓超：《中國近三百年學術史》（臺北：里仁書局，1995 年）。

90. 梁漱溟：《東西文化及其哲學》（臺北：里仁書局，1983 年）。

91. 高亨：《周易古經通說》（北京：中華書局，1958 年）。

92. 高亨：《周易大傳今注》（濟南：齊魯書社，1998 年）。

93. 高懷民：《大易哲學論》（臺北：作者自印出版，1988 年）。

94. 高懷民：《先秦易學史》（臺北：作者自印本，1986 年）。

95. 高懷民：《兩漢易學史》（臺北：中國學術著作獎助委員會，1983 年）。

96. 高懷民：《宋元明易學史》（臺北：自印本，1994 年）。

97. 高懷民：《邵子先天易哲學》（臺北：自印本，1997 年）。

98. 高懷民：《偉大的孕育》（臺北：自印本，1999 年）。

99. 唐君毅：《中國文化之精神價值》（臺北：正中書局，1992 年）。

100. 唐君毅：《中國哲學原論——導論篇》（臺北：臺灣學生書局，1986 年）。

101. 唐君毅：《中國哲學原論——原道篇》（臺北：臺灣學生書局，1986 年）。

102. 唐君毅：《中國哲學原論——原教篇》（臺北：臺灣學生書局，1990 年）。

103. 唐君毅：《哲學論集》（臺北：臺灣學生書局，1990 年）。

104. 唐君毅：《哲學概論》（臺北：臺灣學生書局，1991 年）。

105. 唐君毅：《中國文化之精神價值》（臺北：正中書局，1992 年）。

106. 徐復觀：《兩漢思想史》（臺北：臺灣學生書局，1979 年）。

107. 徐復觀：《中國思想史論集續篇》（臺北：時報文化出版事業有限公司，1982 年）。

108. 徐洪興：《思想的轉型——理學發生過程研究》（上海：上海人民出版社，1996 年）。

109. 卿希泰主編：《中國道教史——第二卷》（成都：四川人民出版社，1992 年）。

110. 韋政通：《中國思想史》（臺北：水牛出版社，1996 年）。

111. 韋政通編：《中國思想史方法論文選集》（臺北：水牛圖書出版事業股份有限公司，1993 年）。

112. 秦家倫等主編：《王學之思》（貴州：貴州民族出版社，1999 年）。

113. 陶清：《明遺民九大哲學家思想研究》（臺北：洪葉文化事業有限公司，1997 年）。

114. 孫劍秋：《易理新研》（臺北：臺灣學生書局，1997 年）。

115. 孫尚揚：《基督教與明末儒學》（北京：東方出版社，1994 年）。

116. 陳柱：《周易論略》（臺北：臺灣商務印書館，1985 年臺二版）。

117. 陳來：《宋明理學》（臺北：洪葉文化事業有限公司，1994 年）。

118. 陳來：《朱子哲學研究》（上海：華東師範大學出版社，2000 年）。

119. 陳來：《有無之境——王陽明哲學的精神》（北京：人民出版社，1991 年）。

120. 陳郁夫：《周敦頤》（臺北：東大圖書股份有限公司，1990 年）。

121. 陳望衡：《占筮與義理——「周易」蘊玄機》（昆明：雲南人民出版社，1997 年）。

122. 陳榮捷：《朱子新探索》（臺北：學生書局，1988 年）。

123. 陳榮捷：《朱學論集》（臺北：學生書局，1988 年）。

124. 陳榮捷：《王陽明與禪》（臺北：學生書局，1984 年）。

125. 陳榮捷：《近思錄詳註集評》（臺北：學生書局，1992 年）。

126. 陳榮捷：《王陽明傳習錄詳註集評》（臺北：學生書局，1998 年）。

127. 陳文章：《黃宗羲內聖外王思想之研究》（屏東：睿煜出版社，1998 年）。

128. 陳俊民：《張載哲學與關學學派》（臺北：臺灣學生書局，1990 年）。

129. 陳少峰：《宋明理學與道家哲學》（上海：上海文化出版社，2001 年）。

130. 張吉良：《周易哲學和古代社會思想》（濟南：齊魯書社，1998 年）。

131. 張吉良：《周易通演》（濟南：齊魯書社，1999 年）。

132. 張學智：《明代哲學史》（北京：北京大學版社，2000 年）。

133. 張岱年：《中國哲學大綱》（北京：中國社會科學出版社，1982 年）。

134. 張立文：《宋明理學研究》（北京：中國人民大學出版社，1985 年）。

135. 張立文：《宋明理學邏輯結構的演化》（臺北：萬卷樓圖書有限公司，1993 年）。

136. 張其成：《易道——中華文化主幹》（北京：中國書店，1999 年）。

137. 張其成：《易道主幹》（北京：中國書店，1999 年）。

138. 張其成：《易圖探秘》（北京：中國書店，1999 年）。

139. 張其成：《象數易學》（北京：中國書店，2003 年）。

140. 張善文：《象數與義理》（臺北：洪葉文化事業有限公司，1997 年）。

141. 張其成主編：《周易應用大百科》（臺北：地景出版社，1996 年）。

142. 張德麟：《程明道思想研究》（臺北：學生書局，1986 年）。

143. 章秋農：《周易占筮學》（杭州：浙江古籍出版社，1990 年）。

144. 陸寶千：《清代思想史》（臺北：廣文書局，1978 年）。

145. 程石泉：《雕孤樓易義》（臺北：臺灣商務印書館，1975 年臺二版）。

146. 程石泉：《易辭新詮》（上海：上海古籍出版社，2000 年）。

147. 曾春海：《晦庵易學研究》（臺北：輔仁大學出版社，1983 年）。

148. 曾春海：《易經的哲學與人生》（臺北：文津出版社，1997 年）。

149. 曾春海：《易經的哲學原理》（臺北：文津出版社，2003 年）。

150. 彭永捷：《朱陸之辯——朱熹陸九淵哲學比較研究》（北京：人民出版社，2002 年）。

151. 黃懺華：《中國佛教史》（上海：上海文藝出版社，1990 年）。

152. 黃懺華：《佛學概論》（揚州：廣陵古籍出版社，1991 年）。

153. 黃公偉：《宋明清理學體系論史》（臺北：幼獅書店，1971 年）。

154. 黃慶萱：《周易縱橫談》（臺北：東大圖書股份有限公司，1995 年）。

155. 黃仁宇：《萬曆十五年》（臺北：食貨出版社，1986 年）。

156. 黃仁宇：《中國大歷史》（北京：三聯書店，1997 年）。

157. 黃壽祺、張善文：《周易譯註》（臺北：頂淵文化事業有限公司，2000 年）。

158. 馮友蘭：《中國哲學史》（臺北：臺灣商務印書館股份有限公司，1993 年）。

159. 馮友蘭：《中國哲學史新編》（北京：人民出版社，1982 年）。

160. 馮友蘭：《三松堂自序》，收錄於《三松堂全集》（鄭州：河南人民出版社，2000 年）。

161. 馮耀明：《中國哲學的方法論問題》（臺北：允晨文化實業股份有限公司，1989 年）。

162. 馮契：《中國古代哲學的邏輯發展》（上海：上海人民出版社，1985 年）。

163. 馮達文：《宋明新儒學略論》（湛江：廣東人民出版社，1997 年）。

164. 馮達文：《早期中國哲學略論》（湛江：廣東人民出版社，1998 年）。

165. 馮斌：《易經術語辭彙》（臺北：牧村圖書有限公司，2002 年）。

166. 馮天瑜、何曉明、周積明：《中華文化史》（上海：上海人民出版社，1999 年）。

167. 傅偉勳：《從創造的詮釋學到大乘佛學》（臺北：東大圖書股份有限公司，1990 年）。

168. 傅偉勳：《從西方哲學到禪佛教》（臺北：東大圖書股份有限公司，1991 年）。

169. 傅佩榮：《儒道天論發微》（臺北：學生書局，1985 年）。

170. 傅衣凌主編，楊國楨、陳支平著：《明史新編》（臺北：雲龍出版社，1995 年）。

171. 湯用彤：《隋唐佛教史稿》（北京：中華書局，1982 年）。

172. 湯用彤：《漢魏兩晉南北朝佛教史》（北京：中華書局，1983 年）。

173. 勞思光：《新編中國哲學史》（臺北市：三民書局股份有限公司，1990 年）。

174. 勞思光：《思辯錄》（臺北：東大圖書股份有限公司，1996 年）。

175. 蒙培元：《理學範疇系統》（北京：人民出版社，1989 年）。

176. 蒙培元：《中國心性論》（臺北：學生書局，1990 年）。

177. 楊力：《周易與中醫學》（北京：北京科學技術出版社，2002 年）。

178. 楊伯峻：《論語譯注》（臺北：明倫出版社，1971 年）。

179. 楊慶中：《二十世紀中國易學史》（北京：人民出版社，2000 年）。

180. 楊儒賓、黃俊傑編：《中國古代思維方式探索》（臺北：正中書局，1996 年）。

181. 楊曉塘主編：《程朱思想新論》（北京：人民出版社，1990 年）。

182. 鄒永賢主編：《朱熹思想叢論》（廈門：廈門大學出版社，1993 年）。

183. 詹石窗：《易學與道教思想關係研究》（廈門：廈門大學出版社，2001 年）。

184. 趙中偉註譯：《易經圖書大觀》（臺北：洪葉文化事業有限公司，1999 年）。

185. 熊十力：《佛教名相通釋》（上海：東方出版中心，1985 年）。

186. 翟廷晉主編：《周易與華夏文明》（上海：上海人民出版社，1998 年）。

187. 蔡仁厚:《宋明理學·北宋篇》(臺北:臺灣學生書局,1977 年)。

188. 蔡仁厚:《宋明理學·南宋篇》(臺北:臺灣學生書局,1980 年)。

189. 蔡仁厚:《孔孟荀哲學》(臺北:臺灣學生書局,1984 年)。

190. 蔡尚思:《中國思想研究法》(上海:復旦大學出版社,2001 年)。

191. 潘養和:《易數天地》(臺北:星宿海書坊,1991 年)。

192. 潘雨庭:《易學佛教·易與老莊》(瀋陽:遼寧教育出版社,1998 年)。

193. 廖名春:《周易經傳與易學史新論》(濟南:齊魯書社,2001 年)。

194. 稽文甫:《晚明思想史論》(北京:東方出版社,1996 年)。

195. 稽文甫:《左派王學》(臺北:國文天地雜誌社,1990 年)。

196. 鄭球柏:《帛書周易校釋》(長沙:湖南出版社,1987 年)。

197. 鄭萬耕:《易學源流》(瀋陽:瀋陽出版社,1997 年)。

198. 錢基博:《周易題解及其讀法》(臺北:臺灣商務印書館,1976 年臺一版)。

199. 錢穆:《宋明理學概述》(臺北:學生書局,1997 年)。

200. 錢穆:《朱子學提綱》(北京:三聯書店,2002 年)。

201. 錢穆:《國史大綱》(臺北:臺灣商務印書館,1988 年)。

202. 錢穆:《論語新解》(臺北:東大圖書股份有限公司,1991 年)。

203. 蕭漢明、郭東升:《周易參同契研究》(上海:上海文化出版社,2001 年)。

204. 蕭萐父:《中國哲學史史料源流舉要》(武漢:武漢大學出版社,1998 年)。

205. 廢名:《阿賴耶識》(瀋陽:遼寧教育出版社,2000 年)。

206. 劉大鈞:《周易概論》(成都:巴蜀書社,1999 年)。

207. 劉大鈞:《納甲筮法》(濟南:齊魯書社,1995 年)。

208. 劉大鈞主編:《大易集述》(成都:巴蜀書社,1998 年)。

209. 劉百閔:《周易事理通義》(臺北:遠東圖書公司,1965 年)。

210. 劉百閔:《經學通論》(臺北:國防研究院出版部,1970 年)。

211. 劉述先:《朱子哲學思想的發展與完成》(臺北:學生書局,1995 年)。

212. 劉長林:《中國系統思維》(北京:中國社會科學出版社,1990 年)。

213. 劉文英:《中國古代的時空觀念》(天津:南開大學出版社,2000 年)。

214. 劉瀚平:《宋象數易學研究》(臺北:五南出版社,1994 年)。

215. 謝大寧:《儒家圓教底再詮釋》(臺北:臺灣學生書局,1996 年)。

216. 鍾彩鈞:《王陽明思想之進展》(臺北:文史哲出版社,1993 年)。

217. 謝松齡:《天人象——陰陽五行學說史導論》(濟南:山東文藝出版社,1989 年)。

218. 鄺芷人:《陰陽五行及其體系》(臺北:文津出版社,1998 年)。

219. 戴璉璋：《易傳之形成及其思想》（臺北：文津出版社，1989 年）。

220. 戴瑞坤：《陽明學漢學研究論集》（臺北：學生書局，1988 年）。

221. 韓鍾文：《中國儒學史——宋元卷》（廣州：廣東教育出版社，1998 年）。

222. 蘇東天：《易老子與王弼注辨義》（北京：文化藝術出版社，1996 年）。

223. 羅光：《中國哲學思想通史・宋代篇》（臺北：學生書局，1980 年）。

224. 譚培文、邱耕田、張培炎編：《哲學論文寫作》（南寧：廣西人民出版社，2000 年）。

225. 顧文炳：《易道新論》（上海：上海社會科學院出版社，1996 年）。

226. 龐樸：《一分爲三論》（上海：上海古籍出版社，2003 年）。

227. 嚴正：《儒學本體論研究》（天津：天津人民出版社，1997 年）。

228. 嚴北溟：《中國佛教哲學簡史》（臺北：木鐸出版社，1988 年）。

229. 釋印順：《性空學探源》（臺北：正聞出版社，1981 年）。

230. 釋印順：《中國禪宗史》（臺北：正聞出版社，1990 年）。

231. 釋印順：《空之探究》（臺北：正聞出版社，1992 年）。

232. 釋印順：《印度佛教思想史》（臺北：正聞出版社，1983 年）。

233. 龔鵬程：《晚明思潮》（臺北：里仁出版社，1994 年）。

234. 龔鵬程：《中國哲學史史料學》（臺北：崧高書社編輯出版，1985 年）。

235. 日・金谷治著，于時化譯：《易的占筮與義理》（濟南：齊魯書社，1990 年）。

236. 日・剛田武彥著，吳光、錢明、屠承先譯：《王陽明與明末儒學》（上海：上海古籍出版社，2000 年）。

237. 日・溝口雄三著，陳耀文譯：《中國前近代思想之曲折與展開》（上海：上海人民出版社，1997 年）。

238. 日・池田大作著，潘桂明、亞露華譯：《我的佛教觀》（成都：四川人民出版社，2000 年）。

239. 日・小野澤精一等編著，李慶譯：《氣的思想——中國自然觀和人的觀念的發展》（上海：上海人民出版社，1990 年）。

240. 美・費正清、賴肖爾著，陳仲丹等譯：《中國：傳統與變革》（南京市：江蘇人民出版社，1996 年）。

241. 美・費正清著，薛絢譯：《費正清論中國》（臺北：正中書局，1994 年）。
〔英・羅素：《西洋哲學史》（臺北：五南圖書股份有限公司，1984 年）。〕

242. 美・郝大維、安樂哲著，施忠連譯：《漢哲學思維的文化探源》（南京：江蘇人民出版社，1999 年）。

243. 英・葛瑞漢著，程德祥等譯：《中國的兩位哲學家——二程兄弟的新儒學》

（鄭州：大象出版社，2000 年）。

244. 英・關大眠著，郝柏銘譯：《當代學術入門——佛學》（瀋陽：遼寧教育出版社，1998 年）。

245. 德・文德爾班著，羅達仁譯：《哲學史教程》（北京：商務印書館，1987 年）。

246. 德・榮格著，楊儒賓譯：《東洋冥想的心理學——從易經到禪》（北京：社會科學文獻出版社，2000 年）。

247. 德・韋伯著，簡惠美譯：《中國的宗教——儒教與道教》（臺北：允晨出版社，1996 年）。

丁、學位論文

1. 張永堂：《方以智研究初編》（臺灣大學歷史學研究所碩士論文，1973 年）。

2. 張永堂：《方以智的生平與思想》（臺灣大學歷史學研究所博士論文，1977 年）。

3. 李素娓：《方以智「藥地炮莊」中的儒道思想》（臺灣大學中國文學研究所碩士論文，1978 年）。

4. 謝仁眞：《方以智哲學方法學研究》（臺灣大學哲學研究所博士論文，1995 年）。

5. 劉浩洋：《方以智《東西均》思想研究》（政治大學中國文學研究所碩士論文，1997 年）。

戊、單篇論文

1. 王新春：〈易學的總體架構與特色的現代詮釋〉，《思與言》（1994 年 12 月）。

2. 朱伯崑：〈易學與中國傳統科技思維〉，《哲學雜誌》（1996 年 4 月）。

3. 朱伯崑：〈從太極圖看易學思維的特徵〉，《中華易學》（1996 年 1 月）。

4. 朱伯崑：〈易學研究中的若干問題〉，《中國文哲研究通訊》（1993 年 9 月）。

5. 朱伯崑：〈易學中邏輯思維與辯證思維傳統〉，《中國文哲研究通訊》（1993 年 9 月）。

6. 余敦康：〈論邵雍的先天之學與後天之學〉，《中華易學》（1996 年 3 月）。

7. 林文彬：〈朱子「易學啟蒙」初探〉，《興大中文學報》（1996 年 1 月）。

8. 金起賢：〈王弼易學與象數之關係（上）〉，《中華易學》（1996 年 4 月）。

9. 金起賢：〈王弼易學與象數之關係（下）。〉，《中華易學》（1996 年 5 月）。

10. 高懷民：〈朱熹「易爲卜筮之書」述評並論其對近世易學研究的影響〉，《政大學報》（1995 年 10 月）。

11. 唐明邦：〈先天易學象數思維模式管窺〉，收錄於朱伯崑主編，《國際易學研究》第三輯（1997 年）。

12. 張永儁：〈論劉蕺山的心學與易學思想〉，《中華易學》（1996 年 5 月）。

13. 張永堂：〈方孔炤〔周易時論和編〕一書的主要思想〉，《成大歷史學報》，第十二期（臺南：成功大學出版）。

14. 盧國龍：〈周敦頤「太極圖」淵源辨〉，收錄於朱伯崑主編，《國際易學研究》第二輯（1996 年）。

15. 鄧立光：〈河圖洛書含蘊之宇宙論意義〉，收錄於朱伯崑主編，《國際易學研究》第四輯（1998 年）。

16. 關永中：〈邵雍易學的知識論向度〉，《臺大哲學論評》（2000 年 1 月）。

17. 鍾卓光：〈易學中的時空理論〉，《中華易學》（1991 年 12 月）。